民法Ⅰ——総則

〔第4版〕

山田卓生・河内 宏・安永正昭・松久三四彦 著

有斐閣Sシリーズ

Yuhikaku

第4版 はしがき

本書初版は1987年4月に刊行されており，それ以来すでに30年もの年月が経過している。しかし，版を改めつつ，その間になされた法令の改正（第2版補訂で成年後見法の改正を，第3版で民法の現代語化を，第3版補訂で法人法制の大改正を取り上げた），および判例の展開を丁寧にフォローし続けアップデートを心がけてきた。おかげさまで，今日に至るまで，大変多くの読者の支持を得てきており，執筆者一同大変うれしくありがたく思っているところである。

今回の第4版への改訂はいうまでもなく，2017（平29）年5月に成立・6月に公布された民法（債権関係）の改正を受けてなされるものである。この改正は，「〔民法〕制定以来の社会・経済の変化への対応を図り，国民一般に分かりやすいものとする等の観点から……契約に関する規定を中心に見直し」（法務大臣の法制審議会への諮問内容）が行われたものである。見直しの結果，民法典の制定（1896（明29）年4月）から今日に至るまでの間に民法条文の解釈として判例で形成された法規範を分かり易く条文の中に取り込んだところも多いが，契約法という法の性質から国際的に通用している法のスタンダードを意識して改正された部分もある。

本書は「民法Ⅰ ── 総則」であるが，民法総則の諸規定（とくに，法律行為，期間の計算，時効の部分）ももちろん債権関係法の一部を担っており，今回改正されたところも少なくない。したがって，大きな改正のあった時効（消滅時効を中心とする部分）が内容的に一変しただけではなく，法律行為の部分も改正法に従って補訂がなされている（なお，第1章，第4章については山田卓生先生のご逝去に伴い，共著者の安永が改正法に基づく全面的補訂，情報の補充を行った（第1章は，第4版では，序章，第1章に分けた））。

本書（第4版）の叙述は，改正法の内容に全面的に依拠して，それをあたかも現行法のようにみなしてなされている。この改正法の施行までにはなお時間があるが（2020年4月1日施行），現在民法を学習するみなさんが社会に出て活躍する頃には，この改正法が現行法になっているわけであるから，今から，改正法に依拠した民法の学習をしておく必要があるという趣旨である。

なお，現行法のどの条文がどのように改正されたかについて知りたい読者の方は，新旧の条文を対照する法務省のウェブサイトやそのような編集のされた書物（たとえば，『民法（債権関係）改正法新旧対照条文』（商事法務編・2017年））などで確認，勉強していただきたい。

最後に，長く本書をご担当いただき第4版への道筋を付けていただいた高橋俊文さん，その後を受けて，とても丁寧に原稿を読み内容を読者に分かり易く伝えることができるよう適切なアドバイスをたくさんいただいた青山ふみえさん，小野美由紀さんの3人の編集担当の方々に対し心から御礼を申し上げたい。

2017年12月20日

安永正昭
河内　宏
松久三四彦

2018（平30）年6月，成年年齢を20歳から18歳に引き下げる民法の改正，および，それに伴う関連法の改正があったので（施行日は2022（令4）年4月1日），第2刷において組み込んだ。

また，2017（平29）年の改正民法（債権関係）は，2020（令2）年4月に施行され，これが「現行法」である。

初版 はしがき

Sシリーズ『民法I～V』は，民法を総則，物権，債権総論，債権各論，親族・相続に分け，各々に一巻をあて，各巻を4人（Vのみは3人）で分担執筆したものである。

このシリーズの特色は，次の三点である。

第一は，コンパクトな体裁で民法をひととおり学ぶことができるようなテキストを提供する。コンパクトといっても，単に簡単というだけでなく，わかりやすいかたちで必要な事項をほぼ網羅的にカバーすることに努めた。簡単でしかもわかりやすくというのは，矛盾するともいえるが，共著者間で，原稿の段階，校正刷の段階での読合わせを重ねて，表現や説明方法に工夫を加えた。

第二に，全体を一様に概説するというのではなく，叙述に濃淡をつけ，表ですむところは説明を省略し，その代わりに，重要なところには〔★〕をつけて，やや立ち入った説明を加えた。〔★〕をどこにつけるかについては，共著者が集まって協議し，ふるくからの，あるいは新しく出てきた，さらにこれから論じられそうな，基本的で重要なポイントを中心に選んだ。

第三に，表のほか，理解を助けるために図を入れて，本文の解説をわかりやすくする工夫をした。本来は読者自ら図をえがいて考えるのが望ましいのであろうが，図の助けを借りることにより，少しでも理解を進めようとするものである。これ以外にも，各自が具体例ごとに図によって立体的な理解をはかるように望みたい。

なお，判例については，民法の仕組を説明したあと，関連のある判例に必要な限りふれた。現在では，判例なしに民法を理解することは不可能といってもよいからである。もっとも，判例は最高裁判決に限っても多数にのぼるので，基本的なものに限定している。

学説については，判例を前提として展開されているものを中心にして，とくに対立のある問題について，対立点や結果の差異などに留意しつつふれている。

本書は，主として初学者を読者として想定している。したがって，これだけで民法のすべてがわかるわけではない。むしろ，民法を学ぶにあたってはどうしても理解しておかなければならない事項を精選して丁寧に解説している。民法の学習をより深めるためには，巻末に掲げた詳細な体系書や注釈書によって，学び進んでいってほしい。

このほか，先にもふれたが，民法の理解を深めるためには，民法が実際に適用された裁判（判例）を読むことが必要とされる。この本に引用されている判例は，いずれもエッセンスの引用にとどまるので，ぜひとも判例集にあたって読んでほしい。判例を読むことは必ずしも容易ではないが，巻末にあげたように，基本的判例が学習研究用に編集された本がいくつか出版されているので，それによるのが近道かもしれない。

最後に，企画段階から種々の協力を惜しまず，執筆上のお世話をいただいた有斐閣書籍編集部の前橋康雄，奥村邦男，大井文夫の各氏にお礼を申し上げたい。（文責・山田卓生）

1987 年 3 月 5 日

執筆者一同

■執筆者紹介■（〈　〉内は執筆分担）

山 田 卓 生（やまだ　たかお）〈序〉

1960 年　東京大学法学部卒業
　　　　元横浜国立大学教授

〔主要著書〕

私事と自己決定（1987 年，日本評論社），民法講義ノート(3)担保物権〔第 2 版〕（1995 年，有斐閣新書，共著），分析と展開・民法Ⅰ〔第 3 版〕，Ⅱ〔第 5 版〕（2004 年，2005 年，弘文堂，共著），山田卓生著作選集第 1 巻～第 4 巻（2010 年，信山社）

河 内　　宏（こうち　ひろし）〈第 2 章，第 3 章〉

1968 年　九州大学法学部卒業
現　在　九州大学名誉教授

〔主要著書・論文〕

「権利能力なき社団について」（1975 年，佐賀大学経済論集 8 巻 1・2 合併号），「法人論」（1984 年，民法講座 1〔有斐閣〕所収），権利能力なき社団・財団の判例総合解説（2004 年，信山社）

安 永 正 昭（やすなが　まさあき）〈序章，第 1 章，第 4 章，第 5 章〉

1968 年　京都大学法学部卒業
現　在　弁護士，神戸大学名誉教授

〔主要著書・論文〕

「越権代理と帰責性」（1982 年，林良平先生還暦記念・現代私法学の課題と展望㊥〔有斐閣〕所収），基礎演習民法（財産法）（1993 年，有斐閣，共著），民法解釈ゼミナール(2)物権（1995 年，有斐閣，共著），「民法における信頼保護制度と帰責性」（2002 年，司法研修所論集 108 号），講義物権・担保物権法〔第 2 版〕（2014 年，有斐閣）

松久三四彦（まつひさ　みよひこ）〈第 6 章，第 7 章〉

1976 年　北海道大学法学部卒業
現　在　北海学園大学大学院法務研究科教授，弁護士，北海道大学名誉教授

〔主要著書・論文〕

「他人物売買および無権代理と相続・取得 ── 管理権優先の視角 ── 」（2003 年，半田正夫先生古稀記念論集・著作権法と民法の現代的課題〔法学書院〕所収），時効制度の構造と解釈（2011 年，有斐閣），時効判例の研究（2015 年，信山社），オリエンテーション民法〔第 2 版〕（2022 年刊行予定，有斐閣）

目　次

★は重要ポイントを示す。

■略 語 例

□法令名の略語

民法の条文は，原則として，条数のみを引用する。それ以外の法令名の略語は，原則として，有斐閣六法の略語を用いる。

□判例引用の略語

民　集　大審院民事判例集，最高裁判所民事判例集
刑　集　大審院刑事判例集，最高裁判所刑事判例集
民　録　大審院民事判決録
刑　録　大審院刑事判決録
高民集　高等裁判所民事判例集
下民集　下級裁判所民事裁判例集
新　聞　法律新聞
評　論　法律学説判例評論全集
裁判例　大審院裁判例
判　タ　判例タイムズ
判　時　判例時報
金　法　金融法務事情

*

大連判　大審院連合部判決
最大判　最高裁判所大法廷判決
最　判　最高裁判所判決
高　判　高等裁判所判決
地　判　地方裁判所判決

*

例　最判昭 51・5・25 民集 30 巻 4 号 554 頁
→最高裁判所昭和 51 年 5 月 25 日判決（最高裁判所民事判例集 30 巻 4 号 554 頁所収）

序　民法を学ぶにあたって

⑴　法を学ぶというと，何か悪いことをするために，法の抜け穴でも研究するのかと思われかねない。法は，抜け穴さがしが試みられるほど，われわれの社会生活をひろく支配している。生いたち，環境，考え方，教育，職業などすべてが異なる人びとが，社会生活を営んでいくためには，何らかのルールが必要である。そうした社会には種々の紛争が生じてくることは避けられないからである。そして，私人間に生ずる紛争を解決するための基本的なルールが，これから学ぶ民法である。

＊

⑵　民法を学ぶにあたっては，民法が法制度のなかでどのような位置を占めているかを理解しておくことが必要である。

まず第一に，民法は，刑事法との対比では民事法である。刑事法は違法行為に対し国家が刑罰を加える際の根拠となる法律であるのに比べ，民事法は私人間の紛争解決の基準となる規範である。民事法には，民法のほか，商人間の取引や特殊な商的行為に適用される商法，会社法や手形法などがある。

第二に，民法は，国または地方公共団体に適用される公法との対比では私法である。法主体が，国や地方公共団体のような行政主体である場合には，私人間とは多少とも異なった法規制が必要とされる。行政主体の法律関係に適用されるこれらの法は，行政法と呼ばれる。もっとも，国や地方公共団体に適用される法がすべて公法というわけではなく，行政主体が私人のように行為する場合（たとえば契約を締結する等）には，私人間と同じように私法が適用されることもある。

第三に，民法は，訴訟手続について定める手続法と対比すると，実体法である。実体法は，裁判をする際の紛争解決の基準であり，手続法は，訴訟をどのように進めていくのかという手続（形式過程）についての定めである。民事の手続に関しては，民事訴訟法が，訴えを提起すべき裁判所（管轄），主張や証拠の提出方法，裁判の効力（既判力）などについて定め，民事執行法が，確定した裁判をどのようにして実現するかについての定めをしている。

＊

(3) 以上のように，民法は，民事法，私法，実体法であるが，単にそれにとどまらず，全法体系のなかにおいても中心的位置を占めている。いいかえれば，民法は，あらゆる法律関係の出発点としての一対一の関係を扱うものであり，これを基礎として，一方が団体（たとえば法人）の場合，さらに，商人の場合（商法），国の場合（行政法）というように法の体系が展開されていくのである。いずれの法もすべて民法から出発しているので，民法を学ぶことは，法的なものの見方や考え方を学ぶ上でも，法体系の理解にとっても，不可欠のものといってよい。

＊

(4) 次に，民法は，財産法と家族法という大きな二つの部分に分けられる。

財産法は，主として，財産，財産取引（契約）などを扱う部分であり，全体は，総則，物権，債権の３編に分けられ，規定の仕方は抽象的であるが，法律が適用される関係は，売買，貸借というように具体的なものである。

家族法は，家族という，法が認める人的団体に関する法と，家族関係を基礎とする財産の移転（相続）について規定するものである。前者を親族法，後者を相続法という。

ところで，変貌の激しい現代の社会にあっては，新しい現象が絶え間なく生まれてくる。民法（典）それ自体について不断の見直しが求められるのみならず，それに加えて，新たな法の規制が必要とされ，特別法として各種の単行の法律がつくられる。こうした新しい法律は，これまでの民法のような純粋に民事的なものではなく，行政的取締やときには刑罰についての規定も含む混合型のものとなる。なお，こうした法律に規定のない事項については，裁判例が重要な意味をもつことも忘れてはならない。

＊

(5)　先にも述べたように，民法は，ますます複雑化する法体系のなかにあって，いわば出発点ともなる考え方を提示するものである。民法の条文数は1000を超えている。

民法の重要性から，まず民法から学び，常に民法に立ち帰りながら，ひろく法の全体を学んでいくことの重要性と必然性とが理解されるであろう。

序　　章

Ⅰ　序　説

本書は，5編からなる「民法」の最初の部分（第1編「総則」）を扱うものである。序論として，第一に，民法は私たちの生活とどのように関わるのか，どのような沿革をもつのか，また，民法のルールの配列などについて，第二に，民法の適用に関する諸問題について，簡単に触れておきたい。

Ⅱ　民法とは

1　私たちの経済社会生活と民法

(1)　財産と親族・相続にかかわる法　　民法は私たちの生活にとって身近な法律である。規律の対象が，私たち個々人の財産や親族・相続の関係一般，および，法人（会社，一般社団・財団法人など）の財産関係一般についてだからである。財産をめぐる生活関係というのは，たとえば，土地や建物，あるいは自動車や家電製品の売買，それらの賃貸借，住宅やビルの建築請負，医者の診療や弁護士への委任，金融機関との金銭貸借，その担保としての土地や建物への抵当権設定あるいは連帯保証，交通事故などの加害者に対する損害賠償の請求，さらには，売買契約の代理，債権の消滅時効などである。また，親族・相続をめぐる生活関係としては，事項的に列挙すれば，婚姻，離婚，親子，養子，成年後見，扶養，相続，遺言などである。

(2)　民法ルールの役割　　民法は，上に挙げたような生活関係を法の目から見て整理し，もしも関係当事者間で紛争が生じた場合にそれを解決するためのルールを用意している。たとえば，売買がなされたのに売主が品物を引き渡さない，また引渡しを受けた品物が契約内容に適合しないものであった，あるいは，逆に買主が代金を支払わないなどの紛争が生じた場合，売主・買主は相手方に対し何を求めることができるのか，金銭を貸したのに借主が借入金を返さない場合，貸主（債権者）は何をすることができるのか，債務の不履行に備えて取得した担保，保証はどう役立てるのか，交通事故による損害につきどのような事情があれば加害者にその賠償を求めることができるのかなどについて，解決指針が示されている。また，親族や相続をめぐる生活関係でも，離婚，あるいは，遺産の相続問題などについてルールが示されている。

2　民法は私法の一般法

(1)　公法と私法　　私たちには，大別して，財産や親族・相続をめぐる私人としての生活関係と，国や地方公共団体に対する国民または住民としての生活関係がある。後者は，選挙権，自動車の免許，あるいは税金を支払う義務などの関係である。これらの関係を規律する法は公法と呼ばれる。公法に属するものとしては，憲法，各種行政法，刑法，各種の訴訟手続法がある。国，地方自治体には，公法に規定された法規範，および手続に従って行政等の行為を行うことが要請される。

これに対して，前者を規律するものを私法と呼ぶ。民法の他，商法がこれに属する。私的な生活関係では当事者間での自由な関係形成（私的自治）を基本とし，私法は，その背後でこれらの関係を規律する標準的なルールを用意する。ただし，私人の自己規律が承認される度合いは法律関係により異なり，契約と対比して，たとえば，家族，不動産に関する規律，会社法などにおいては，用意された規律がそのまま妥当し，当事者による自由な関係の形成には制約がある。

⑵　一般法（民法）と特別法（商法）　民法は，私法の中では，私人と私人との関係を一般的に規律する「私法の一般法」である。一般的にというのは特定のグループに属する者に適用が限定されないという意味である。これに対して，商法は，商人の組織（会社）や，商人の取引に関するルールを規定したものであり，私人の中の特に商人の関わる法律関係を規律する特別法ということができる。なお，法の適用に関しては，「特別法は一般法に優先する」との一般的ルールが存在する。すなわち，商人の関わる取引には，商法に規定があればその規定が適用され，同時に一般法たる民法もまた適用可能性があるが，特別法たる商法が優先して適用されるということである。

3　民 法 典

⑴　民法典の成立　民法に関するルールは，その大部分が，民法という名前の法律（「民法典」と呼ばれ，施行は1898（明31）年7月16日）に体系的に収められている。

日本における「民法典」の編纂は，近代国家の仲間入りをするため（幕末の不平等条約の撤廃のためには近代的な法の整備が前提），明治になってすぐに意図された。フランス人の法学者ボアソナードに起草を依頼し，フランス民法（1804年制定）を基礎とした民法典（旧民法典）ができあがったが（1890（明23）年公布），論争が起き（日本の国情にあわないという批判があった（「民法出デテ忠孝亡ブ」）），施行は延期された。

現行の民法典はこの旧民法典を基礎にこれを修正して編纂された。1893（明26）年に「法典調査会」が設置され，穂積陳重，富井政章，梅謙次郎の東京帝国大学の3教授が分担して起草し調査会でそれを審議した。民法典は，個々の制度の内容からいえば，フランス法の影響が大きいものとなっているが，1896年に成立（1900年施行）したドイツ民法典の草案も参照したので，ドイツ法の影響も少なからず受けている（特に，物権と債権を峻別し，総則を置くという編別体系は，ドイツ民法典（草案）にならったものである）。第1編〜第3編が1896（明29）年4月27日に，第4編，第5編が1898（明31）年6月21日に公布され，ともに，同年7月16日に施行された。

⑵　民法典におけるルールの配列と民法総則の役割　㋐ 物権・債権と総則　民法は財産法と親族・相続法とからなる。財産法においては，人と財産との関わりを物権と債権という二つの権利関係に分類整理している。物権（第2編）は，所有を中心とした人が財産を直接支配する関係であり，債権（第3編）は，人と人との契約を中心とした財産の移動，サービスの給付に関する関係である。この二分法は，資本主義社会における商品の「帰属」と，生産再生産のための商品の「流通」のモデルに合致している。

ルールの配列の方法は，共通する事柄を総則として括り出し，前にもってくるというディレクトリー構造をとっている。物権編，債権編の中にそれぞれ「総則」規定があり，物権，債権に共通のルールを民法総則（第1編）として括り出している（パンデクテンシステムと呼ばれる）。したがって，日常の生活事実，たとえば，不動産売買に関係する法規範が1か所にまとめて置かれているのではなく，「売買契約」，「契約総則」，「債権総則」，「物権総則」，「民法総則」とあちらこちら見て事柄に対応する法規を探す必要が出てくる。具体的に敷衍すると，契約中の「売買」の節においては，売買契約により代金の支払義務と目的物の引渡義務が発生すること（555条），他に予約，手付，費用など売買契約に特有の事柄のみが規定されている。①売買契約の成立と方式，契約の解除のルールなどはここには置かれておらず，これらは他の契約においても同様に問題となるので共通ルールとして「契約総則」に括り出されている（521条以下・540条以下）。②売主・買主の債務不履行責任，弁済などについても同様で，他の契約債務，不法行為損害賠償債務と共通するので「債権総則」に括り出されている（412条以下・473条以下）。③売買に伴う所有権移転の登記による公示は「物権総則」で規定されている（177条）。④売買契約の締結に際して，詐欺があった，あるいは判断能力の十分でない未成年者が関与していたなどを理由として契約を取り消すことについても同様で，債権契約のみでなく抵当権設定など物権行為においてもありうるので，「民法総則」に括り出されている（96条・5条）という具合である。

(イ)　民法総則に括り出された事項　民法総則には，物権，債権，つまり，契約，不法行為，所有権移転，抵当権設定などに共通のいわば「権利」に関する抽象度の高いルールが置かれている。すなわち，①権利に関すること（第1章「通則」），②権利主体に関すること（第2章「人」，第3章「法人」），③権利客体に関すること（第4章「物」），④権利の発生，移転，消滅に関すること（第5章「法律行為」，第7章「時効」）が規律されている（他に，より一般的なルールとして第6章「期間の計算」）。パンデクテンシステムの結果として，総則には，具体的な生活事実からするとかなり抽象化されたルールばかりが置かれているということになる。

⑶　民法典の基本理念　　日本民法は，フランス，ドイツ，その他の西洋諸国の近代民法典を参照して作られた結果，それらの基本理念を受け継いでいる。すなわち，封建社会のくびきから解放され近代への転換を示す基本的な思想である，①すべての人の法の下における平等，②私有財産権の絶対的不可侵性，③私的自治の原則（契約の自由），④過失責任主義である。もっとも，その後の社会・経済事情の変化により，これらの基本理念をそのまま維持することがかえって実質的正義に反する事態も生じ，今日いろいろな面で修正がされている。社会的経済的な力の格差がある当事者が契約を締結する場合，契約の自由の原則を貫くと弱者の立場がきわめて不利になる，あるいは，賠償責任を過失がある場合に限定することにより必要な被害者救済が困難になる場合などにおいてである。

⑷　民法典の改正および民事特別法の制定・改正　　㋐　不動産登記法等の民事特別法　　民法典自身がその存在を予定し，民法典の制定後すぐに立法された特別法がある（なお，その後の社会経済事情の変化に対応するため改正されている）。不動産登記法（1899（明32）年（2004（平16）年全面改正）。民177条），遺失物法（1899年（2006（平18）年全面改正）。民240条・241条），供託法（1899年。民494条），戸籍法（1947（昭22）年。民739条1項）などである。手続面での規律を主内容とするが，これらは民法典と一体となって，不動産登記に関わる諸関係，親族に関わる諸関係等を規律するものである。近年になって民法典から分離された一般社団・財団法人法（2006年。民33条）も同じ位置づけができる。

㋑　民法典の改正および特別法の制定　　民法典施行後の社

会・経済事情の変化に対応するため，各種の特別法の制定がなされ，民法典本体についても改正が加えられてきた。

(a)　民事特別法　　民法典を修正したり，補充する民事特別法が多数ある。これらの法も民法の一部である。ランダムではあるが主要なものを挙げると，民法典施行後早い時期に，工場抵当法（1905（明38）年），借地法（1921（大10）年）・借家法（1921年）・建物保護法（1909（明42）年）（1991（平3）年改正により借地借家法となる。借地人借家人保護のための賃貸借契約の特別法），第二次大戦後に，利息制限法（1954（昭29）年），建物区分所有法（1962（昭37）年。建物の区分所有を認める法），自動車損害賠償保障法（1955（昭30）年。自動車の運行によって人の生命身体が害された場合に被害者を保護する趣旨で損害賠償を保障する民709条の特別法）が制定された。さらに経済・社会の急激な変化に対応して，仮登記担保法（1978（昭53）年），動産債権譲渡特例法（1998（平10）年），製造物責任法（1994（平6）年。製造物の欠陥により人の生命，身体または財産に生じた損害の賠償責任に関する被害者保護の特例法），消費者契約法（2000（平12）年。事業者との間の取引において消費者を保護する特別法），電子記録債権法（2007（平19）年），信託法（2006（平18）年）が制定された。また，いわゆる労働法は民法の雇用契約に関する特別法を形作っている。この他にも，事業者を規制する，たとえば，宅地建物取引業法や割賦販売法などの業法と呼ばれる法律の中にも，実質的に民法の規定を修正する規定がみられる。

(b)　民法典の改正　　最初の大きな改正は，第二次大戦後の憲法秩序の変更に伴い，第4編，第5編が，家中心の家族法秩序から個人を尊重し男女平等の理念に沿って全面的に改正されたことである。その後，民法典本体の改正については小規模なものにとどまってきた。理由は，古い条文を時代に即応させるにつき，

①判例による法解釈，法形成が大きな役割を果たしてきたこと，また，②民事特別法の制定により民法一般法の適用により生ずる不都合を補正してきたことを挙げることができる。1971（昭46）年に「根抵当」が，1987（昭62）年に特別養子制度が追加された。しかし，その後矢継ぎばやに，成年後見法制（1999（平11）年），担保法制（2003（平15）年），根保証（2004（平16）年。併せて，民法典の条文の表記を現代語化した），法人法制（2006（平18）年），相続法（2018（平30）年）の改正がされてきた。

(c)　債権関係法の改正　　特筆すべきは，契約法を中心に債権関係法が大きく改正された（2017（平29）年）。改正の範囲は総則の法律行為，時効，債権の総則と契約の部分である。改正の理由は，第一は，もちろん社会経済の変化に民法典を対応させることであり，第二は，判例による法解釈，法形成で実際に妥当している法（判例法理）と条文文言とに乖離があるので，国民一般にわかりやすい法典とすることが必要であるということである。また，契約取引がグローバル化しており，それに対応することの必要性もあったということができよう。この改正法は2020（令2）年4月1日に施行されている。

Ⅲ　民法ルールの適用に関する問題

1　法の適用による紛争の解決

民法のルールは私人間の財産，親族・相続に関わる諸関係を法的に整序するものであるが，とりわけ，これらの関係をめぐって紛争が生じた場合にその適用が意識される。紛争解決は，当事者間で民法ルールを尊重してなされることもあるが，最終的には国の裁判所で民法ルールを適用することによって図られる。これについて，検討すべき三つの問題がある。第一は，裁判官は，個別事件の処理に際して，何を「民法ルール」としてもってくることができるか（法源の問題）である。第二は，適用の際，その「ルール」内容を事案に即したかたちで明らかにする必要がある（法の解釈）。第三は，民法の「時間的，人的，場所的適用範囲」についてである。

★　2　民法の法源

(1)　序説　　裁判官は，紛争につき必ず客観的に存在するルールを適用して判断を下さなくてはならない。では，民事関係の紛争の場合，何を民法ルールとして援用することができるのか。民法典の規定が援用できるのは当然であるが，しかし，必要なすべての民法ルールがこの民法典の中に書かれているわけではない。そこで，いわゆる民事特別法や，その他，慣習法，判例，条理などの援用可能性が問題となる。

(2)　民法典，および関連する民事特別法等　　国家法である民法および関連する民事特別法等にある規定が紛争解決において適用されうるのは当然である（憲76条3項）。

(3)　慣習法　　法律に規定がない場合，慣習法を援用できるかが問題となる。慣習法とは，一定の社会における慣習であって，その社会内の人々により規範としての拘束性が承認されているものをいう。法適用通則法3条は，「公の秩序又は善良の風俗に反しない慣習」は，①「法令の規定により認められたもの」，または，②「法令に規定されていない事項に関するもの」に限って，「法律と同一の効力を有する」と定めており，この要件に該当すれば，慣習法を適用して裁判をすることができる。①の例としては，民法263条の「入会権については，各地方の慣習に従う」，がそうである。入会権に関しては各地で慣習が異なるので，民法典の立法に際してルールを民法典自体で規定することができなかったのである。②に該当する例は，立木を立木のまま土地から独立して譲り受けた者がその所有権を「明認方法」により第三者に対抗できる，というルールがそうである。慣習法は裁判所でそれが適用されることを通して，次に述べる判例ともなる。

⑷　判例　　そもそも「判例」(「判例準則」などとも呼ばれる）とは何か。各審級の裁判所で個別事件に対して日々たくさんの判決等が出されているが，これらすべてを判例と呼ぶわけではない。判例とは，一般に，最高裁判所のした裁判であって，同種の事件についての判断に際し先例として事実上拘束力を有するものをいう（下級審の判決等は，これと区別する意味で，(下級審）裁判例と呼ばれる)。とりわけ，新しい判断を含むものとして公式判例集である最高裁判所民事判例集（民集と略称される）に登載されたものは，判例としての意義が大きい。また，同種のものが積み重なると，判例としてより確固としたものになる。判例には，法の規定しない問題についての（条理による）判断が判例となったもの（たとえば譲渡担保についての清算義務)，あるいは，民法条文についての解釈をしたという意味あいの判断が判例となったもの（たとえば177条の背信的悪意者排除法理，94条2項類推適用法理）などがあり，多様である。

日本はルールを成文法に依拠する国であって（成文法主義)，英米法にいう「判例の先例拘束の原則」は採用されていない。したがって，判例は，裁判官がそれに判断を拘束されるという意味での法源とはいえない。しかし，判例の安定性は法を施行する上からは重要であって，判例が変更されることはかなり例外的なことである。判例を変更する場合は，手続的には，最高裁判所大法廷で裁判され，慎重が期されている（裁10条3号）。そこで，裁判官は，個別事件の判断にあたって事実上判例に拘束されているといってよい（判例に反する下級審裁判所の判断は，多くの場合，最高裁判所においてくつがえされることになる）。以上の意味で，判例は，厳密には法源ではないが，事実上は法源として機能するものと位置づけられている。

(5)　条理　　以上のいずれも存在しない場合，裁判官は判断をしないですむかというと，そうはいかない。その場合，裁判官は「条理」に従って判断すべきであるといわれる。条理とは，物事の道理，物事の筋道という意味である。古く明治初年の太政官布告（裁判事務心得（明治8年太告103号）3条）に「民事ノ裁判ニ成文ノ法律ナキモノハ習慣ニ依リ習慣ナキモノハ条理ヲ推考シテ裁判スヘシ」とあり，この趣旨が規定されていた。また，たとえば，有名なスイス民法1条2項には，「かりに立法者であったら制定するであろうような準則」に従って裁判官は裁判すべしとの規定がある。今日のわが国においても同様のことがいえるであろう（最判平10・6・12民集52巻4号1087頁は，「20年の経過によって損害賠償義務を免れる結果となり，著しく正義・公平の理念に反する」とされる事案で，除斥期間と解されていた当時の724条後段の適用を「制限することは，条理にもかなうというべきである」と述べている（同旨，最判平21・4・28民集63巻4号853頁））。もっとも，条理は厳密な意味での法源にはあたらないというべきである。なお，一度最高裁判所において条理によりなされた判断は，判例となる。

3　民法の解釈

(1)　解釈の必要性　　裁判官は，個別的な事実関係に対して民法ルールを適用して，紛争を解決する。しかし，適用する条文の意味内容は必ずしも一義的に明確であるというわけではない。そこで，ほとんどの場合，条文等の意味内容を明らかにすること，すなわち解釈が必要となる。

法の解釈は，裁判所（すなわち，国家）が行うものが最も重要である。公権的解釈であり，それがまさに現在の社会で実行されている法の内容ということになる。判例の勉強が重要であるのはその意味からである。これに影響を与えることを実践的な目標として，学者その他の研究活動があり，そこではあるべき解釈が提案される。

⑵　解釈の仕方（どのように解釈すべきか）　法の解釈は自由無制限になすことができるわけではなく，解釈の仕方については，まず，条文文言の文理解釈をし，ついで論理解釈（または，体系的解釈）を，最終的には，目的論的解釈をすべきである，とされる。

「文理解釈」とは，解釈を行う際に，まずは，条文の文言を，その文言が通常もつ意味に即して理解することである。「論理解釈」とは，民法のルール全体を，論理的，体系的に矛盾なく一貫したものになるように解釈するということである。たとえば，115条の無権代理の場合の相手方による「取消し」は，96条の詐欺または強迫による意思表示の「取消し」とは，文言は同じであるが，違うと解釈する。詳細は後述するが，115条は，意思表示に瑕疵がある場合ではないからである。115条の取消しは無権代理行為を確定的に無効とする一種の撤回であり，本人の追認の可能性を奪うものである。

上記の文理解釈，論理解釈をしても条文の内容が明確とならないことが少なくない。そこで，「目的論的解釈」が必要である。すなわち，その規定の置かれた趣旨に沿って目的論的に解釈するということである。その際，立法者がその条文にどういう内容を与えたかを基礎に，その規定が現在の社会において果たすべき役割を考え，その意味内容を決定すべきである。たとえば，21条の「詐術」は，言葉（文理）としては，積極的に人を欺く術策を意味するようにもみえるが，どう解するのか。この条文は，制限行為能力者が，本来ならば取消権により保護される場合において（5条2項等），契約締結の際行為能力者であると信じさせるため「詐術」を用いたことを理由にその取消権を剝奪している。趣旨は，取消権によって立場がおびやかされている善意の契約相手方の保護であり，結局，制限行為能力者の保護をなお重視するのか（立法者はそう考えていたようである），相手方の取引の安全を保護するのか（趣旨の理解が次第にこちらの方向に移動している）という議論になる。取引の安全保護重視ということであれば，必ずしも積極的に騙したことは必要ではなく，制限行為能力者であることを黙秘していた場合でも他の言動と相まって相手方を誤信させた場合には，詐術があったと解釈することになる。

(3)　条文との関係における解釈のテクニック（に関する用語）

拡張解釈，縮小解釈，類推適用，反対解釈という用語が問題となる。

「拡張解釈」または「縮小解釈」とは，条文文言についてそれが通常もつ意味（文理）を多少拡張しあるいは縮小して解釈することをいう。たとえば，717条の「土地の工作物」については，その言葉がもつ意味より広く，踏切の保安設備なども含まれると解されている（拡張解釈）。他方，177条の「第三者」について，当事者以外の第三者をすべて含むのではなく，登記の欠缺を主張する正当な利益を有する第三者に限定している（縮小解釈）。

「類推適用」とは，ある事項を直接に規定した法規がない場合，それに最も類似した事項を規定する条文を適用することをいう。

たとえば，94条2項は，A・B間の契約が相手方Bと通じてしたAの虚偽の意思表示によるものであった場合，Aはその無効をBを起点に新たな利害関係に入った善意の第三者Cに対し主張できないとするものである。Aが虚偽の契約の外形を作出したこと，第三者がそのことにつき善意であることがこの条文の要素となっている。この規定を，虚偽の意思表示によるものではないが，Aがその所有不動産につきBが所有者である旨の虚偽の登記（外形）を作出し，他方，無権利者Bから当該不動産を譲り受けた者Cがそのことにつき善意である（知らなかった）場合に，94条2項に類似する事情があるとして，類推適用している。

「拡張解釈」と「類推適用」との区別は，拡張解釈は条文の文理に含めることができる場合であり，類推適用は条文の文理にもはや含めることができない場合ということになる。たとえば，711条（死亡した被害者の「父母，配偶者及び子」は加害者に対し慰謝料を請求できる）の「配偶者」に，「内縁の妻」を含めることができるかどうかは拡張解釈の問題であるが，「同居をしている妻の妹」がこの条文に依拠して慰謝料を請求できるかは類推適用の問題である。

「反対解釈」とは，条文の規定していること以外のことには当該条文は及ばないと解釈することをいう。たとえば，146条の，「時効の利益は，あらかじめ放棄することができない」というのを，事後（時効の完成後）であれば放棄できると解釈する場合，その解釈を，146条の反対解釈という。

条文解釈上のテクニックが可能な範囲でのみ「解釈」は成立し適用ができる。しかし，このような解釈テクニックを行使してよいかどうかは，各条文の解釈としてそのような結論を導くべきかどうかという，より実質的な判断によって決まる。

なお，「類推適用」との区別として「準用」が問題となる。準用は解釈テクニックではない。法の条文作成上，同種のことについては，重ねて規定しないという立法技術である。たとえば，裁判離婚に関する771条の規定で，協議離婚の効果に関する規定である766条から769条までの規定が，「準用」されているなどである。準用の場合，準用される場面に応じて文言の読替え，さらには条文中の一定の事項が準用できるかどうかの検討も必要になる（372条による304条の準用の場合など参照）。

4　民法の適用範囲

民法の適用範囲は，時間的，人的，および場所的な側面でそれぞれ問題となる。

(1)　時間的範囲　　改正法および新法は施行日（附則で規定）以後に生じた事項に対して適用されるという原則（「不遡及の原則」）がある（民法施行に際して民法施行法1条は「施行前ニ生シタル事項ニ付テハ……適用セス」と規定する）。ただし，民法の関係では，刑事法などと違って不遡及は厳密な原則ではなく，より合理的である新法の遡及適用を認めるべき理由がある場合には，例外的に遡及が認められる。その場合には，改正附則において個々的に規定が置かれる。たとえば，民法の親族法・相続法の改正（1947（昭22）年）にあたっては，附則4条で遡及を原則とし（ただし，施行前に効力が生じているものを除く），1992（平4）年に新法に移行した借地借家法でもこれと同様の対応がなされた（附則4条）。

(2)　人的範囲　　民法は，日本人，および日本にいる外国人に適用される。ただし，外国人には，当該外国の法が同時に適用されることがある。日本の裁判所が法適用通則法（いわゆる国際私法）に従って決める問題である。たとえば，日本において，日本人と外国籍の者とが結婚する，あるいはそのような夫婦が離婚する場合，その成立，方式についての判断はどの国の法律によるか（法適用24条・27条），外国籍の人が死亡した場合に相続についてはどうか，などである（同法36条）。

⑶　場所的範囲　　民法は日本の領土内の事項に適用される。ただし，法律によっては施行地域が限定されているものがある。大規模な火災，震災などの災害（被災地）に対して政令指定により適用されるものがその例である（借地借家に関する特別措置法，被災区分所有建物の再建に関する特別措置法など）。

第1章　私権とその行使

I　序　説

1　権利の体系

民法は，私たち個々人の財産や身分の関係一般，法人の財産関係一般を規律しており，これらの生活関係に関して法的な紛争が生じた場合には，その解決のための基準となる実体法的なルールを準備している。そのルールは「権利」（物権，債権など）という概念を中心に作り上げられている。すなわち，ＡとＢとを当事者とする民事紛争で，一定の要件にあてはまれば一方の当事者Ａに一定の「権利」を認め（私人間の権利を「私権」と呼ぶ），Ａはその「権利」を他方当事者Ｂに対して主張でき，他方，Ｂは，Ａに認められた「権利」を尊重しなくてはならないとすることで紛争を解決する。このように，民法は権利を基軸にルールが構築されているので，権利の体系ということができる。

例を挙げると，売買契約が有効に成立すると，買主には売主に対して売買の目的物を引き渡せという権利（「債権」と呼ぶ）を，売主には買主に対して代金を支払えという債権を認め，双方に他方の権利を尊重させる義務（「債務」と呼ぶ）を負担させる（555条）。この権利が行使されることでそれぞれ新たな財産関係が形成されるが，相手方が義務を履行しないという問題が生ずると，権利者がこの権利（債権）を主張し相手方義務者（債務者）にそれを尊重させて解決に導くわけである。重要なのは，この権利の主張については，法を定めた主体である国家（裁判所）も支持して解決に助力する仕組みができあがっていることである。

2　私権の行使に関するルール

このように，私人が私権を行使することを通して，私人間における財産や身分の関係が形成され，法的な紛争の解決が図られる。ただし，私権の行使については無制限にこれが許されるのではなく，1条に一般的制約原理が置かれている。公共の福祉への適合，信義誠実の原則，権利濫用の禁止である。これらは，第二次大戦後，1947（昭22）年に民法の中に追加された条文だが，後二者については，それ以前から，裁判において認められた原則である。これらはいわゆる一般条項であり，いかなる事実があれば適用されるのかが一義的に定まっているわけではなく，また，適用された場合の効果も明示されていない。具体的な適用事例の積み重ねでその内容が明らかになっていくという性質の規定である。

II　私権の行使に関するルール

1　公共の福祉への適合

1条1項は，「私権は，公共の福祉に適合しなければならない」という。「私権の内容」は，公共の福祉，すなわち，社会全体の利益と調和するものであることという原則を一般的に宣言したものである。と同時に，「私権の行使」に関しても，社会的共同生活の利益に反してはならないことを要求したものであり，これに反する権利の行使は，結局，権利濫用として，許されないことになる。公共の福祉に言及する裁判例として，①河川ダム建設に対抗して住民が流木水利権を主張した事案で，流木水利権よりも「はるかに公益上必要である……発電を目的とする使用権に対しては原則として譲歩することを必要とし……このことは国民に基本的人権の濫用を禁止し公共の福祉のために利用する責任を負わせた憲法の精神からいっても当然」として原審判断を是認したもの（最判昭25・12・1民集4巻12号625頁），②米軍板付基地内の土地所有者が国に対しその明渡しを求めたのに対し，それを権利濫用とし，「原状回復を求める本訴のような請求は，私権の本質である社会性，公共性を無視し，過当な請求をなすものとして，認容しがたい」としたもの（最判昭40・3・9民集19巻2号233頁）がある。

2　信義誠実の原則

(1)　趣旨　「権利の行使及び義務の履行は，信義に従い誠実に行わなければならない」（1条2項）。信義誠実の原則（信義則と略称）は，もともと債権法＝契約法の領域で適用される法原則であった。契約当事者は一定の信頼関係にあり，それゆえ，権利の行使および義務の履行において，相手方の一般的な期待を裏切ってはならず信義に従い誠実に行動しなくてはならないという趣旨である。信義則を援用することにより，法律や契約条項に定められている抽象的な権利義務の内容が具体的な事情に応じて修正され実質的に妥当な結論が導かれることになる。信義則はきわめて広範な場面で使われ，いまでは私法関係一般の法原理にまで高められている。

(2)　リーディングケース　信義則は条文となる前から判例で展開されてきた。債務の履行に関して援用された事例が多い。大審院大正9年12月18日判決（民録26輯1947頁）は，不動産の買戻し（579条）にあたって売主が代金（517円）と契約費用（概算額10円）を提供したところ，相手方が，契約費用が２円８銭不足しており買戻しは効力を生じないと争った事案につき，些細な不足額を口実として買戻しの効力が生じないというのは債権関係を支配する信義の原則に背反するとして買戻しの効力を認めた。注意すべきは，単純に些細な不足額を口実とすることが信義則に反するとしたのではなく，不足の原因が費用の金額の照会に応じなかった相手方にもあると指摘し，そうだとすれば金額不足をあげつらって買戻しの効力が生じないと主張するのは信義則に反すると述べている点である。

同様な趣旨で，大審院昭和９年２月26日判決（民集13巻366頁）は，債権者が弁済を受けた金額に僅少の不足あることに藉口（しゃこう）して債権証書の返還および抵当登記の抹消手続を拒絶することは信義誠実の原則に反して許されない，という（同旨，最判昭41・3・29判時446号43頁）。

⑶　信義則の具体的展開　　㋐　序　　１条２項は一般条項であり，適用の「場面」「要件」「効果」が規定されていない。これらにつき判例等を手がかりに検討する必要がある。上記⑵の事例のほか，多数ある事例のうち特徴的なものを拾い上げて紹介を試みたい。

㋑　信義則を使って権利の行使を制約する事例　　(a)　クリーンハンズの原則　　不誠実な行為により取得した権利ないし地位を主張することは信義則に反し許されないとするものである。不動産登記法５条（不正に登記を取得して対抗力を主張することは許されない），民法130条の故意による条件成就の妨害（条件成就とみなす）等はこの原則のあらわれである。また，最高裁昭和44年７月４日判決（民集23巻８号1347頁）が，金銭貸付の無効原因（員外貸付）

を作ったXが自らその無効を理由に抵当権の無効を主張して，競売により抵当不動産を買い受けた善意の第三者に対してその返還を求めた事案で，「善意の第三者の権利を自己の非を理由に否定する結果を容認するに等しく，信義則に反する」としてこれを認めなかったのも同様の趣旨である。

★　(b)　**禁反言の原則**　自らの先行の行為と矛盾する行為は禁止されるという原則であり，信義則の展開例である。

(i)　先行行為と矛盾する行為であることを主たる理由としてその行為が許されないとする事例がある。無権代理行為をした者が本人の死亡によりその地位を単独相続した事案について，最高裁昭和37年4月20日判決（民集16巻4号955頁）は傍論で「自らした無権代理行為につき〔相続した〕本人の資格において追認を拒絶する余地を認めるのは信義則に反する」という（無権代理は有効と扱われる）。また，最高裁平成14年3月28日判決（民集56巻3号662頁）は，Xが，その所有する賃貸ビル1棟の賃貸借契約（サブリース）の期間満了による終了を理由に一部の転借人Yに対してなした明渡請求につき，転貸借は賃貸借を前提に成り立つものではあるが，サブリースにおいては転貸借は当初から予定されたものであって，Xは転貸借の締結に加功しYによる転貸部分の占有の原因を作出したので，信義則上，本件賃貸借の終了をもってYに対抗することはできない，とした（Yは使用収益を継続できる）。

(ii)　先行行為があり相手方がそれを信頼して一定の態度決定をしたにもかかわらず，先行行為に矛盾する行為をすることは許されないとする事例がある。最高裁昭和41年4月20日大法廷判決（民集20巻4号702頁）は，債務者が時効完成後に債務の承認をする行為（時効利益の放棄（146条）にあたらない）をした場合，これは「時効による債務消滅の主張と相容れない行為であり，相手方においても債務者はもはや時効の援用をしない趣旨であると考えるであろうから，その後においては債務者に時効の援用を認めないものと解するのが，信義則に照らし，相当である」とする。また，最高裁昭和57年7月15日判決（民集36巻6号1113頁）は，債務者が，その態度・言動により弁済は確実になされるものとの信頼を債権者に惹起させ，時効中断の措置をとることを怠らせたのち，時効期間が経過するや態度を変じて時効を援用することは，相手方に生ぜしめた信頼を裏切ってはならないという意味での信義則に反する行為であるとする。さらに，最高裁昭和51年4月23日判決（民集30巻3号306頁）は後日契約の無効を主張することはないであろうとの信頼を惹起させた者が，かなりの時日を経たのち無効の主張をした事案につき，それは信義則に反する行為であると判断した（無効を主張させない）。

(c)　権利失効の原則　　権利者が権利（解除権など）を長く行使しないでいると権利の行使が信義則により許されなくなることがあるという原則である（消滅時効，除斥期間とは別のものである）。時の経過という要素を含んではいるが，禁反言法理（上記(b)(ii)）の一事例である。この原則を認める判例がある（最判昭30・11・22民集9巻12号1781頁。賃貸人の解除権行使が7年8か月経ってなされた事例（ただし，適用は否定））。

(d)　代理権濫用（107条）　　代理権濫用とは，代理人または第三者の利益を図る目的で代理権を行使する場合であるが，原則として本人に効果が帰属する。ただし，相手方が，濫用目的を知りまたは知ることができたときは，本人に効果帰属を主張できないとされる。その根拠は，本人に害が及ぶことを知りまたは知ることができたにもかかわらず契約しておきながら，後に本人に対し効果帰属（責任）を追及する態度が信義則に反するという点にある。

(ウ)　契約法における信義則　(a)　契約の解釈（約款の内容規制）　契約の解釈，とりわけ補充的解釈・修正的解釈において信義則が働く（第4章Ⅱ3(4)参照）。また，約款の不当条項規制においても信義則が基準とされる（消費契約10条，民548条の2第2項。第4章Ⅳ4(3)(キ)参照）。

(b)　付随義務，保護義務，説明義務等　給付義務の他に債務者が信義則上負担すべき義務を設定し，その義務違反があれば債務不履行による損害賠償責任が発生するとする。

(i)　安全配慮義務　雇用契約などにおける使用者の労働者に対する「安全配慮義務」について，判例は，「ある法律関係に基づいて特別な社会的接触の関係に入つた当事者間において，当該法律関係の付随義務として当事者の一方又は双方が相手方に対して信義則上負う義務として一般的に認められるべきもの」という（最判昭50・2・25民集29巻2号143頁）。

(ii)　契約交渉不当破棄　歯科医院開業のためマンション住戸の購入交渉をしそのための設備設置を求めながら自らの都合で契約をせず売主に損害を発生させた事案で，「上告人〔買主〕の契約準備段階における信義則上の注意義務違反を理由とする損害賠償責任を肯定した原審の判断は，是認することができ」るとされた（最判昭59・9・18判時1137号51頁）。

(iii)　契約締結に際しての情報提供・説明義務　金融商品（変額保険，ワラント，株式投資信託）を売る際に事業者が商品に内在するリスクなどにつき十分な説明をしないなどにより顧客に損害が発生したとき，信義則を根拠に事業者に対し説明義務等を設定し，その義務違反について損害賠償責任を負担させるとする判例がある（最判平8・10・28金法1469号49頁）。

(c)　不動産賃貸借契約の解除において　　無断譲渡転貸，賃料不払い，あるいは無断増改築などを理由とする不動産賃貸借契約の解除の事例で，賃借人保護の趣旨で，信義則を使って解除権の行使を制限する法理（信頼関係破壊の法理）が展開されている（最判昭28・9・25民集7巻9号979頁など多数）。

(d)　事情変更の原則　　契約成立後，契約の基礎となっている事情につき当事者が当初予見しえなかった著しい変化が生じ，もとの契約内容をそのまま履行させることが当事者間の衡平を損ない，信義に反する結果となる場合，契約の改定または解除が認められてしかるべき，という原則である（大判昭19・12・6民集23巻613頁）。

(エ)　その他領域での信義則　　177条における背信的悪意者排除法理が代表例である。最高裁昭和44年1月16日判決（民集23巻1号18頁）は，不動産がすでに譲渡されていることを知りつつ二重に譲り受けた者が，第一の物権変動についての「登記の欠缺を主張することが信義に反するものと認められる事情がある場合」，「登記の欠缺を主張するについて正当な利益を有しないものであつて，民法177条にいう『第三者』にあたらない」ものと解すべきである，とする。また，不法行為法の領域でも（715条3項），使用者がその事業の執行につき被用者の惹起した自動車事故により損害を被った事案において，使用者が対物賠償責任保険に加入していないなど諸般の事情を考慮して，信義則上被用者に対し上記損害の一部についてのみ賠償および求償の請求が許されるにすぎないとした事例がある（最判昭51・7・8民集30巻7号689頁）。親族法においても，たとえば，有責配偶者からの離婚請求を一定の要件の下に認容した判例では信義則が援用されている

（最大判昭62・9・2民集41巻6号1423頁）。

⑷　信義則の機能　　学説により，機能の整理分類が試みられている。法具体化機能（債務の履行をめぐってなど），正義衡平的機能（権利の行使をめぐってなど），法修正的機能（不動産賃貸借での信義則の展開など），法創造的機能（事情変更の原則など）である。

3　権利濫用禁止

⑴　趣旨　　「権利の濫用は，これを許さない」（1条3項）。権利は自由に行使できる。しかし，外形上権利の行使のようにみえるが，権利の社会性に反し権利の行使として是認することのできない場合は，権利の行使としての法律効果が生じないとするものである。沿革的には，濫用が成立するのは濫用の意図をもって権利行使をした場合（シカーネ）に限られていたが，現在の民法にはこのような限定はない。権利主張者とその相手方との利益の客観的比較衡量を中心に，主観的事情も加味しつつ濫用かどうかを判断している。

⑵　権利濫用禁止法理と信義則　　信義則の規定もまた，権利の行使を制限する趣旨を含んでいる。しかし，両条にはそれぞれ働く分野においておおまかな役割分担があるとみられている。すなわち，制限が問題となる権利の行使が，契約当事者・親子・夫婦など特別の権利義務により結ばれた当事者間でのものである場合には信義則の規定を適用し，物権的な領域に属するなど上記以外の問題に関する場合においては権利濫用禁止の規定を適用する，とされている。

⑶　判例　　この規定も一般条項である。どのような権利行使がどのような事情の下で濫用とされるか（要件），濫用とされた場合の法的効果いかんについては書かれていない。結局，個別事案

ごとに判断するほかない。以下，多数ある裁判例のうち特徴的なものを紹介する。

(ア)　所有権の行使自体が権利濫用とされた例　　①蒸気機関車の煤煙により由緒ある松が枯れたとして損害賠償を求めた事件で，権利の行使といえども法律において認められた範囲内においてなすことが必要で，これを超え失当なる方法で権利を行使し，他人の権利を侵害した場合は不法行為が成立する，とした（信玄公旗掛松事件，大判大8・3・3民録25輯356頁）。②養鱒業者が自己の所有地内で井戸を掘り多量の地下水を汲みあげたところ，隣接する料理屋の庭園の井戸が涸れたという事案で，社会観念上認容すべき相当なる権利行使の程度を逸脱しており，所有権の濫用として不法行為が成立する，とした（大判昭13・6・28新聞4301号12頁）。③建物建築で隣家の日照・通風を阻害した近隣妨害のケースで，「権利者の行為が社会的妥当性を欠き，これによつて生じた損害が，社会生活上一般的に被害者において忍容するを相当とする程度を越えたと認められるときは，……権利の濫用にわたるものであつて，違法性を帯び，不法行為」となるとした（最判昭47・6・27民集26巻5号1067頁）。

これらの事案では，いずれも権利行使を権利濫用と判断することで，行為の違法性，不法行為の成立を導いている。直接に行為の違法性の判断ができるようにも思うが，権利濫用とすることで違法性判断の説得性を高めている。

(イ)　所有権に基づく妨害排除等請求が権利濫用とされた例　★

①泉源から温泉旅館Ｙへの引湯管がＡ所有のガケ地を無断で通過しているとの事実に眼をつけ，その土地を取得したＸがＹに対し土地の高価買取りを求め，拒否されるや引湯管の妨害排除を請求した事案である。判旨は，一方で，Ｘの主観的悪質さ（不

当な利益の獲得を目的としていること）を指摘し，他方で，X・Y双方の利害を客観的に比較し，侵害によるXの被害が僅少なのに対し，引湯管の除去，新設は技術的に困難かつ費用も莫大であることをもって請求を権利濫用とする（宇奈月温泉事件，大判昭10・10・5民集14巻1965頁）。

②土地所有者が，無断で敷設された(i)鉄道会社の線路，(ii)電力会社の発電所用トンネルの撤去を請求した事案で，双方の利益を客観的に比較して請求を認めなかった判例がある（大判昭11・7・10民集15巻1481頁，大判昭13・10・26民集17巻2057頁）。これらの事例では，①と異なり，権利を主張する所有者には何ら落ち度がなく正当であるにもかかわらず，侵害会社の利益が上回ることのみを理由に劣後させられており，正義の観念から結論には違和感がある（今日では，土地収用が利用されるべき事案である）。

③夫が所有する居住用家屋に同居しその死亡後も居住を継続する内縁の寡婦に対し，相続人が所有権に基づき明渡請求をなした事案で，相続人における当該家屋使用の必要性，寡婦の側が明け渡したときに被る家計上相当に重大な打撃のおそれ等，当該事件の客観的事情を比較勘案しつつ，明渡請求を権利濫用として内縁寡婦の居住保護を図った（最判昭39・10・13民集18巻8号1578頁）。

④土地の買受人がその土地に借地権が設定されていることを前提に低廉な賃借権付評価額で土地を取得しながら，賃借権に対抗力が欠けていることを奇貨とし，不当の利益を収めようとして，賃借人の生活上および営業上の多大の損失を意に介せず，賃借人に対して建物収去土地明渡しを請求することは，権利の濫用として許されないとして，対抗力を具備しない借地人の保護を図った（最判昭38・5・24民集17巻5号639頁，最判昭43・9・3民集22巻9号1817頁，最判昭52・3・31金法824号43頁など）。これらのケースでは

背信的悪意者排除ルールを適用することも選択肢の一つということができよう。

上記①〜④における権利濫用禁止の効果は，所有権に基づく妨害排除請求が認められないということであって，所有権自体を失うわけではない。そこで，利用者は権原なく当該不動産を利用している関係が存続する。その後処理については，所有者から不法占有者に対する継続的な損害賠償ないし不当利得返還の請求の問題となる。

(ウ)　担保権（留保所有権）の主張　　自動車がディーラーX，サブディーラーA，消費者Yへと順次売却されたが，Aが代金を支払わなかったので，Xが，X・A間で担保のため留保している所有権を主張して，Yに対して自動車の返還を求めた事案で，最高裁昭和50年2月28日判決（民集29巻2号193頁）は，これを権利濫用とした。(i)XがAに対し通常の営業の展開として他へ転売することを当然のこととして認めていること，(ii)Yが所有権留保の事実を知らず，かつ，(iii)YがAに対し代金を完済していること，という事情がある場合には，Xの主張は自ら負担すべき代金回収不能の危険をYに転嫁するものであり，権利濫用として許されないという。

(エ)　解雇権濫用事例　　使用者の解雇権の行使も，それが客観的に合理的な理由を欠き社会通念上相当として是認することができない場合には，権利の濫用として無効とされる（最判昭50・4・25民集29巻4号456頁。後に，労働契約法16条で成文化された）。

(4)　権利濫用禁止法理の機能面での整理　　(i)不法行為ないし差止めのための違法性を導きやすくするための触媒として，権利濫用を利用する場合（(3)(ア)のケース）。(ii)個別具体的な事案で利害調整のために権利濫用を援用する場合（(3)(イ)①②③など）。(iii)権利の範囲を明確にするという働きをする場合（(3)(イ)④，(ウ)，(エ)など）などが考えられる。

4　私権の実現（自力救済の禁止）

近代国家では，私権の実現は最終的には国（裁判所）に委ねられる。これは社会秩序維持の観点からである。したがって，権利者といえども私力の行使は原則違法となり，不法行為を構成する。ただし，例外的に，①「法律に定める手続によったのでは，権利に対する違法な侵害に対抗して現状を維持することが不可能又は著しく困難であると認められる緊急やむを得ない特別の事情が存する場合においてのみ」，②「その必要の限度を超えない範囲内」であれば，許されると解されている（最判昭40・12・7民集19巻9号2101頁）。

なお，占有に基づく自力救済については，占有制度の特殊性から別個の考慮が必要であり，事実的な支配が侵害された直後において侵害者にまだ新たな事実的支配が確立していない段階では，これが許される。上記の①事情の緊急性にかえて，占有の攪乱状態（侵害の現場，追跡中）において行使されることが要件となる。

第2章　権利の主体――自然人と法人

I　序　説

たとえば，学生が生協に六法全書を注文した場合，学生は六法全書の引渡しを要求する権利をもち，代金を支払う義務を負う。このように，人は，権利・義務の主体となることができる。同様に，生協は，代金の支払を要求する権利をもち，六法全書を引き渡す義務を負う。生協は私たちのように肉体をもつ人間ではないが，人間と同様，権利・義務の主体となることができる。生協は法人と呼ばれ，人間は自然人と呼ばれる。

II　権利能力

人は，権利の主体となることができるが，この権利の主体となりうる資格を権利能力という。人間が，権利能力をもつということは当然のことのように思われるが，たとえば近代以前，奴隷は権利の主体となることはできなかった。

1　権利能力の始期

人は，出生によって権利能力を取得する（3条）。このため，まだ生まれていない胎児は権利能力をもたないはずであるが，それでは胎児に不利益が生ずることがあるので，例外的に，胎児にも権利能力が認められる場面がある。

⑴　胎児の権利能力　　不法行為に基づく損害賠償請求権(721条)，相続(886条)，遺贈(965条)に関しては，胎児はすでに生まれたものとみなされており，胎児はこれらに関しては権利能力をもつ。たとえば，胎児の父が殺された場合，胎児は加害者に対して慰謝料請求権をもつ(711条参照)。また，胎児の父が死亡した場合，胎児は父を相続しうる(887条1項参照)。ただし，胎児が死体で生まれれば，慰謝料請求権を取得しえないし，相続も生じない(886条2項)。

ところで，胎児はすでに生まれたものとみなす，ということの意味については二説ある。一説は，胎児は胎児のままでは権利能力をもたず，生きて生まれれば，不法行為の時点や相続開始の時点にさかのぼって権利能力を取得する，という(停止条件説・人格遡及説)。もう一説は，胎児は胎児のままで権利能力を取得し，胎児が死体で生まれれば，さかのぼって権利能力を失う，という(解除条件説・制限人格説)。不法行為に基づく損害賠償請求権につき，判例は，停止条件説をとる(大判昭7・10・6民集11巻2023頁)。その理由としては，現行法上，胎児の財産を管理する法定代理人制度が存在しない，ということがあげられている。学説では，解除条件説が有力であり，胎児の母に法定代理人たる地位を認めるべきだといわれている。ただ，胎児の地位は死産の可能性もあり不確定なので，遺産分割は胎児の出生まで停止しておき，法定代理人たる母の権限も権利の保存に限るべきだとされている(103条参照)。

⑵　出生　　人は出生によって権利能力を取得する。出生とは，胎児が母体から全部露出した時をいい，この時，きわめて短時間でも生きていたことを要する。胎児が生きて生まれたか，死産かでは，相続上大きな差異が生ずる。たとえば，妻が妊娠中に夫が

死亡し，胎児も出生後すぐに死亡した場合，夫を相続するのは妻と胎児であり（886条1項・887条1項・890条），胎児が出生後すぐに死亡したとき，この子を相続するのは母親だから（889条1項1号），結局，妻が遺産をすべて相続する。これに対して，胎児が死産の場合，他に子供がいなければ，妻は，遺産をたとえば夫の両親と共同で相続することになる（886条2項・889条1項1号・890条）。

2　権利能力の終期

⑴　死亡　　人は，死亡によって，権利能力を失う。そのため，いわゆる臓器移植手術に関連して，脳死が死にあたるかといった死亡の時期が問題となっているが，相続との関連でも，死亡の時期が問題となる可能性がある。

⑵　同時死亡の推定　　たとえば，父と子が海で遭難した場合，その死亡の先後によって，上で見た胎児の場合と同様に相続関係は非常に異なる。父が先に死亡した場合，父を相続するのは，子と父の配偶者たる母であり，その後に子が死亡したときに，子を相続するのは母であるから，母が遺産をすべて相続することになるのに対して，子が先に死亡した場合は，他に子供がいなければ，父を相続するのは配偶者たる母とたとえば父の両親であり，母が遺産をすべて相続することはできない。しかし，この場合，いずれが先に死亡したかを立証するのは困難である。そこで，死亡の先後が明らかでない場合は，同時に死亡したものと推定することにした（32条の2）。同時に死亡した者相互間には相続が起こらないので，この例では，子が先に死亡した場合と結果的には同様となる。なお，同時死亡の推定は，数人が同一の危難で死亡した場合に限らず，死亡の先後が不明なすべての場合に働く。

3　失踪宣告

たとえば，父が家出して生死不明の状態が長く続いた場合，残された財産を管理してきた子が，その財産を自分のものとして処理したいと考える場合がある。このような場合，子の請求に基づき，家庭裁判所が一定の要件の下に父を死亡したものとみなすことにより，相続が開始する。これが失踪宣告の制度（30条〜32条）である。ところで，父が死亡したとみなされるのは，父の失踪前の住所を中心にする法律関係に関してであるから，他所で生存している父が，たとえば雇用契約を結ぶなど法律関係に入ることは可能である。

⑴　失踪宣告の要件　　失踪宣告は，配偶者・推定相続人などの利害関係人の請求に基づき，家庭裁判所が次の場合に行う。すなわち，不在者の生死が７年間わからない場合（普通失踪）か，戦地にいった者，沈没した船に乗っていた者，そのほか生命の危険を伴う危難に遭遇した者の生死が，戦争が終わり，船が沈没し，危難が去ってから１年間わからない場合（特別失踪）である（30条）。

⑵　失踪宣告の効果　　失踪宣告を受けた者は，普通失踪の場合は７年間の期間の満了の時に，特別失踪の場合は危難が去った時に，死亡したものとみなされる（31条）。死亡したものとみなされるので，相続が開始し（882条），婚姻は解消し，配偶者は再婚することができる。

⑶　失踪宣告の取消し　　失踪者が生きていることがわかったか，失踪宣告による死亡時とは異なる時に死亡したことがわかった場合には，家庭裁判所は，本人または利害関係人の請求により，失踪宣告を取り消さなければならない（32条）。

⑷　失踪宣告取消しの効果　　取消しによって，失踪宣告はは

じめからなかったことになるので，相続の開始や婚姻の解消もなかったことになる。しかし，この原則を貫くと，失踪宣告を信頼した配偶者，相続人，相続人からの転得者などが不利益を被る。そこで民法は二つの例外を認めた。

(ア) 失踪宣告によって財産を得た者は，その財産に対する権利を失うが，現に利益を受けている限度で財産を返還すればよい（32条2項）。失踪宣告によって財産を得た者とは，失踪宣告を直接の原因として財産を取得した，相続人・受遺者・生命保険金の受取人などをいい，これらの者からの転得者は含まない。転得者は，(イ)で述べる保護を受ける。現に利益を受けている限度で返還するとは，取得した財産の全部ではなくて，たとえば家がそのまま残っていれば家を，家を売った代金が残っていればそれを，返還する，という意味である。代金などを全部浪費した場合は返す必要はない（大判昭14・10・26民集18巻1157頁参照）が，たとえば，生活費にあてた場合は，その分だけ生活費が減らなかったことになるので，なお利益が存することになり，それを返還しなければならない（大判昭7・10・26民集11巻1920頁参照），と解されている。なお，財産を得た者が失踪者の生存を知っていた場合（悪意）には，財産の全部に利息を付して返還しなければならない（704条）。

(イ) 失踪宣告があったときから，その取消しまでの間に，失踪者の生存を知らずに（善意）なされた行為は，その効力を変じない（32条1項後段）。

(a) **失踪宣告取消しと財産上の行為**　たとえば，失踪者Ａから不動産を相続したＢがこの不動産をＣに売却した場合，Ａが生きていることをＢ・Ｃが売却当時知っていなければ，この売却は，Ａが復帰して宣告の取消しがあっても，有効なままである。判例は，この場合，Ｂ・Ｃ双方が善意のときに限り，売却は ★

図1　失踪宣告取消しと財産上の行為

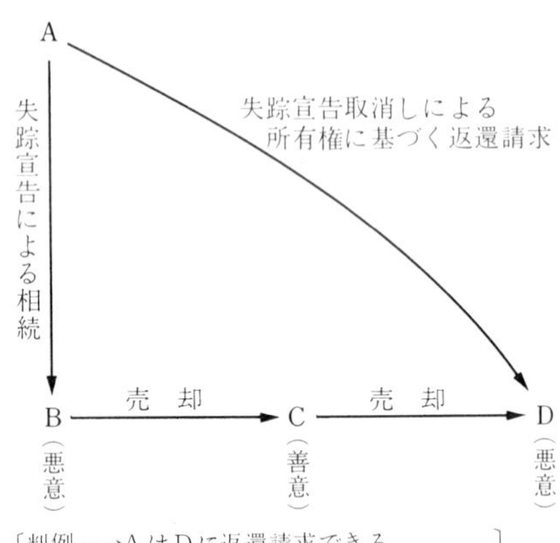

有効であるとする（大判昭13・2・7民集17巻59頁）。しかし学説では，Cが善意であれば売却を有効とすべきである，とする説が有力である。善意者保護の趣旨からするとこのように解するのが妥当であろう。ただし，Cからの転得者Dが悪意の場合にどうするかでは説が分かれている。一説は，善意のCとの関係では売却を有効とし，悪意のDとの関係では売却を無効とすべきだとする（相対的構成）。もう一説は，いったん善意のCが介在した以上，以後の転得者Dが悪意であってもDは権利を取得するとする（絶対的構成）。前説ではAは悪意のDに不動産の返還を求めうるが，後説では求めえない。後説では，たとえば，悪意のBとDとが共謀し，善意のCを介在させることで，悪意のDが不動産を保有できることになり，問題である。しかし，前説では，Aが悪意のDから不動産を取り戻した場合に，DとCとの関係をどう処理すべきか，といった困難な問題が生ずる。

なお，善意のCが保護されるのは，失踪宣告取消しまでに取引が行われた場合である。失踪宣告取消後，たとえば，不動産の登記名義がAに回復される前に，Bの登記名義を信頼して，CがBから不動産を取得しても，わが国の民法では登記に公信力

（登記を信頼して取引した者に対し登記どおりの権利を取得させる法律上の効力）が認められていないので，Cは不動産所有権を取得しえない（ただし，94条2項の類推適用はありうる）。

(b) 失踪宣告取消しと身分上の行為　　失踪者Aの配偶者BがCと再婚した場合，宣告が取り消されたときに新たな婚姻が効力を失わないためには，B・C双方が善意でなければならない。ここでは，財産関係の場合のような相対的構成は問題とならない。B・C双方が善意であれば，A・B間の元の婚姻関係は復活しないとする説が有力である。これに対して，B・Cの双方ないし一方が悪意の場合は，A・Bの婚姻が復活するが，B・Cの婚姻も婚姻の無効原因が法定されている（742条）ので当然には無効とならず，重婚として取り消しうる婚姻（744条・732条）となるとする説が有力である。しかし，婚姻においては当事者の意思を尊重すべきであるから，32条1項後段の適用はなく，A・Bの婚姻は復活せず，B・Cの婚姻のみを有効とすべきであるとする見解も主張されている。

4　認定死亡

水難，火災その他の事変によって死亡した者がある場合には，その取調べをした官公署（海上保安庁長官，警察署長など）は，死亡地の市町村長へ死亡報告をし，これに基づいて戸籍上死亡の記載が行われる（戸89条・15条）。これが，認定死亡である。ところで，認定死亡が誤っていた場合，たとえば，Aが海で遭難して死亡したとされたが生きて帰った場合，Aの相続人とされたBから財産を取得したCが保護されるか，が問題となる。この場合，失踪宣告の場合の32条1項後段を類推適用して，Cを保護すべきであるとする見解が有力である。

Ⅲ　行為能力

1　意思能力

人が，たとえば売買契約を締結した場合に，契約に拘束されるのは，人が売買契約を自らの意思に基づいて締結したからである。しかし，自らの意思に基づいて締結した，といえるためには，人に正常な意思決定能力（意思能力）が備わっていなければならない。3条の2は，「法律行為の当事者が意思表示をした時に意思能力を有しなかったときは，その法律行為は，無効とする」と規定する。

意思能力のない者の法律行為は誰からでも無効と主張できるのであろうか。この点については，意思無能力による無効は意思無能力者の保護を目的とするものであるから，意思無能力者の側からのみ無効主張ができる，と解されている（第4章Ⅴ2⑴参照）。

2　行為能力

⑴　行為無能力者　　ある者が法律行為をした場合に，その当時，意思能力があったか否かを後に証明することは困難な場合がありうる。たとえば，精神的障害のために判断能力が十分でない者であっても，時に正常な状態に戻ることがありうるからである。また，意思能力は一応あっても，取引に必要な判断能力が十分ではない者も存在する。このような者を取引の場において普通の者と同じように扱うことは，酷である。そこで，意思無能力者や判断能力が十分でない者を行為無能力者として，これらの者がなした法律行為は取り消しうるものとし，これらの者の保護が図られてきた。単独で確定的に有効な法律行為をなしうる能力を行為能

力という。かつては，このような能力を欠いている者を行為無能力者と呼び，具体的には未成年者，禁治産者，準禁治産者が規定されていた。

(2)　行為無能力者から制限行為能力者へ　　しかし，1999（平11）年，行為無能力者に関しては大幅な制度変更が行われた。禁治産者は成年被後見人とされ，禁治産者には全く行為能力が認められていなかったが，成年被後見人には日用品の購入その他日常生活に関する行為について行為能力が認められるようになった（9条）。これは成年被後見人の自己決定権を尊重する，という趣旨に基づくものである。保佐に関しても，保佐人の同意を得ることを要する行為につき保佐人が被保佐人の利益を害するおそれがないのに同意を与えないときは，家庭裁判所が被保佐人の請求に基づき保佐人の同意に代わる許可を与えることができる，とされた（13条3項）。これも，被保佐人の自己決定権を尊重する，という趣旨に基づくものといえる。新設された補助制度は，軽度の認知症・知的障害・精神障害等の状態にある者を保護の対象とする制度である。補助の場合は，家庭裁判所が被補助人のために特定の法律行為について補助人に代理権を付与する旨の審判をすることができる（876条の9）。この場合，補助人に代理権が付与されても，被補助人の行為能力は制限されない。したがって，この特定の法律行為について被補助人も有効に法律行為をなしうる。被補助人の自己決定権が大幅に尊重された制度といえる。ただ，家庭裁判所は被補助人が特定の法律行為をなすにはその補助人の同意を得ることを要する旨の審判を行うことが可能である（17条1項）から，この場合は被補助人の行為能力は制限されることになる。

1999（平11）年改正の下では，未成年者，成年被後見人，被保佐人，特定の法律行為につき補助人の同意を要する被補助人は，制限能力者と呼ばれることになった（さらに，2004（平16）年改正で「制限行為能力者」に改められた)。

⑶　任意後見制度　　後見・保佐・補助の場合には，成年後見人・保佐人・補助人は，家庭裁判所が職権で選任することになっている。しかし，自己決定権の尊重という観点に立てば，自分の判断能力が不十分になる状況に備えて，判断能力がしっかりしているときに自分で後見人を選任するという制度を認めることが望ましい。ただ，この制度の場合は，自分の判断能力が不十分となった段階で後見人が活動を始めることになるが，本人はこの段階では自分が選んだ後見人がきちんと事務を処理してくれるか監督する能力を失っている。そこで，このような制度を導入する場合には，任意後見人を監督する者を選任することが必要となる。1999（平11）年に成立した「任意後見契約に関する法律」では，家庭裁判所が任意後見監督人を選任すること，とされた（同法４条)。この制度の下で任意後見人が活動を始めても本人は行為能力を制限されることはないので，この制度は行為能力と直接の関係はない。しかし，判断能力が不十分な者を保護する制度という意味では，この制度は行為能力制度と密接な関連があるといえる（なお，第５章Ⅱ１⑴(ウ)参照)。

⑷　登記制度　　かつては，禁治産・準禁治産宣告があった場合は，戸籍にその旨が記載されることになっていた。このため，戸籍への記載を嫌って，禁治産，準禁治産宣告が避けられているのではないかといわれてきた。そこで，戸籍への記載に代わる新しい登記制度が設けられることになり，「後見登記等に関する法律」が制定され，後見，保佐，補助，任意後見に関する登記は，法務局で行われることとなった（同法１条・２条参照)。

3　未成年者

⑴　意義　　2018（平30）年の成年年齢に関する民法改正により，18歳未満の者が未成年者とされた。未成年者は意思能力がないか（幼児の場合），あっても取引に必要な判断能力が十分でないので，制限行為能力者とされている。なお，同改正で18歳にならなければ婚姻できない（731条）とされたことに伴い，未成年者も婚姻すると成年者とみなされるとしていた753条は削除された。

⑵　親権者・未成年後見人（法定代理人）　　未成年者の意思無能力ないし判断能力の不十分さを補完し，未成年者を保護する者は親権者である父母であるが（818条・819条），親権者がいないか，親権者が子の財産の管理権を有しないときは，未成年後見人である（838条〜841条）。未成年後見人は複数選任することができ（840条2項参照），法人を未成年後見人に選任することも可能である（840条3項参照）。親権者・未成年後見人は，民法に規定され，未成年者を代理して法律行為を行う権限をもつ（824条・859条）ので，法定代理人と呼ばれる（5条1項参照）。親権者・未成年後見人は，このように未成年者を代理して法律行為を行うことができるが，未成年者の法律行為に同意を与えることもできる（5条1項）。未成年者が法定代理人の同意を得ずに法律行為を行った場合，法定代理人はその法律行為を取り消すことができる（5条2項・120条）。こうして，未成年者が無分別に財産を失うことのないよう図られているのである。

⑶　未成年者の行為能力　　㋐　原則　　たとえば，17歳のAが父から相続した不動産を親権者である母Bの同意を得ずにCに売却した場合，この売買契約は取り消すことができる（5条2項）。取消しは，親権者Bだけでなく，未成年者Aもなしうる（120条）。取り消せば，売買契約ははじめから無効となり（121条），

AはCから不動産を取り戻すことができる。もちろん，Aは受け取った代金をCに返還しなければならないが，現に利益を受ける限度で返せばよい（121条の2第3項)。現に利益を受ける限度の意味は，すでに，失踪宣告の取消しのところで説明したが，たとえば，Aが代金を浪費して残金がなければ，返す必要はない。このため，Cは不利益を受けるが，制限行為能力者の制度は，意思無能力者ないし判断力の不十分な者を保護するためのものだから，制限行為能力者の相手方が不利益を受けてもやむをえないと考えられている。

(イ)　例外　　ところで，未成年者が単独でなした法律行為は取り消すことができるということになると，相手方も警戒して未成年者とは取引をしなくなる。そうなると，たとえば，未成年者が高校に入学して親元から離れて生活する場合に困ったことになる。そこで，たとえば，学資として親（法定代理人）からもらったお金で本を買った場合，この行為は取り消せない，とされている（5条3項)。学資や特定の旅費としての金銭は，目的を定めて処分を許された財産であるが，こづかい銭は目的を定めずして処分を許した財産であり，こづかいで物を買ってもやはり取り消せない。

また，たとえば，未成年者が贈与を受けたり，借金の免除を受ける契約を結ぶことは，未成年者にとって不利になることはないので，取り消せない（5条1項但書)。

さらに，未成年者であっても，たとえば魚屋を営むことを許可された場合，その魚屋の営業に関しては，成年者と同一の行為能力を有する（6条1項)。魚屋の営業が許された限り，魚の仕入等が成年者と同様に行えなければ，困るからである。営業に関することであれば，資金の借入，店舗の購入，店員の雇入なども成年者と同様に行いうる。しかし，営業とは，自分が主体となって行う，商業・工業・農業・自由業などの営利事業をいうと解されているので，人に雇われて働くことはこれにあたらない。ただし，親の同意を得て，公務員や会社員になっている者には，6条1項の規定を類推適用すべきであるとする見解が有力である。

なお，営業の許可があっても，未成年者にいまだその営業に堪えない事情がある場合には，法定代理人は，親族編の規定（823条2項・857条）に従って，その許可を取り消したり制限したりすることができる（6条2項）。

4　成年被後見人

⑴　意義　　精神上の障害により事理を弁識する能力を欠く常況にある者については，家庭裁判所が，7条に掲げる者の請求に基づき，後見開始の審判をしなければならない（7条）。後見開始の審判を受けた者が成年被後見人である（8条）。

⑵　成年後見人（法定代理人）　　成年被後見人には成年後見人が付される（8条）。成年後見人は，成年被後見人を代理して法律行為をなす権限を有する（859条1項）。つまり，成年後見人は成年被後見人の法定代理人である。成年後見人は複数選任することができ（843条3項参照），法人を成年後見人に選任することもできる（843条4項参照）。なお，成年後見人は，成年被後見人に代わって，その居住の用に供する建物またはその敷地について，売却，賃貸，賃貸借の解除または抵当権の設定その他これに準ずる処分をするには，家庭裁判所の許可を得る必要がある（859条の3）。

⑶　成年被後見人の行為能力　　成年被後見人は，日用品の購入その他日常生活に関する行為については行為能力が認められている（9条但書）。この行為能力と意思能力との関係をどう解するべきであろうか。すなわち，日常生活に関する行為について行為

能力が認められていても，行為の時に意思能力がなかったことを理由に日常生活に関する行為の無効を主張できる（3条の2）のだろうか。この問いに答えるためには，７条の「事理を弁識する能力」と意思能力の関係をどう解するか，また，意思能力をどう解するかを明らかにしなければならない。まず，７条の「事理を弁識する能力」と意思能力は同じ意味だと考えるべきであろうか。もしそのように解すれば，７条の後見開始の審判の要件である「事理を弁識する能力を欠く常況」は「意思能力を欠く常況」と同じことになるので，成年後見人は，日常生活に関する行為についても成年被後見人に意思能力がなかったことを証明して，容易に無効の主張ができることになろう。しかし，成年後見人にそのような主張を認めることは，日常生活に関する行為について行為能力を認めることで成年被後見人の自己決定権を尊重するという趣旨に合致しないように思われる。次に，意思能力はどう解するべきであろうか。意思能力の有無は抽象的に考えるのではなく，日常生活に関する行為については意思能力があるが，日常生活に関する以外の行為，たとえば，不動産の売買や手形行為については意思能力がないというように具体的に意思能力の有無を考えるべきであろう。そして，日常生活に関する行為については意思能力があるが，日常生活に関する以外の行為については意思能力がない場合も後見開始の審判の要件である「事理を弁識する能力を欠く常況」に該当する，と考えるべきである。そのように考えれば，後見開始の審判を受けた成年被後見人は日常生活に関する行為については行為能力だけでなく原則として意思能力もあることになろう。したがって，日常生活に関する行為については意思能力がなかったことを理由に無効を主張することはできないことになる。ただし，日用品の購入のような日常生活に関する行為であっても，成年被後見人が一日に何度も同じ物を購入するような場合は，成年後見人は行為の時に成年被後見人に意思能力がなかったことを証明して行為の無効を主張できると解するべきである。この場合は，成年被後見人には行為能力はあるが例外的に意思能力はないと解することになろう。日常生活に関する行為以外の行為については，成年被後見人は行為能力がなく（9条本文），成年後見人が成年被後見人を代理してこれらの法律行為を行うことになる（859条1項）。成年被後見人がこれらの行為を成年後見人の同意を得て行った場合でも，その行為は取り消すことができると解される。成年被後見人は，そのような法律行為については事理を弁識する能力，つまり上述した具体的意思能力を欠く常況にあると解されるので，事前に同意を与えて単独で行為させることは，本人保護のために望ましくないからである。

⑷　後見開始審判の取消し　　後見の原因がなくなったときは，家庭裁判所は10条に掲げる者の請求に基づき後見開始の審判を取り消さなければならない（10条）。なお，保佐または補助開始の審判をする場合に，本人が成年被後見人であるときは，後見開始の審判を取り消さなければならない（19条）。

5　被保佐人

⑴　意義　　精神上の障害により事理を弁識する能力が著しく不十分な者については，家庭裁判所が，11条に掲げる者の請求に基づき，保佐開始の審判を行わなければならない（11条）。保佐開始の審判を受けた者が被保佐人である（12条）。

⑵　保佐人　　被保佐人には保佐人が付される（12条）。保佐人は被保佐人に同意を与える権限を有する（13条）。ただし，保佐人の同意を得ることを要する行為につき保佐人が被保佐人の利

益を害するおそれがないのに同意を与えないときは，家庭裁判所が被保佐人の請求に基づき保佐人の同意に代わる許可を与えることができる（13条3項）。このように被保佐人の自己決定権にも配慮がなされている。家庭裁判所は，特定の法律行為について保佐人に代理権を付与する旨の審判をすることができる（876条の4第1項）。ただ，被保佐人以外の者の請求により代理権付与の審判をするには被保佐人の同意を要する（876条の4第2項），とされているので，被保佐人の同意が代理権付与の要件ということができる。ここでも被保佐人の自己決定権に対して配慮がなされているといえる。なお，成年後見人が成年被後見人に代わって居住用不動産を処分するには家庭裁判所の許可が必要との規定（859条の3）は，保佐の場合に準用されている（876条の5第2項）。

⑶　被保佐人の行為能力　　被保佐人は，次に掲げる行為をなすには保佐人の同意を必要とするが（13条1項），その他の行為については行為能力を有する。

㈠　元本の領収と利用（13条1項1号）

㈡　借財または保証（同2号）　　判例は「借財」のなかに手形の振出等の手形行為を含むとしている。学説では手形行為は有効とし，手形の原因関係のみを取り消すことができるとする説が有力である。

㈢　不動産その他重要な財産に関する権利の得喪を目的とする行為（同3号）　　株式，特許権，著作権などは本号の重要な財産に含まれる。

㈣　訴訟行為（同4号）

㈤　贈与・和解または仲裁合意（同5号）　　ここで贈与とは，他人に贈与することをいい，単に贈与を受けることは含まれない。

㈥　相続の承認もしくは放棄または遺産の分割（同6号）

(キ)　贈与の申込みの拒絶・遺贈の放棄または負担付贈与・遺贈の承諾・承認（同7号）

(ク)　新築・改築・増築または大修繕（同8号）

(ケ)　民法602条に定めた期間を超える賃貸借（同9号）

(コ)　被保佐人が(ア)から(ケ)までの行為を制限行為能力者の法定代理人としてすること（同10号）　たとえば，親権者である被保佐人が，未成年者を代理して未成年者所有の不動産を売却する場合，保佐人の同意を得なければならない。事理弁識能力が著しく不十分な被保佐人が制限行為能力者を代理して(ア)から(ケ)までの行為をすると制限行為能力者の利益が害されるおそれがあるから，保佐人の同意を要するとしたのである（なお第5章Ⅲ4(2)参照）。

(サ)　家庭裁判所が特に指定する行為（13条2項）

本条1項の各号に規定する行為に該当する行為でも，9条但書にいう，日用品の購入その他日常生活に関する行為といえるものは，被保佐人は保佐人の同意なしに行うことができる（13条1項但書）。たとえば，預金の払戻しを受けることは「元本の領収」に当たるが，少額の預金の払戻しは保佐人の同意なしに行うことができる。また，家庭裁判所が特に指定する行為に関しても，9条但書に定めた行為は指定できない（13条2項但書）。

(4)　保佐人の取消権　被保佐人が以上の行為を保佐人の同意なしにあるいは保佐人の同意に代わる家庭裁判所の許可なしに行った場合，その行為は取り消しうる（13条4項）。旧規定の下では，被保佐人にあたる準禁治産者が取り消しうることは明らかであったが，保佐人が取り消しうるかについては争いがあった。平成11年改正では取消権者の中に「同意をすることができる者」が規定されたので，被保佐人のみならず保佐人も取消権をもつことになった（120条1項）。なお，旧規定の下では，保佐人の取消権 ★

否定説から，仮に取消しを認めても，保佐人は代理権をもたないので，保佐人はたとえば不動産の売買契約を取り消しても，不動産の返還請求や登記抹消請求ができず，あまり意味がない，との批判があった。1999（平11）年改正では，保佐人に代理権を与えることも可能とされている（876条の4）ので，この批判にもある程度応えることができるようになった。とはいえ，保佐人は同意権・取消権は当然もつが，代理権はもたないことがあるので，1999（平11）年改正によっても取消権が十分効力を発揮できない場合が生ずることは否定できない。

(5)　保佐開始審判の取消し　　保佐の原因がなくなったときは，家庭裁判所は14条に掲げる者の請求に基づき保佐開始の審判を取り消さなければならない（14条1項）。

なお，後見ないし補助開始の審判をする場合に，本人が被保佐人であるときは家庭裁判所は保佐開始決定を取り消さなければならない（19条）。

6　被補助人

(1)　意義　　精神上の障害により事理を弁識する能力が不十分な者については，家庭裁判所が15条に掲げる者の請求に基づき補助開始の審判をしなければならない（15条1項）。本人以外の者の請求により補助開始の審判をするには本人の同意がいる（同条2項）とされており，補助を受けるかどうかは本人の自己決定に委ねられている。補助開始の審判を受けた者が被補助人である（16条）。補助を受けるかどうかは本人の意思に任されている点が，後見や保佐との大きな差異といえる。

(2)　補助人　　被補助人には補助人が付される（16条）。成年後見人は代理権を，保佐人は同意権を当然に有するのに対して，補助人の場合は当然に有する権利はない。補助開始の審判の際に，補助人に同意権を与えるのか，代理権を与えるのか，あるいはその双方を与えるのかの審判をすることになっている（15条3項）。同意権は特定の法律行為に関して補助人に与えられるが，この同意を要する行為は保佐の場合の同意を要する行為の一部に限られる（17条1項）。同意権を与える審判の場合，本人以外の者の請求による場合は本人の同意がいるとされており（同条2項），同意権を与えるか否かは本人の自己決定に委ねられている。なお，保佐の場合と同様，補助人の同意を要する行為につき補助人が被補助人の利益を害するおそれがないのに同意を与えないときは，家庭裁判所が被補助人の請求に基づき補助人の同意に代わる許可を与えることができる（同条3項），とされている。代理権も特定の行為に関して補助人に与えられるが，本人以外の者の請求による場合は本人の同意がいるとされており（876条の9第2項・876条の4第2項），ここでも代理権を与えるか否かは本人の自己決定に委ねられている。なお，成年後見人が成年被後見人に代わって居住用不動産を処分するには家庭裁判所の許可が必要との規定（859条の3）は，補助の場合に準用されている（876条の10第1項）。

(3)　被補助人の行為能力　　被補助人の行為能力が制限されるかは，補助人に同意権が与えられるか否かで決まる。補助人に代理権のみが与えられた場合は，被補助人の行為能力は制限されない。したがって，被補助人は補助人に代理権の与えられた行為を含めてすべての行為を有効になしうる。この場合の被補助人の立場は，任意後見が開始された場合の，本人の立場に類似している。すでに述べたように，任意後見制度は行為能力と直接の関係はないのであるが，この場合の補助も行為能力とは直接の関係はないといえる。ただ，任意後見の場合と同様，判断能力が不十分な者を保護する制度という意味では行為能力制度と密接な関係があるといえよう。補助人に同意権が与えられた場合は，同意を要する特定の法律行為に関しては，被補助人の行為能力は制限される。補助人の同意を要する法律行為を被補助人が同意または同意に代わる家庭裁判所の許可を得ずになした場合は，その法律行為は取り消すことができる（17条4項）。この場合，被補助人だけでなく補助人も取消権をもつ（120条1項）。

(4)　補助開始審判の取消し　　補助の原因がなくなったときは，家庭裁判所は18条1項に掲げる者の請求に基づき補助開始の審判を取り消さなければならない（18条1項）。また，補助人の同意権と代理権をすべて取り消す場合は，家庭裁判所は補助開始の審判を取り消さなければならない（18条3項）。なお，後見ないし保佐開始の審判をする場合，本人が被補助人であるときは家庭裁判所は補助開始の審判を取り消さなければならない（19条）。

7　制限行為能力者の相手方の保護

制限行為能力者が単独でなした行為は一応有効であるが取り消すことができるので，相手方は不確定な状態に置かれる。このため民法は，取消権の短期消滅時効を定めているが（126条），それでも，相手方の不確定な状態は相当長く続く可能性がある。そこで，民法は，相手方の保護のために，催告権（20条）と詐術による取消権排除（21条）を認めている。

(1)　催告権　　制限行為能力者（未成年者，成年被後見人，被保佐人，補助人の同意を要する被補助人）の相手方は，制限行為能力者が行為能力者になった場合，つまり，未成年者が成年に達し，成年被後見人，被保佐人，被補助人がその開始の審判の取消しを受けた場合には，本人に対し，1か月以上の期間を定め，その期間内

表１　催告に対して確答がないときの効果

<table>
<tr><td colspan="2">催告の相手方</td><td>効　果</td></tr>
<tr><td rowspan="2">相手方が単独で追認しうる地位にある者</td><td>未成年者の親権者・未成年後見人
成年被後見人の成年後見人
保佐人　補助人</td><td>追　認</td></tr>
<tr><td>未成年者が成年に達した場合の本人
後見・保佐・補助開始審判が取り消された場合の本人</td><td>追　認</td></tr>
<tr><td rowspan="2">相手方が単独で追認しうる地位にない者</td><td>未成年後見人・成年後見人に未成年後見監督人・成年後見監督人がいる場合の未成年後見人・成年後見人</td><td>取消し</td></tr>
<tr><td>被保佐人
被補助人</td><td>取消し</td></tr>
</table>

に，その行為を追認するか否かについて確答すべき旨を催告することができる。催告を受けた者が，決められた期間内に，確答を発しないときは，追認したものとみなされ，その行為は取り消せなくなる（20条１項）。制限行為能力者が行為能力者になっていない場合には，その法定代理人，保佐人，補助人に対して，同様の催告をし，催告を受けた者が，決められた期間内に，確答を発しないときは，追認したものとみなされ，その行為は取り消せなくなる（同条２項）。未成年者や成年被後見人に未成年後見人・成年後見人と未成年後見監督人・成年後見監督人がいるとき，未成年者や成年被後見人が13条１項に掲げる行為をした場合，相手方は未成年後見人・成年後見人に対し，１か月以上の期間を定め，その期間内に，その行為を追認するか否かについて確答すべき旨を催告することができる。もし未成年後見人・成年後見人がこの期間内に未成年後見監督人・成年後見監督人の同意を得て追認するという通知を発しないときは，その行為は取り消されたものと

みなされる（同条3項・864条）。相手方は，被保佐人または被補助人に対して，1か月以上の期間を定め，その期間内に保佐人または補助人の追認を得るべき旨を催告できる。もし，被保佐人または被補助人がその期間内にこの追認を得た旨の通知を発しないときは，その行為は取り消されたものとみなされる（20条4項）。

★★　(2)　**詐術による取消権の排除**　　制限行為能力者が自分が行為能力者であるように相手方を誤信させるために「詐術」を用いた場合は，法律行為を取り消すことができない（21条）。このような場合は，制限行為能力者を保護する必要がないからである。「詐術」とは何かが問題となるが，21条の立法過程における原案は次のとおりであった。「無能力者カ能力ヲ有スル旨ヲ明言シタルノミニシテ之ヲ信セシムル為メ自ラ詐術ヲ用ヒタルニ非サレハ其無能力ニ因リテ其行為ヲ取消スコトヲ妨ケス」。21条はこの原案と表現が異なっているが，趣旨は原案と同じということで規定された。つまり，立法者の見解によれば，制限行為能力者が他人に自分が行為能力者であると偽証させたり，あるいは，制限行為能力者が法定代理人・保佐人の同意書を偽造したりすれば「詐術」になるが，自分が行為能力者であると述べただけでは「詐術」にあたらない，ということであった。このため，古い判例では，自分が行為能力者であると述べただけでは「詐術」にあたらないとされていたが（大判大6・9・26民録23輯1495頁），やがて，これも「詐術」にあたるとされた（大判昭5・4・18民集9巻398頁）。学説では，相手方がすでに誤信している場合には，単なる沈黙も事情によっては詐術となりうる，とするものもある。しかし，判例は，制限行為能力者であることを黙秘している場合でも，それが制限行為能力者の他の言動などと相まって，相手方を誤信させまたは誤信を強めたものと認められるときは詐術にあたるが，黙秘していただけでは詐術にあたらない，としている（最判昭 44・2・13 民集 23 巻 2 号 291 頁）。判例では制限行為能力者のいかなる言動が詐術にあたるかが問題となっている。この点については，取締役副社長の肩書のある名刺を交付した場合に，詐術にあたるとした判決（東京地判昭 58・7・19 判時 1100 号 87 頁）があるが，運転免許証を呈示した場合に，詐術にあたらないとした判決（名古屋高判昭 61・1・30 判時 1191 号 90 頁）もあり，なお今後に問題は残されている。

なお，「詐術」の成否をめぐって主として争いになったのは準禁治産者，特に浪費者であった。しかし，1999（平 11）年の法改正により，準禁治産は保佐と名称を変更し，浪費者は保佐の対象にはならなくなった。他方，補助の制度が導入され，事理弁識能力が不十分な者が制限行為能力者になることが可能となった。このため，補助人の同意を要する旨の審判を受けた被補助人の「詐術」が問題となる可能性がある，といわれている。未成年者が年齢を偽り成人だと述べた場合，これが「詐術」といえるかが問題となりうるが，未成年者の場合は「詐術」の認定は慎重であるべきだ，とする見方が強い。

8　制限行為能力者制度の限界

⑴　身分上の行為　　身分上の行為は，財産上の行為のように，経済的利害の打算に基づくものではなく，本人の意思を尊重すべきものであるから，制限行為能力者制度はそのまま適用されない。たとえば，成年被後見人も意思能力を回復していれば，単独で婚姻できる（738 条）。また，未成年者も 15 歳になれば単独で遺言ができるし（961 条・962 条），成年被後見人も意思能力を回復していれば，単独で遺言でき（973 条・962 条），被保佐人や被補助人も

単独で遺言ができる（962条）。

(2)　労働契約　　親権者は子に代わって法律行為をすることができる（824条）。しかし，たとえば，親権者が子に代わって労働契約を結ぶことができるとしたら，親権者が子を食いものにするという弊害が生じうる。そこで，親権者は未成年者に代わって労働契約を締結できないとされている（労基58条1項）。また，親権者は未成年者に代わって賃金を受け取ることもできない（同59条）。このように親権者は労働契約に関しては，代理権をもたない。ただし，未成年者が労働契約を締結する場合，親権者の同意は必要である（5条1項）。

Ⅳ　住　所

1　住　所

たとえば，ある人が借金の支払場所を特に決めないでお金を借りた場合，借主（債務者）は借金を貸主（債権者）の住所で返すことになっている（484条1項）。住所は，どこで債務を履行したらよいか（484条），相続はどこで始まるか（883条），どこの裁判所に訴えたらよいか（民訴4条2項）などを決める基準となる。住所とは，各人の生活の本拠であるとされているが（22条），住所は1個に限るか（単一説），複数認められるか（複数説）が争われている。たとえば，ある人が東京と大阪に事務所をもち，横浜に家族と住んでいた場合に，大阪の事務所でその人からお金を借りた人は，どこで借金を返せばよいのかが問題となる。単一説によれば，家族と住んでいる横浜が住所であり，そこで借金を返さなければならないということになるかもしれないが，複数説では，法律関係ごとに，たとえば大阪の事務所で生じた法律関係では，大阪の事務所が住所となるので，大阪の事務所で借金を返せばよい，ということになる。今日では，この複数説（法律関係基準説）が通説である。

住所はまた，選挙権との関係でも問題となる。公職選挙法9条2項は，「日本国民たる年齢満18年以上の者で引き続き3箇月以上市町村の区域内に住所を有する者は，その属する地方公共団体の議会の議員及び長の選挙権を有する」と規定する。国会議員の選挙も各人の住所地で行わなければならない。ところで，たとえば，郷里を離れて東京の大学に入り東京の学生寮に3か月以上住んでいる学生は，都知事選の選挙権をもつのであろうか。また，国会議員選挙において東京で投票することはできるのであろうか。かつて，学生の住所は原則として郷里にあるという自治庁通達が出されて問題となったが，裁判所は学生の住所は就学地（ここでは東京）にあるとした（星嶺寮事件＝最大判昭29・10・20民集8巻10号1907頁）。選挙のたびに郷里に帰らなければならないというのでは，選挙権の行使が実質上不可能となるので，裁判所の見解が正当である。

2 居 所

居所とは，人が多少の期間継続して居住しているが，その地との密接の度合いが住所ほどにいたらない場所をいう。住所が知れない場合（23条1項），日本に住所を有しない場合（23条2項本文）には，居所が住所とみなされる。

3 仮住所

ある取引について，当事者は一定の場所を選んで仮住所とすることができる。仮住所は，その取引に関しては住所とみなされる

(24条)。

V　不在者の財産管理

たとえば，ある人が外国に行ったきりで帰ってこない場合，その人の財産が放置されたままだと，本人のためだけでなく，推定相続人・債権者のためにも好ましいことではない。そこで，不在者の財産管理制度が設けられた。

1　不在者の意義

不在者とは，従来の住所または居所を去って容易に帰ってくる見込みのない者をいう。生死不明であることを要しないが，生死不明者も失踪宣告を受けるまでは，不在者として扱われる。

2　不在者の財産管理

(1)　不在者が財産管理人を置いていないときは，家庭裁判所は，不在者の推定相続人・債権者等の利害関係人または検察官の請求により，財産管理人の選任など必要な処置をとることができる(25条1項前段)。財産管理人は，財産目録を作成し(27条1項)，財産の保存・改良にあたり，家庭裁判所の許可を得て財産の処分等をなすことができる(28条前段)。

(2)　不在者が財産管理人を置いていた場合でも，その管理人の権限が消滅したとき，不在者が生死不明になったときには，家庭裁判所が管理人を選任または改任することができる(25条1項後段・26条)。

Ⅵ 法 人

1 法人法の歩み

民法典では，第38条から第84条までの規定は削除されているが，かつては法人について民法に多くの規定が存在していた。

しかし，2006（平18）年6月2日，一般社団法人及び一般財団法人に関する法律（一般法人法），公益社団法人及び公益財団法人の認定等に関する法律（公益法人認定法）が公布され（2008（平20）年12月1日施行），これによって，民法の法人の箇所は大幅な変更を受けることになった。法人の権利能力に関する民法34条の規定を除けば，法人に関する重要な規定は一般法人法に移行された。

一般法人法は，剰余金（利益）の分配を目的としない社団・財団に，それが行う事業の公益性の有無にかかわらず，後に述べる準則主義により容易に法人格を与える法律である。剰余金（利益）の分配を行う法人は営利法人であるから，一般法人法は，非営利法人に関する一般法ということができる。

営利を目的としない社団・財団は，まず一般社団法人・一般財団法人として成立するのであるが，その中で，公益を目的とするものは，公益法人認定法に基づき公益認定を受けなければならない。公益認定を受ければ，公益目的事業を主として行うことなどの公益性の認定要件を遵守しているかなどについて，行政庁による監督を受けなければならない（公益法人27条～31条）が，税制上の優遇措置を受けることができる。

以下では，法人とは何かについて，詳しくみていこう。

2　法人の意義

学生生活を送る際，生協で食事をし，あるいはデパートで買物をする。また，奨学財団から奨学金をもらっている学生もいる。生協，デパート（会社），奨学財団は，法人である。法人とは，自然人以外のもので，法律上，権利・義務の主体たりうるものをいうのであるが，自然人以外になぜ権利・義務の主体たるものが必要とされるのであろうか。

(1)　多数当事者の法律関係単純化の技術としての法人　　われわれのまわりには，さまざまな団体が存在する。たとえば，生協，デパート（会社），学生自治会，サークル，町内会，労働組合などである。これらの団体は，取引をし，訴訟をし，財産を所有している。団体とは，構成員の集まりなのであるから，団体が取引をし，訴訟をし，財産を所有するとは，全構成員がそうしていることを意味する。しかし，たとえば不動産を購入する場合，全構成員の名で契約をし，相手方が履行してくれない場合，全構成員の名で相手方を訴え，不動産を無事取得できた場合も全構成員の名でこれを登記しなければならないということでは非常に不便である。相手方も，団体が，たとえば代金を支払ってくれない場合，全構成員を相手に訴訟をしなければならないというのでは同様に非常に不便である。このような場合に，団体の名で契約をし，訴訟をし，不動産登記をすることができれば，団体にとっても相手方にとっても非常に便利である。法人とは，いわば構成員をかっこにくるみ，団体の名で，相手方と契約や訴訟をし，団体不動産を登記することを可能にしてくれる法技術なのである。

なお，団体が法人になれば，団体にとってだけでなく団体の外部の者にとっても非常に便利である，という点は重視されなければならない。1994（平6）年に，「政党助成法」および「政党交付金の交付を受ける政党等に対する法人格の付与に関する法律」（法人格付与法）が成立したが，この法律では，政党交付金の交付を受ける政党は法人格を取得するよう義務づけられた（政党助成3条1項，政党法人格4条1項参照）。この場合，政党を法人にするのは，政党のためというよりは，政党に交付金を交付する国の便宜のためである。つまり，政党に不正があって政党交付金を国に返還させる必要が生じた場合に，国が政党の責任を追及しやすくするためなのである。

図2　法人という法技術

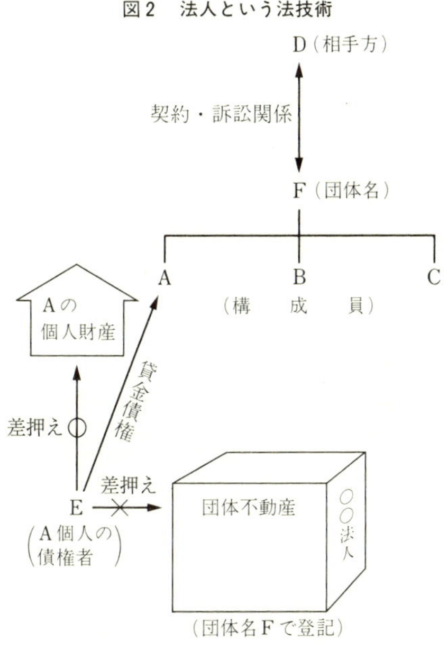

(2)　財産関係分別の技術としての法人　　たとえば，ある人が自己の不動産を，団体事務所として使うために出資したとする。この出資された不動産は，もはや出資者の個人財産ではなくなるのであるが，たとえば出資された不動産が出資者の名で登記されたままだとすると，出資者が個人的に負った債務のゆえに，この不動産が差し押さえられ，売却されて第三者の手に渡るということが起こりうる。このようなことになっては団体の活動が阻害されることは明らかである。この場合，団体の名でこの不動産を登記することを認めれば，このような不都合を避けることができる。

図3　組合という法技術

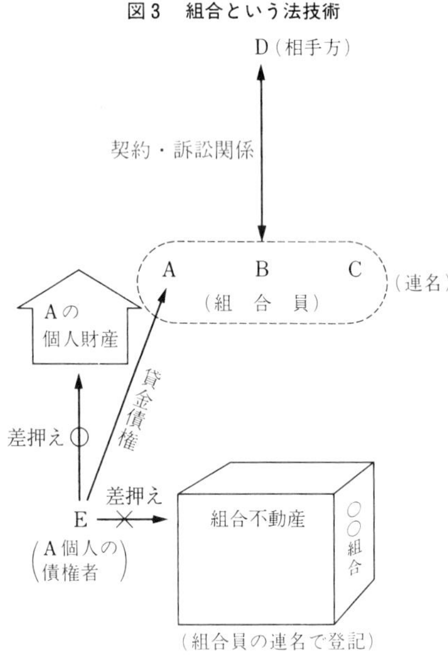

法人とは，団体・財団を権利・義務の主体にすることによって，構成員ないし出資者の個人財産から分別された団体財産・財団財産をつくるための法技術なのである。

(3)　法人と組合と権利能力なき社団——ところで，注意しなければならないのは，構成員の個人財産から分別された団体財産をつくるための法技術は，法人だけではないということである。たとえば，民法上の組合（667条〜688条）もそのための法技術なのである。組合でも，各組合員の債権者は組合財産を差し押さえることができないと解されている（677条参照）ため，各組合員の個人財産から分別された組合財産が存在するのである。法人と組合との差異は，前者は，団体の名で契約や訴訟や不動産登記をすることができるが，後者は，それを構成員全員の名でしなければならないということにある。このため，構成員の多数いる，法人でない団体（後でみる権利能力なき社団）は組合の規定に従ったのでは，十分な団体活動ができないという問題が生ずる（8参照）。

(4)　法人の債務についての構成員の責任——法人の債務について，一般法人法には特に規定はないが，一般社団法人の社員は責任を負わないと解されている（有限責任）。これに対して，会社法では，株式会社であれば，株主は有限責任だが（会社104条参照），たとえば，合名会社では社員は法人である会社の債務について無限責任を負う（会社576条2項・580条参照）。

⑸ **法人格否認の法理** 世間では，税金対策等のために，個人企業が法人になる場合がある（いわゆる法人成り）。また，会社（親会社）が，一事業部門を切り離して，独立の会社（子会社）を設立したり，新規事業を始めるために独立の会社（子会社）を設立することがある（親子会社）。前者の場合，法人と個人企業主を，後者の場合，親会社と子会社を実質的には同一であると考えることもできるが，法的には，個人企業主と法人，親会社と子会社は別個の権利主体・法人格として取り扱われる。たとえば，個人企業主が自己の名で友人の保証人となった場合，債権者は，法人に対して請求することはできない。また，子会社が株式会社の場合，子会社の債権者は，子会社の株主である親会社に対して子会社の債務の支払を請求することはできない（有限責任）。 ★

しかし，個人企業主と法人，親会社と子会社は別個の法人格である，ということを厳格に貫くと場合によっては不都合なことが生ずる。たとえば，AがBを代理人として，Cから骨董品を買わせた場合，その骨董品がDのものであることを知りながら（悪意），Bに買わせたときは，たとえBがDのものであることを知らなくても（善意），Aはその骨董品を即時取得（192条）することはできない（101条3項）。しかし，AがX法人を設立し，Bを代表者に選んでいるときに，同様の取引がなされた場合，Bが善意であれば，X法人は骨董品を即時取得できる。というのは，X法人とAとはあくまで別個の法人格であり，X法人の善意・悪意は，代表者Bの善意・悪意で決まるからである。しかし，こ

図4　法人格否認の法理

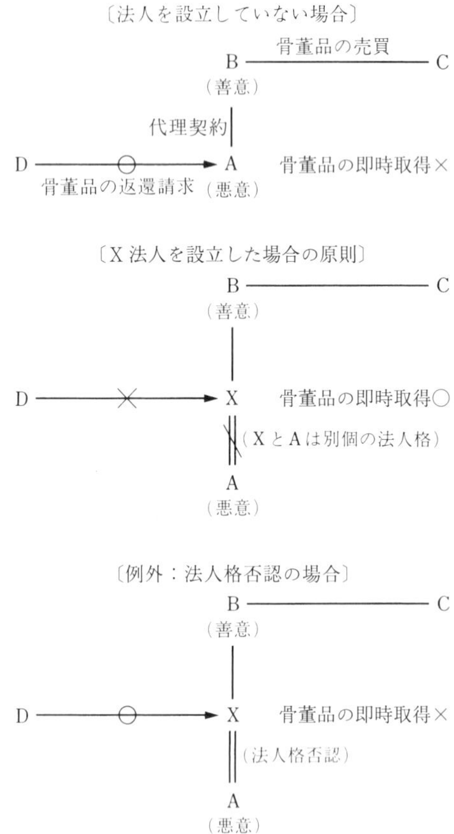

のような結論が妥当かは疑問である。そこで，この場合には，X法人とAとが別個の法人格であるということを否認し（法人格否認），X法人とAとを同一視して，Aが悪意であれば，X法人は骨董品を即時取得できない，とされている。これが法人格否認の

一場面である（いわゆる規範解釈問題）。

親子会社の場合，子会社を設立するときに，子会社の事業規模に比べて不当に低い資本しか出資しなかったり（過少資本），また，子会社が親会社に不当に安い価格で製品を供給したりすることがある（会社搾取）。このような場合に，たとえば，子会社が破産した場合，子会社が株式会社であれば，子会社の債権者は子会社の株主である親会社の責任を追及できない（有限責任）。しかし，そのような結論が妥当かは疑問である。そこで，ここでも，親会社と子会社とが別個の法人格であることを否認し（法人格否認），親会社と子会社とを同一視し，子会社の債務についても親会社の責任を認める，ということが行われている。これが法人格否認のもう一つの場面である（いわゆる責任把握問題）。

(6) 法人学説　　法人学説としては，法人擬制説・法人否認説・法人実在説などがよくあげられているが，それぞれの説は一定の歴史的背景のもとに一定の課題を担って現れてきたものであるから，それぞれを同一平面にならべてその是非を論ずることはあまり意味がない。しかし，それぞれの説の歴史的背景と課題を十分に検討し，これを簡単に説明することは困難なため，ここでは各説について論ずることはさしひかえたい。ただ，法人の本質についての理解の差異が用語の使い方や説明の仕方の差異となって現れる場合もあるので，法人の本質についての基本的対立については簡単に触れておきたい。

法人とは，すでに述べたような法技術にすぎないと解する立場（擬制説ないし否認説的立場といわれる）と，社会的実在であると解する立場（実在説的立場といわれる）との対立がある。実在説的立場によれば，法人には代表機関（具体的には理事）があり，代表機関の行為は法人の行為であるということになるので，法人は自ら，行為（法律行為），不法行為をなしうるということになる。そして，理事の行為は法人そのものの行為であるということを示すために，「代表」とか「機関」といった用語が用いられ，法人は行為能力・不法行為能力をもつという説明がなされる。これに対して，擬制説（ないし否認説）的立場では，理事は法人の代理人であり，理事の代理行為によって法人が権利・義務を取得し，理事の不法行為について法人が賠償責任を負わされているのだということになる。実在説的見解は，比喩としてなら十分理解できる。たとえば，法人の不法行為・犯罪行為ということばは日常的にも使われている。しかし，法律論としては，擬制説（ないし否認説）的見解が正当であろう。たとえば，実在説的見解では，理事の不法行為の場合に，法人の責任は認めえても理事個人の責任は認めにくい。それでもなお，理事の行為は一面では法人の行為であるが，他面では理事個人の行為であるとして理事の責任を認めるのはいかにも苦しい。もっとも，「代表」とか「機関」という用語は，必ずしも実在説的立場から用いられているわけではないので（たとえば，824条参照），ここでも一般的な意味で用いることにする。

3　法人の種類

(1)　社団法人と財団法人　　社団法人とは，一定の目的のもとに結合した人の団体が法人となったものであり，財団法人とは，一定の目的に捧げられた財産の集合を法人としたものであるといわれる。一方は団体を基礎とし，他方は財産の集合を基礎とするものであるから，両者は全く異なる実体を反映するものであると考えられるかもしれないが，必ずしもそうではない。同一の実体を社団法人とすることも財団法人とすることも可能なのである。たとえば，日本ネパール協会は社団法人であるが，日本スペイン協会は財団法人である。

なお，一般法人法によれば，財団も公益目的のものに限定されていないので，営利も公益も目的としない財団の設立も認められる。

(2) 公益法人・営利法人・非営利法人　(ア) 公益法人　公益法人とは，学術，技芸，慈善，祭祀，宗教その他の公益を目的とする法人である（33条2項)。つまり，不特定多数人の利益を目的とするものである。公益法人は民法旧34条により法人格を取得していたが，2006（平18）年の法人法の改正により，一般法人法に従って法人格を取得し，公益法人認定法に従って，公益認定を受けることになった。宗教法人，学校法人，社会福祉法人は，公益法人ではあるが，それぞれ宗教法人法，私立学校法，社会福祉法の適用を受ける。また，1998（平10）年に特定非営利活動促進法（いわゆるNPO法）が成立した。同法は，ボランティア活動をはじめとする市民が行う自由な社会貢献活動としての特定非営利活動の健全な発展を促進し，もって公益の増進に寄与することを目的とし，保健，医療または福祉の増進を図る活動など19項目の非営利活動を目的とする団体に法人格を与えようとするものである。同法2条では，「特定非営利活動」とは不特定かつ多数のものの利益の増進に寄与することを目的とするものをいう，とされているので，同法により成立する法人は公益法人である。

(イ) 営利法人　営利法人とは営利を目的とする法人である。すなわち，対外的な事業活動で利益を得て，これを構成員に分配することを目的とするものである。株式会社，合資会社，合名会社，合同会社がこれに当たる。

(ウ) 非営利法人　対外的な事業活動で利益を得ても，これを構成員に分配することを目的にしない法人は非営利法人である。

一般法人法に基づき設立される法人は，すでに述べたように，非営利法人である。公益法人も非営利法人であるが，不特定多数人の利益を目的とするものでなければならない。相互扶助・親睦などを目的とする団体は，一般法人法に従い法人になることはできるが，不特定多数人の利益を目的とするものではないので，公益認定を受けて公益法人になることはできない。なお，労働組合や協同組合は労働組合法や各種協同組合法に基づき設立された非営利法人である。

(エ)　非営利法人と収益事業　　非営利法人がその事業資金を得るために収益事業を営むことは公益目的，非営利目的に反するものではないと解されている。収益事業で得た利益を構成員に分配すれば，営利法人となってしまい，公益性，非営利性に反することになるが，利益を法人の目的に使用するかぎり，収益事業は公益性，非営利性に反しない。しかし，非営利法人が充分な財産なしに収益事業を行うと，債権者を害することになるのではないか，という問題がある。

そのような問題が生じた場合には，法人格否認の法理を活用し，法人の債務について構成員の責任を認めるべきではないかと考える。

(3)　外国法人と内国法人　　外国法人とは，外国法に準拠して設立された法人であり，内国法人とは，日本法に準拠して設立された法人である，とする準拠法説が通説である。民法は外国法人の認許について規定している（35条1項）が，認許とは，外国法人に対して，わが国の法律上その法人格を承認することであるから，外国法人とは，外国法に準拠して設立された法人を意味すると解さざるを得ない。しかし，民法は，認許された外国法人の権利の享有についても規定している（35条2項）が，権利の享有に関して内外法人を区別する場合には，設立準拠法を基準とせず，法人の構成員・資本・議決権・業務執行者などにおける外国的要素を考慮して，その法人が内国的であるか外国的であるかを判断するのが合理的である。というのは，その法人が実質的には外国的であるにもかかわらず，ただそれが日本法に従って設立されたという理由で，これを内国法人として，外国法人には享有が禁止または制限されている権利の享有を認めるのは不合理だからである。わが国の法令の中には，日本法に従って設立された法人を一応内国法人としながら，その実質が外国的なものは，権利の享有に関して外国法人と同様に扱っているものがある（外人土地２条参照)。問題は，そのような明文がない場合であるが（たとえば，鉱業法17条は，日本国民または日本国法人でなければ，鉱業権者となることができない，と規定するだけである)，そのような場合にも，その法人が実質的に外国的であれば外国法人として処理すべきである。この意味で，外国法人という概念は，各種の法規の適用にあたってその意義を変ずべき相対的な概念なのである。

⑷　公法人と私法人　　公法人と私法人とを区別するのは困難であり，また，区別の実益もないというのが今日の通説である。かつては，この区別の実益は次の点にあるとされた。①裁判の管轄が行政裁判所か司法裁判所か，②構成員からの各種負担の取立ての手続が税法上の強制徴収の手続か民事訴訟法上の強制執行手続か，③法人が不法行為責任を負うか否か，④役員につき瀆職罪が成立するか否か，⑤法人の文書の偽造が公文書偽造か私文書偽造か，である。ところが，現行憲法の下では，①は行政裁判所の廃止により，③は国家賠償法の制定によりそれぞれ意義を失ったので，区別の実益はなくなった。また，②④⑤の問題は，それぞれの具体的な法人の性質に即して個別的に決せられるべきである

と考えられている。要するに，公法人・私法人という区別はかつてのような重要性をもたなくなっている。

4　法人の設立と登記

⑴　法人設立の諸主義　　法人の設立を認める方法には種々のものがあるが，国家の関与の強弱に応じて次の諸主義がとられている。

㈠　許可主義　　法律の定める要件の具備と主務官庁の許可によって法人の設立を認める主義。法人の設立を許可するか否かは主務官庁の自由裁量に委ねられている。民法の公益法人にはこの主義がとられていた（旧34条）。

㈡　認可主義　　法律の定める要件の具備と主務官庁の認可によって法人の設立を認める主義。要件を具備していれば，主務官庁は必ず認可しなければならない。各種協同組合（生協57条～59条，農協59条～61条），学校法人（私学30条・31条），社会福祉法人（社福31条・32条）などがこの主義をとる。

㈢　認証主義　　これは認可主義の一種である。ただ，認可主義の場合は法律の定める要件を具備していれば主務官庁は必ず認可しなければならないとされているが，法律の定める要件が抽象的な場合がある。このような場合は，主務官庁の裁量が働きうるため，許可主義に近い運用がなされうる。そこで，法律の定める要件をできるだけ具体的なものにし主務官庁の審査を形式的なものにする場合を，特に認証主義と称している。次にみる準則主義の場合，登記官の審査は形式的なものであるため，認証主義は主務官庁が関与するものの，準則主義に近いといわれる。宗教法人（宗法12条～14条），特定非営利活動法人（いわゆるNPO法人。非営利活動10条・12条）がこの主義をとる。

㈤ 準則主義　法律の定める要件の具備によって法人の設立を認める主義。会社法上の会社，労働組合などがこの主義をとる。この主義をとる場合，通常，設立登記をすることが，法人設立の要件とされており（会社49条・579条，労組11条），設立登記の際に，登記官が要件の具備について審査する。登記官の審査は形式的なものである。なお，2006（平18）年に一般法人法が成立し，剰余金（利益）の分配を目的としない社団・財団は，それが行う事業の公益性の有無にかかわらず，準則主義に基づき，法人格を取得できることになった（一般法人22条・163条）。

㈥ 自由設立主義　国家（主務官庁，登記官等）の関与なしに，法人の設立を認める主義。スイスでは，非営利社団につき，この主義がとられている（スイス民法60条）。

⑵ 一般社団法人・一般財団法人の設立　一般社団法人・一般財団法人を設立するには，次の条件が満たされなければならない。

㈠ 剰余金（利益）の分配を目的としないこと　剰余金（利益）の分配をすると，営利法人になってしまうので，営利法人と区別するために，社員または設立者に剰余金または残余財産の分配を受ける権利を与える旨の定款の定めは，効力を有しないとされている（一般法人11条2項・153条3項2号）。

㈡ 設立行為をすること　(a) 一般社団法人の場合　設立者2人以上の者が集まり，法人の根本規則を定めた書面たる定款を作成しなければならない（一般法人10条1項）。定款には，①目的，②名称，③主たる事務所の所在地，④設立時社員の氏名または名称および住所，⑤社員たる資格の得喪に関する規定，⑥公告方法，⑦事業年度を，必ず記載し，または記録しなければならない（同11条1項）。これを必要的記載事項という。このうち，どの一つを欠いても定款は無効となる。

定款には，一般法人法の規定により定款の定めがなければその効力を生じない事項およびその他の事項でこの法律の規定に違反しないものを記載し，または記録できる（一般法人12条）。「この法律〔一般法人法〕の規定により定款の定めがなければその効力を生じない事項」とは，相対的記載事項のことであり，社員の経費支払義務（同27条），理事会，監事または会計監査人の設置（同60条2項）等がこれに当たる。「その他の事項でこの法律の規定に違反しないもの」とは，任意的記載事項のことである。相対的記載事項も任意的記載事項も，その記載がなくても定款の効力には影響しないが，記載・記録されると必要的記載事項と同一の効力をもつ。設立時の定款は，公証人の認証を受けないと，その効力は生じない（同13条）。

(b)　一般財団法人の場合　　設立者が，法人の根本規則を定めた書面たる定款を作成しなければならない（一般法人152条1項）（民法では，財団法人の根本規則は，定款ではなく，寄附行為と呼ばれていた（旧39条）が，一般法人法では財団法人の根本規則も定款とされている）。

定款には，①目的，②名称，③主たる事務所の所在地，④設立者の氏名または名称および住所，⑤設立に際して設立者が拠出する財産およびその価額，⑥設立時評議員，設立時理事および設立時監事の選任に関する事項，⑦設立しようとする一般財団法人が会計監査人設置一般財団法人であるときは，設立時会計監査人の選任に関する事項，⑧評議員の選任および解任の方法，⑨公告方法，⑩事業年度を，必ず記載し，または記録しなければならない（一般法人153条1項）。5号の財産の価額の合計額は，300万円を下ってはならない（同条2項）。相対的記載事項および任意的記載事項を定めることが可能なことも一般社団法人の場合と同様である

（同154条）。設立時の定款について公証人の認証が必要なことも一般社団法人と同様である（同155条）。

一般財団法人を設立するには，一定財産の拠出が必要である。設立者は，公証人の認証後遅滞なく，定款に記載した財産の拠出を履行しなければならない（同157条）。拠出した財産は，一般財団法人成立の時に法人に帰属するのが原則である（同164条1項）が，設立者が遺言で財産の拠出をしたときは，当該財産は遺言の効力発生時，すなわち設立者の死亡時にさかのぼって法人に帰属したものとみなされる（同条2項）。

(3) 設立の登記　一般社団法人・一般財団法人は，その主たる事務所の所在地において設立の登記をすることによって成立する（一般法人22条・163条）。

(4) 法人の登記　法人と取引しようとする第三者は，法人の存在・組織・財産状態など取引上必要な事項を簡単に知る方法がないと不測の損害を被るおそれがある。そこで，一般法人法は，一般社団法人・一般財団法人に関する一定の事項を公簿に記載し公示せしめることにした。法人登記の制度がこれである。登記すべき事項は，登記した後でなければ，善意の第三者に対抗できない（一般法人299条）。

5 法人の機関と解散命令

(1) 法人の機関　法人には，対内的および対外的な事務を処理する機関がある。かつての民法上の公益法人に関しては，社団法人と財団法人に共通する必須機関としては理事があり，社団法人には必須機関として社員総会があり，必須機関ではないが理事に対する監督機関として，監事を置くことができる，とされていた。一般法人法では，この点に関し，大きな変更が加えられている。

(ア)　機関に関する変更点　　(a)　一般社団法人　　一般社団法人は，社員総会のほかに1人または2人以上の理事を置かなければならない（一般法人60条1項）。一般社団法人では，社員総会，理事は必須機関である。定款の定めによって，理事会，監事，会計監査人を置くことができる（同条2項）。理事会，監事，会計監査人は任意機関である。しかし，理事会を設置している一般社団法人および会計監査人を設置している一般社団法人では，監事は必須機関である（同61条）。また，大規模一般社団法人，すなわち，最終事業年度に係る貸借対照表の負債の部に計上した額の合計額が200億円以上である一般社団法人（同2条2号）では，会計監査人は必須機関である（同62条）。なお，理事会を設置した一般社団法人では，理事は3人以上でなければならない（同65条3項）。

(b)　一般財団法人　　かつては，財団法人には必須機関として理事があるが，社団法人の社員総会のような機関がないため，理事が恣意的な運営を行っても，これをコントロールする機関がなかった。そこで，一般法人法は，評議員，評議員会を必須機関として設置することにした（一般法人170条1項）。また，理事会も必須機関とし，業務執行の意思決定を慎重に行うことにした（同条同項）。理事の業務執行を監督する監事も必須機関とされている（同条同項）。要するに，理事，理事会，評議員，評議員会，監事は，一般財団法人の必須機関である。さらに，大規模一般財団法人，つまり，最終事業年度に係る貸借対照表の負債の部に計上した額の合計額が200億円以上である一般財団法人（同2条3号）では，会計監査人が必須機関とされている（同171条）。なお，一般財団法人は理事会を設置しなければならないので，理事は3人以上でなければならない（同177条・65条3項）。

(c) 公益法人　一般社団法人が公益法人として認定されるためには，理事会を設置していることが必要である（公益法人5条14号ハ）。また，一般社団法人・一般財団法人が，公益法人として認定されるためには，収益，費用および損失その他の勘定の額がいずれも一定の基準に達しない場合を除き会計監査人を置いている必要がある（同5条12号）。すでに述べたように，理事会を設置している一般社団法人では，監事は必須機関である（一般法人61条）から，公益社団法人では，社員総会，理事，理事会，監事は必須機関であり，会計監査人も原則として必須機関ということになる。公益財団法人では，理事，理事会，評議員，評議員会，監事だけでなく，会計監査人も原則として必須機関ということになる。

(イ) 理事，理事会　(a) 理事の選任・解任　民法上の公益法人では，理事の選任の方法は，定款・寄附行為で定められるとされていた（旧37条5号・39条）。社団法人では，社員総会の決議で選任されるのが普通であったが，一般法人法では，一般社団法人の理事は，社員総会の決議で選任することが明記された（一般法人63条1項）。社員総会による理事のコントロールが必要と考えられたからである。解任も，社員総会の決議でなしうる（同70条）。一般財団法人の理事は，評議員会の決議で選任および解任しうる（同177条・63条，176条）。

(b) 理事の職務権限　民法上の公益法人では，理事は，定款・寄附行為および総会の決議に従い法人のために必要なすべての対内的・対外的業務を執行する職務権限をもっていた（旧53条）。しかし，一般法人法では，一般社団法人の場合，理事会が設置されている法人か否かで，理事の権限は異なる。理事会非設置一般社団法人では，理事が業務を執行し，理事が2人以上ある場合は，業務は，理事の過半数で決定するのが原則であるが，定款で別段の定めができる（一般法人76条1項2項）。これに対して，理事会設置一般社団法人では，業務執行の決定は，理事会の職務であり（同90条2項1号），業務執行は，代表理事および業務執行理事が行う（同91条1項）。法人の代表も，理事会設置一般社団法人か否かで異なる。理事会非設置一般社団法人では，理事は，一般社団法人を代表し，理事が2人以上いる場合は，各理事が一般社団法人を代表するのが原則だが，定款，定款の定めに基づく理事の互選または社員総会の決議によって，理事の中から代表理事を定めることもできる（同77条1項〜3項）。これに対して，理事会設置一般社団法人では，代表理事だけが一般社団法人を代表する。一般財団法人の場合は，理事会の設置が必須であるから，理事会設置一般社団法人に関する規定が準用される（同197条）。

(c)　理事会の権限　　理事会は，業務執行の決定，理事の職務執行の監督，代表理事の選定および解職の権限をもつ（一般法人90条2項・197条）。なお，重要な財産の処分および譲受け，多額の借財，重要な使用人の選任および解任，従たる事務所その他の重要な組織の設置，変更および廃止などの重要な業務執行の決定は理事に委任することはできず，理事会が決定しなければならない（同90条4項・197条）。

(ウ)　監事　　(a)　監事の選任・解任　　その選任・解任は，すべて理事の場合と同じである（一般法人63条1項，70条，177条・63条1項，176条）。

(b)　監事の職務権限　　監事の職務権限は，理事の職務の執行を監査することである（一般法人99条・197条）。監事は，理事が法人の目的外の行為その他法令もしくは定款に違反する行為をし，または行為をするおそれがある場合，その行為を差し止めることができる（同103条・197条）。また，監事は，法人が理事に対し，または理事が法人に対し訴えを提起する場合には，当該訴えについて，法人を代表する（同104条・197条）。

㈤ 会計監査人　(a) 会計監査人の選任・解任　その選任・解任は，理事，監事と同じである（一般法人63条1項・70条・176条・177条）。

(b) 会計監査人の職務権限　会計監査人の職務は，法人の計算書類およびその附属明細書を監査することである（一般法人107条・197条）。会計監査人は，公認会計士または監査法人でなければならない（同68条・177条）。

㈥ 評議員，評議員会　(a) 評議員の選任・解任　「評議員の選任及び解任の方法」は，一般財団法人の定款の必要的記載事項とされている（一般法人153条1項8号）。具体的には，評議員会の決議によるという方法を定めることが多いのではないか，といわれている。理事または理事会が評議員を選任・解任する旨の定めは禁止されている（同条3項1号）。評議員会は，理事の選任機関だから（同177条・63条），被監督者が監督者の選任・解任権をもつのは妥当ではないと考えられたからである。

(b) 評議員会の権限　評議員会は，一般法人法に規定する事項および定款で定めた事項に限り，決議することができる（一般法人178条2項）。同法に定められた事項としては，理事・監事・会計監査人の選任・解任（同177条・63条，176条），定款の変更（同200条）などがある。

㈦ 社員総会　(a) 社員総会の招集　理事は，毎事業年度の終了後一定の時期に定時社員総会を招集しなければならず，必要がある場合は，いつでも社員総会を招集できる（一般法人36条）。

総社員の議決権の10分の1（5分の1以下の割合を定款で定めた場合にあっては，その割合）以上の議決権を有する社員は，理事に対し，社員総会の目的である事項および招集の理由を示して，社員総会の招集を請求できる（同37条1項）。この場合，請求の後遅滞なく招集の手続が行われなければ，請求した社員が裁判所の許可を得て社員総会を招集できる（同条2項）。社員総会を招集するには，理事は，社員総会の日の1週間前までに，社員に対して通知を発しなければならない（同39条1項）。社員全員の同意があるときは，招集の手続を経ることなく，総会を開催できる（同40条）。

(b)　社員総会の権限　　社員総会の権限は，理事会設置一般社団法人か否かで，差異がある。理事会非設置一般社団法人では，社員総会は，一般法人法に規定する事項および一般社団法人の組織，運営，管理その他一般社団法人に関する一切の事項について決議することができる（一般法人35条1項）。これに対し，理事会設置一般社団法人では，社員総会は，一般法人法に規定する事項および定款で定めた事項に限り，決議することができる（同条2項）。法にいう「この法律に規定する事項」としては，社員の除名（同30条1項），理事・監事・会計監査人の選任・解任（同63条1項・70条1項），定款の変更（同146条）などがある。

(c)　社員総会の決議　　社員総会の決議には，通常決議と特別決議がある。通常決議は，総社員の議決権の過半数を有する社員が出席し，出席した社員の議決権の過半数によって行われる（一般法人49条1項）。特別決議は，総社員の半数以上であって，総社員の議決権の3分の2以上に当たる多数をもって行わなければならない（同条2項）。特別決議が必要な事項は，除名，監事の解任，定款の変更，解散などである（同条2項各号参照）。

(d)　社員の権限　　理事等の役員が不正な行為をしたような

場合に，社員にこれをコントロールする権限を認めるべきかは，今日重要な問題である。社団法人の理事が法令や定款に違反する行為をなして法人に損害を与えた場合に，他の理事がその責任を追及しないとき，個々の社員が責任追及をできるかが問題となる。また，理事が法人の目的の範囲外の行為をしようとしているとき，個々の社員が差止めの請求ができるかも問題となる。一般社団法人では，個々の社員に理事等の責任を追及する代表訴訟と理事の行為の差止請求をすることが認められている（一般法人 278 条・88 条 1 項)。

(2) 解散命令　一般社団法人・一般財団法人に関しては，主務官庁等による一般的な監督制度は存在しない。しかし，これらの法人に関しても，法人の設立が不法な目的に基づいていたり，不法な業務が行われたりするおそれがあることは否定できない。そこで，そのような場合は，裁判所が法務大臣または社員，評議員，債権者その他の利害関係人の申立てにより，法人の解散を命ずることができるようにしている（一般法人 261 条)。

6 法人の対外的法律関係

(1) 法人の権利能力　法人は，自然人と同様，権利能力を有するものであるが，その権利能力の範囲いかんが問題となる。

(ア) 法令による制限　法人の権利能力は，法令によって制限されることがある。たとえば，清算法人の権利能力は，「清算の目的の範囲内」に限定されている（一般法人 207 条)。

(イ) 性質による制限　法人は，肉体を基礎とする権利・義務をその性質上享有できない。たとえば，親権・生命権・肉体上の自由権（奴隷的拘束からの自由，憲 18 条など）は享有しえない。

法人は，肉体を基礎としないような氏名権・名誉権・精神的自由権を享有しうると解されている。しかし，名誉権が侵害された場合に，法人が民法710条の非財産的損害の賠償を請求しうるかは問題である。たとえば，A新聞の編集局長Bが新聞紙上に医療法人Cを誹謗する記事を掲載した場合に，CはAに同条に基づき損害賠償を請求しうるか，が争われた。従来，下級審判例は，710条の非財産的損害を精神的損害と解し，法人には精神的苦痛はありえないとしてこれを否定的に解するのが一般であったが，最高裁は精神的損害以外にも金銭評価の可能な無形の損害がありうるとしてこれを認めた（代々木診療所名誉権侵害事件＝最判昭39・1・28民集18巻1号136頁）。

★★★ (ウ)　**目的による制限**　　立法者の見解によれば，法人は定款に定められた目的によって権利能力を制限されている（権利能力制限説）。その意味は，たとえば，交通遺児育英会の理事が，交通遺児以外の者に奨学金を貸与した場合，その行為は絶対的に無効であり，相手方がこの行為につき後にみるような表見代理の成立を主張したり（110条），法人側がこの行為を無権代理として追認する（113条）余地はないということである。このように，目的によって権利能力が制限されるのは，目的の範囲外の行為によって法人が財産を失ったり，義務を負わされたりするのを防止するためである。しかし，この反面，法人の相手方は不利益を被るおそれがある。というのは，相手方は，理事の行為を目的の範囲内と信ずるにつき正当な理由があるときでも保護されないからである。しかし，注意しなければならないのは，この措置によって法人が常に利益を得るとは限らないということである。というのは，目的の範囲外の行為によって法人が利益を得る場合もありうるが，この場合でも法人はこの行為を追認して有効とすることができないからである。たとえば，協同組合が非組合員へ高い約定利息で貸付をしている場合に，この貸付が目的の範囲外とされたとき，組合はこの貸付を追認して有効とすることはできない。このため，目的によって制限されているのは権利能力ではなくて，理事の代理権の範囲であるとする学説が主張されている（代表権制限説）。この説によれば，目的の範囲外の法律行為は無権代理であり，表見代理の成立と無権代理の追認が認められることになる。

判例は権利能力制限説をとっているが，目的による権利能力制限は，相手方の利益を犠牲にして法人の利益を保護するものであるから，「目的の範囲」をあまり厳格に解すると相手方にとって酷な結果となる場合が少なくない。このため，判例は「目的の範囲」を拡大する傾向にある。この傾向は営利法人と非営利法人とで異なるので，営利法人，非営利法人の順で検討したい。

(a) 営利法人　　初期の判例は，「目的の範囲」を厳格に解し，定款に記載された目的の範囲に限定し，たとえば創業時代からの功労者に対して2000円の贈与をする契約を目的の範囲外とした（大判明36・1・29民録9輯102頁）。しかし，次第に緩やかに解するようになり，会社の目的を達するに必要な事項は定款に記載されていなくてもなお目的の範囲内であるとした。たとえば，鉄道会社が石炭採掘権を取得することも目的の範囲内とされた（大判昭6・12・17新聞3364号17頁）。さらに，会社の目的を達するに必要か否かは，「問題となっている行為が，会社の定款記載の目的に現実に必要であるかどうかの基準によるべきではなくして定款の記載自体から観察して，客観的に抽象的に必要であり得べきかどうかの基準に従って決すべきものと解すべきである」（最判昭27・2・15民集6巻2号77頁）とされている。営利法人では，「目的の範囲」による権利能力制限は，判例による解釈によってほとんど有名無実となっている。

(b)　非営利法人　　ここでは，主として，協同組合の員外貸付（非組合員への貸付）が目的の範囲内といえるか，が問題となっている。

(i)　判例の流れ　　協同組合の員外貸付についての裁判所の判断は，戦後の最高裁判決だけをみてもかなり不安定なものである。まず，農業協同組合がその経済的基盤を確立するためリンゴの委託販売を営むことを計画し，非組合員であるリンゴ移出業者に資金を貸し付けた事案を目的の範囲内とした（最判昭33・9・18民集12巻13号2027頁）。次に，農業協同組合の理事長が自分の関係する土建業者に人夫賃支払資金を貸し付けた事案を目的の範囲外とした（最判昭41・4・26民集20巻4号849頁）。さらに，労働金庫が非組合員に資金を貸し付けた事案を目的の範囲外とした（労働金庫貸付事件＝最判昭44・7・4民集23巻8号1347頁）。これらの判例の流れをみる限り，協同組合の「目的の範囲」認定は，営利法人の場合と比べて厳格であるようにみえる。

(ii)　学説の対応　　員外貸付を目的の範囲外とすることに対しては学説上賛否両論がある。ここでは，上の労働金庫貸付事件を手がかりに問題を考えてみたい。X（非組合員）はA労働金庫から金を借り，自己所有の土地・建物に抵当権を設定したが，これを実行され，Y_1が買い受けた。Y_1はそのうちの建物の一部をY_2に賃貸している。Xは，A金庫の貸付行為（員外貸付）は目的の範囲外の行為で無効であり，したがって，抵当権も無効であるとして，Y_1に登記の抹消と土地・建物の明渡しを請求した。最高裁判所は，員外貸付は目的の範囲外の行為で無効としたが，XがY_1の所有権取得を否定することは信義則に反し許されないとした。

学説では，すでに述べたように，賛否両論がある。まず，員外

図5 労働金庫貸付事件

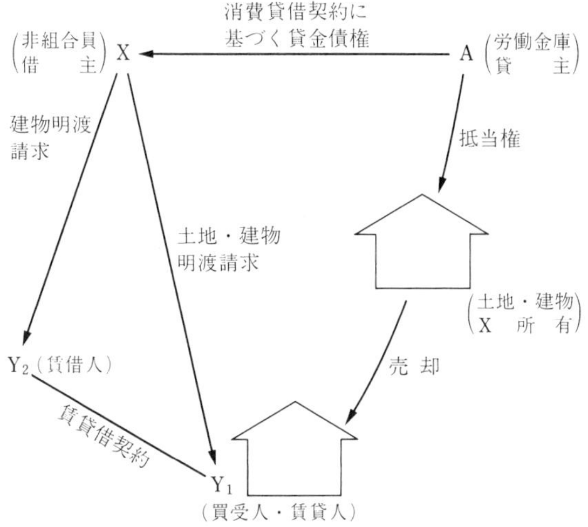

最高裁判所の見解
①消費貸借契約は目的の範囲外で無効である。
②XがY_1の所有権取得を否定することは信義則に反し許されない。

貸付を目的の範囲外とすることに反対する説（「目的の範囲」内説）の背後には次のような事情がある。第一に，員外貸付を目的の範囲外とすると，協同組合の利益が害される。本件では，組合は，抵当権を設定していたのであるが，員外貸付が目的の範囲外とされれば，抵当権設定も無効となり，組合の利益が害される。第二に，本件では，相手方が員外貸付を目的の範囲外と主張している。相手方は，員外貸付が許されないことを承知で借りておきながら，後になって貸付の無効を主張し，法律関係を混乱させているのである。すでに述べたように，目的による権利能力制限は，法人の側が積極的に利益を得たいときには，むしろその障害にもなりうる。このため，「目的の範囲」内説は，相手方の利益のためではなくて，法人の利益のために，「目的の範囲」の拡大を主張しているのである。

次に，員外貸付を目的の範囲外とすることに賛成する説（「目的の範囲」外説）の背後には次のような考慮がある。各種協同組合法は，協同組合のなしうる事業範囲を限定し，員外貸付などを原則として禁止しているため，員外貸付は定款の目的の範囲外の行為であると同時に法律に違反する行為でもある。法律で員外貸付を禁止しているのは，員外貸付によって組合員が借りにくくなるのを防ぐためということもあるが，それと同時に組合が一般金融機関と類似の行為をすることを禁止することによって一般金融機関の市場を保護するということもある。つまり，協同組合の場合の目的による権利能力制限は，法人の側の利益の保護のみを目的とするものではない，というのである。このため，法人の利益になるからといって，目的による権利能力制限をやめてしまうこともできないことになるわけである。なお，「目的の範囲」外説に立ちながら，「目的の範囲」内説があげる第二の事情を考慮することは可能である。たとえば，本件では，最高裁判所は，員外貸付を目的の範囲外で無効としておきながら，借主Ｘがこの貸付の無効を理由に，抵当権ないしその実行手続の無効を主張することは信義則上許されないとして買受人の権利取得を認めている。このように「目的の範囲」外説に立ちながら，当事者間では員外貸付を無効とし，第三者との関係では無効の主張を認めないという処理もありうる。

前述したように，代表権制限説によれば，たとえ，員外貸付が「目的の範囲」外とされても，組合側が追認できるため，員外貸付を目的の範囲外としつつ，「目的の範囲」内説があげる第一の事情を十分に考慮できるという利点がある。しかし，「目的の範団」外説が述べるように，目的による権利能力制限が意図するものは法人の利益の保護だけではないということになれば，この説に立っても員外貸付を追認することはできないと思われる。員外貸付の追認を認めれば，目的による権利能力制限が意図する他の利益，一般金融機関の市場の保護という利益を組合が無視することを認めることになるからである。

(c) 法人の政治献金・寄付　法人が政治献金や災害等への寄付をすることが法人の目的の範囲内の行為といえるかが問題となる。判例では，会社の政治献金に関しては，客観的・抽象的に観察して，会社の社会的役割を果たすためになされたものと認められる限り，会社の目的の範囲内の行為である，とされていた（最大判昭45・6・24民集24巻6号625頁）。しかし，税理士会の政治献金は，たとい税理士に係る法令の制定改廃に関する政治的要求を実現するためのものであっても，税理士会の目的の範囲外の行為であり，政治献金をするために会員から特別会費を徴収する旨の決議は無効である，とされた（最判平8・3・19民集50巻3号615頁）。その根拠の一つとしては，税理士会は強制加入団体（税理士として活動するためには，必ず会に入らなければならない）であるから，会員の思想・信条の自由との関係で，会員に要請される協力義務にはおのずから限界がある，ということが挙げられている。また，政治献金をするか否かは，選挙における投票の自由と表裏を成すものとして，会員各人が市民としての個人的な政治的思想，見解，判断等に基づいて自主的に決定すべき事柄というべきである，とも述べられている。この点は，強制加入団体ではない会社にもいえることである。会社の政治献金に関しても再検討が必要なのではあるまいか。

群馬司法書士会が阪神・淡路大震災により被災した兵庫県司法

書士会の復興支援のために会員から寄付を徴収することが司法書士会の目的の範囲内の行為といえるかが問題となり，最高裁はこれを目的の範囲内の行為であるとした（最判平14・4・25判タ1091号215頁）。しかし，災害があったときに寄付をするか否かは，法人の目的達成とは関係がない事柄であるから，そのような事柄について法人が決議しても，構成員は決議に拘束されないと考えるべきではあるまいか。最高裁判決は3対2の多数決で目的の範囲内としたのであるが，目的の範囲外とする少数意見にも十分根拠があると考える。

なお，税理士会の「目的」は，税理士法49条6項によれば，税理士および税理士法人の使命および職責にかんがみ，税理士および税理士法人の義務の遵守および税理士業務の改善進歩に資するため，支部および会員に対する指導，連絡および監督に関する事務を行うことであり，司法書士会の「目的」は，司法書士法52条2項によれば，会員の品位を保持し，その業務の改善進歩を図るため，会員の指導および連絡に関する事務を行うことである。つまり，いずれの会の目的も会員の業務の改善のために会員の指導等をすることである。このような目的の会が，政治献金や寄付に関して会員を拘束するような決議をすることが目的の範囲内といえるか考えてみよう。

(2)　理事の代表権　　法人は，その権利能力の範囲内において，理事の代表行為によって権利・義務を取得する。ここでは，この理事の代表権について述べる。すでに，理事の権限の箇所で述べたように，理事の代表権を考える場合，理事会が設置された法人か否かが重要である。

(ア)　理事会設置一般社団法人・一般財団法人　　一般財団法人では理事会を設置しなければならないので，一般財団法人は常に理事会設置法人である。一般社団法人の場合は，理事会を設置するか否かは任意だが，これを設置すれば，理事会設置一般社団法人である。このような法人では，理事会で選任された代表理事だけが代表権をもつ。他の理事は代表権をもたない。代表理事は，法人の業務に関する一切の裁判上または裁判外の行為をする権限を有し，この権限に加えた制限は，善意の第三者に対抗できない（一般法人77条4項5項・197条）。代表理事は，包括的な代表権をもっており，定款や社員総会の決議によって，これに制限を加えても，善意の第三者には対抗できない。この点は，従来と変わらない。

しかし，一般法人法では次のような問題が生じる。一般法人法は，重要な財産の処分および譲受け，多額の借財，重要な使用人の選任および解任，従たる事務所その他の重要な組織の設置，変更および廃止などの重要な業務執行の決定は理事に委任することはできず，理事会が決定しなければならない（同90条4項・197条），と規定する。この規定によれば，重要な財産の処分や多額の借財等は理事会の決議事項なのに，代表理事が，理事会の決議を経ないで，重要な財産を処分し，あるいは多額の借財をした場合に，その代表行為の効力がどうなるか，ということが問題となる。この場合も，代表理事の代表権に加えた制限は，善意の第三者に対抗できないという一般法人法77条5項の規定を適用して，相手方が善意であれば保護されるのであろうか。それとも，重要な財産の処分等は理事会の決議がなければ行い得ないとの規定は，いわば法律による代表理事の代表権の制限だから，一般法人法77条5項の適用はないと考えるべきであろうか。類似の問題は，すでに2005（平17）年改正前商法260条2項（現・会社法362条4項）に関し議論されていた。この改正前商法260条2項は，「取締役会」と「取締役」を「理事会」と「理事」に変更すれば，一般法人法90条4項とほぼ同じ規定である。したがって，商法での議論が，本問題を検討するのに役立つ。判例は，代表取締役が，取締役会の決議を経てすることを要する個々的取引行為を，決議を経ないでした場合でも，その取引行為は，内部的意思決定を欠くにとどまるから，原則として有効であって，ただ，相手方が決議を経ていないことを知りまたは知り得べかりしときに限って無効である，という（最判昭40・9・22民集19巻6号1656頁）。この判例によれば，相手方は決議がないことについて善意であるだけでは保護されず，無過失でなければ保護されないことになる。この判例に対しては，学説上批判が少なくないが，以後の判例もこの最高裁の理論に従っている。したがって，一般法人法の解釈でも，この最高裁の理論が適用される可能性が高い，といえる。なお，「重要」な財産，「多額」の借財という言葉をどう解釈するかも問題となる。改正前商法260条2項1号の「重要ナル財産」に関して，「重要」の意味を明らかにした判例（最判平6・1・20民集48巻1号1頁）が，一般法人法90条4項1号の「重要」の解釈に役立つものと思われる。

(イ)　理事会非設置一般社団法人　　理事は，一般社団法人を代表する（一般法人77条1項本文）。理事が2人以上ある場合は，各自，一般社団法人を代表する（同条2項）。定款，定款の定めに基づく理事の互選または社員総会の決議によって，理事の中から代表理事を定めることもできる（同条3項）。代表理事は，法人の業務に関する一切の裁判上または裁判外の行為をする権限を有し（同条4項），代表理事の権限に加えた制限は，善意の第三者に対抗できない（同条5項）。

理事の中から代表理事を定めた場合，いわゆる平理事が代表行為をしても無権代理となり無効であるが，この無効は一般法人法77条5項により善意の第三者には対抗できない，と考えるべきであろうか。一般法人法77条5項は，「代表理事」の権限に制限を加えても，善意の第三者に対抗できないと規定するが，いわゆる平理事は代表理事ではないから，これらの者が代表行為をしても，同項の適用はないと考えるべきであろう。

理事の中から代表理事を定めず理事が数人ある場合には，法人の事務は過半数で決めることになっている（一般法人76条2項）が，議決を要する事項について一部の理事が議決を経ないで法人を代表した場合は，各理事はそれぞれ代表理事なのであるから（同77条1項本文・2項），一般法人法77条5項が類推適用されると考えてよいであろう。

(ウ) 一般法人法77条5項の「善意」　一般法人法77条5項の「善意」の意味は，従来の民法旧54条の「善意」と同じ意味だと考えられる。これは従来，次のように解されていた。

民法旧54条は，理事の代表権に加えた制限は，善意の第三者に対抗できない，と規定するのであるが，この場合の善意とは，理事の代表権に制限が加えられているのを知らないこと，つまり，定款の規定や総会の決議によって理事の代表権に制限が加えられていることを知らないことである。問題は，たとえば理事が代表権を行使するためには社員総会の決議に従わなければならないという定款の規定があることを相手方は知っていたが，社員総会の決議があったと相手方が信じている場合にどうするかである。この場合，相手方は民法旧54条の意味での善意とはいえないが，場合によっては相手方を保護する必要性がある。判例は，相手方が，社員総会の決議があったと信じ，かつ，このように信じることに正当な理由があるときは，民法110条を類推適用して相手方が保護されるとする（最判昭60・11・29民集39巻7号1760頁参照）。なお，このとき，相手方に過失ありとして，民法110条の表見代理の成立が認められない場合がありうるが，その場合，代表理事の不法行為についての法人の責任を規定した一般法人法78条の適用が問題になる（この点については，⑶「法人の不法行為責任」で触れる）。

㈱　競業および利益相反取引の制限　　理事は，①理事が自己または第三者のために一般社団法人の事業の部類に属する取引をしようとするとき，②自己または第三者のために一般社団法人と取引をしようとするとき，③一般社団法人が理事の債務を保証することその他理事以外の者との間において一般社団法人と当該理事との利益が相反する取引をするときには，社員総会において，当該取引につき重要な事実を開示し，その承認を受けなければならない（一般法人84条1項）。この規定は，会社法356条とまったく同じ規定であるから，会社法の規定に関する解釈がこの規定の解釈においても参考になる。

⑶　法人の不法行為責任　　たとえば，法人の理事が法人を代表して取引行為を行っているとき，詐欺を行い相手方に損害を与えた場合，相手方は誰に損害賠償を請求すればよいか。このように法人の理事がその職務を行うにつき不法行為をなした場合，法人が相手方に対し賠償責任を負うことになっている（一般法人78条・197条）。この責任は，被用者の不法行為についての使用者責任（715条）と同様，他人の行為についての賠償責任の一場合と解せられる。

㈠　代表理事等の不法行為による法人の責任の要件　　(a)「代表理事その他の代表者」の加害行為であること　　代表理事その他の代表者とは，代表理事，一時代表理事の職務を行うべき者

（一般法人79条2項），代表理事の職務を代行する者（同80条），清算人（同214条）のような法人の代表機関を意味する。被用者はこれに含まれない。これらの者の不法行為については，法人は民法715条に基づいて責任を負う。このような区別をする合理的理由が存在するかは疑問であるが，民法715条1項但書の免責は判例上認められていないので，いずれの規定によっても結果は変わらない。法人の機関であっても，代表機関でない者（社員総会・監事など）の行為については民法旧44条の責任（法人の不法行為責任）は生じないとするのが通説であるが，これに対しても有力な批判があった。監事が，たとえば理事に対する監督権限の行使に際して理事の名誉を毀損した場合，一般法人法78条の類推適用が考えられてよいであろう。

(b) **職務を行うについて他人に損害を加えたこと**　「職務を行うについて」の認定は非常に困難な問題であり，判例は次のような変化を示している。まず，倉庫運送会社の取締役が寄託物（玄米）の所有者と共謀し，預り証と引換えでなしに寄託物を庫出しして寄託物の上に質権を有する者に損害を与えた場合に，裁判所は法人の責任を認めた（大判大7・3・27刑録24輯241頁）。本件では，現に職務の執行としてなすべきことの存する場合に取締役が他人の利益を図る目的をもって不法にこれを執行したので，「職務を行うについて」にあたるとされたのである。次に，倉庫運送会社の取締役が，第三者に金融を得させる目的で，偽造の倉庫証券を発行し，その第三者が，それを行使して銀行に損害を与えた場合，現に職務としてなすべきことが存しないので，「職務を行うについて」にあたらず，会社は銀行に対して責任を負わなくてよい，とされた（大判大11・5・11評論11民法308頁）。ところで，一般法人法78条の「職務を行うについて」と民法715条1項の「事業 ★

の執行について」とは，同意義のものであると解されているので，「職務を行うについて」の認定には民法715条に関する判例も参考にしなければならない。たとえば，会社の庶務課長として株式発行等の事務を担当する者が自己の利益を図るために株券を偽造し発行して，これを担保に取った者に損害を与えた事案につき，会社に責任を認めた判例（大連判大15・10・13民集5巻785頁）がそうである。本件では，現に職務の執行としてなすべきことの存しない場合に被用者が自己の利益を図るためになした行為でもなお「事業の執行について」にあたるとされた。民法715条に関するこの判例は，実質的には一般法人法78条のそれとしても機能すると解される。

(c)　代表理事等の行為が不法行為の要件を満たしていること

代表理事等の行為が民法709条以下の不法行為の要件を満たしていなければならない。すなわち，代表理事等の故意・過失，他人の権利または法律上保護される利益の侵害，代表理事等の加害行為と損害との因果関係だけでなく，代表理事等の責任能力（712条・713条）も必要だと解されている。

★★　(イ)　**代表理事の無権代理行為につき一般法人法78条が適用されるか**　代表理事が代表権を行使するには社員総会の決議に従わなければならないという定款があるのに，代表理事が決議に従わないで代表行為をした場合，相手方は，そのような定款があることを知らなければ，一般法人法77条5項で保護されるが，知っていた場合は，この規定ではなく，民法110条が類推適用される。相手方に過失があり110条で保護されない場合に，一般法人法78条を適用して法人に責任を認めうるかが問題となる。このようなことが問題となるのは，不法行為責任は相手方に過失があってもなお成立しうるからである（もちろん，この場合，過失相殺によって賠償額が減額されることはありうる（722条2項））。

このような問題に関しては，民法旧44条の適用を認めるのが判例の立場である。たとえば，市長が自己に金融を受ける目的で市議会の議決証明書を呈示することなく，収入役を介せずに金融の斡旋を依頼して約束手形を振り出し，この手形を受け取った第三者が市の責任を追及した事案につき，民法110条の表見代理の成立を否定しながら（議決証明書の提出がないのに議決の有無につき十分調査していないので「正当事由」なしとされた），民法旧44条の適用を認め，受取人の過失を考慮して過失相殺をなした原審の判断を支持した最高裁判例（最判昭41・6・21民集20巻5号1052頁）などがそうである。この判例は，一般法人法78条の解釈にも適用されると思われる。

なお，市長等のした職務権限外の行為が，その行為の外形からみてその職務行為に属するものと認められる場合であっても，相手方において，その行為が職務行為に属さないことを知っていたか，またはこれを知らないことにつき重大な過失があったときは，市等は相手方に対し民法旧44条1項による損害賠償責任を負わない，とする最高裁判決（最判昭50・7・14民集29巻6号1012頁）がある。この判例も，一般法人法78条の解釈に適用されると思われる。

(ウ)　代表理事等の第三者に対する責任　　一般法人法78条を他人の行為に対して法人の責任を認めたものと解するならば，不法行為をなした代表理事等が民法709条に基づき個人的に責任を負うのは当然ということになる。判例も，たとえば会社と並んで取締役の個人責任を認めている（大判昭7・5・27民集11巻1069頁）。

なお，一般法人法は，理事，監事，会計監査人，評議員がその職務を行うについて悪意または重大な過失があったときは，理事等は，これによって第三者に生じた損害を賠償する責任を負う，と規定する（一般法人117条1項・198条)。この一般法人法117条1項は，民法709条とは異なり，重過失を要件としているが，民法709条の適用を排除して理事等の責任を軽減するための規定ではない。すなわち，民法709条と一般法人法117条1項は競合する。民法709条の場合は，第三者に対する加害についての故意・過失が必要であるが，一般法人法117条1項の場合は，法人に対する任務懈怠についての悪意・重過失があれば，これによって第三者に生じた損害を賠償する責任が理事等に生じる。一般法人法117条1項は，会社法429条1項と同じ規定であるから，同規定に関する解釈が一般法人法117条1項の解釈にも参考になる。

㈣　法人の不法行為責任が成立しない場合の理事等の責任

民法旧44条2項は，「法人の目的の範囲を超える行為によって他人に損害を加えたときは，その行為に係る事項の決議に賛成した社員及び理事並びにその決議を履行した理事その他の代理人は，連帯してその損害を賠償する責任を負う」と規定していた。これは，理事等が法人の機関としての資格で行動し他人に損害を与えながら，しかもそれによって法人が民法旧44条1項によって責任を負わない場合，その行為をした理事等だけでなく，その事項に賛成した社員・理事も連帯して賠償義務を負うとの趣旨である。

民法旧44条2項に当たる規定は一般法人法では削除されたが，この規定がなくても，賛成した社員および理事等は共同不法行為に関する民法719条1項に従って連帯責任を負う。

7　法人の消滅

⑴　法人の解散　　法人は，解散によってその本来の活動をやめ，清算が開始される。清算とは，解散した法人の財産関係を整

理する手続であり，この間，法人は清算に必要な範囲で法人格をもつ（清算法人。一般法人 207 条）。清算の結了によって，法人は完全に消滅する。

⑵ 解散事由 一般社団法人・一般財団法人に共通の解散事由は，定款で定めた存続期間の満了，定款で定めた解散事由の発生，合併，破産手続開始の決定，解散を命ずる裁判である（一般法人 148 条・202 条 1 項）。一般社団法人のみに特有の解散事由は，社員総会の決議，社員が欠けたことである（同 148 条）。一般財団法人のみに特有の解散事由は，基本財産の滅失その他の事由による一般財団法人の目的である事業の成功の不能，貸借対照表上の純資産額が 2 期連続して 300 万円を下回った場合である（同 202 条 1 項 2 項）。

⑶ 法人の清算 清算とは，解散した法人の財産関係を整理する手続である。清算法人の機関は清算人であり，清算人には理事がなるのが原則である（一般法人 209 条 1 項 1 号）。清算人の職務は，現務の結了，債権の取立ておよび債務の弁済，残余財産の引渡し（同 212 条），破産申請（同 215 条）である。

8 権利能力なき社団

⑴ 権利能力なき社団の意義 権利能力のない団体は，立法者の考えによれば，民法上の組合の規定（667 条～688 条）で処理されるはずであった。にもかかわらず，学生自治会などが「組合」ではなくて「権利能力なき社団」と呼ばれているのはなぜであろうか。この点については，次のようにいうことができよう。

まず，組合では，団体の訴訟や団体不動産の登記を構成員全員の名で行わなければならない。構成員の数の少ない団体はこれでも困らないが，学生自治会などのように構成員の数の多い団体はこれでは非常に困ってしまう。構成員の多数いる団体は法人として処理しなければ不都合が生じる。つまり，構成員の多数いる団体には，当事者能力（団体の名による訴訟），不動産登記能力（団体の名による不動産登記）を認めないと，不都合が生じるのである。そこで，構成員の多数いる団体を「権利能力なき社団」と名づけ，これに当事者能力，不動産登記能力を認めるよう主張された。当事者能力に関しては，立法者は，この主張を認めた（民訴29条参照）。このため，たとえば誰かが学生自治会の名誉を毀損した場合，自治会は，自治会の名で損害賠償の訴訟をすることが可能になった。しかし，不動産登記能力に関しては，これを認める立法もなされていないし，裁判所もこれを認めない（最判昭47・6・2民集26巻5号957頁）。このため，後にみるように，権利能力なき社団の不動産に関しては，困難な問題が生じている。

次に，組合の規定によれば，脱退組合員は持分の払戻しを受けることができることになっている（681条）。しかし，学生自治会や婦人会といった営利を目的としない団体（非営利団体）では構成員が脱退の際に持分の払戻しを受けないのが通常であるから，このような団体に民法681条を適用するのは妥当ではないと考えられた。また，組合の規定によれば，組合員は組合の債権者に対し個人財産による責任（つまり，無限責任）を負うことになっている（675条）が，この規定も非営利団体にはふさわしくないと考えられた。たとえば，学生自治会が負った債務について各自治会員に個人財産を引当てにしてまで責任を負わせるのは妥当ではないからである。この観点からも，構成員の多数いる非営利団体を「権利能力なき社団」と名づけ，これに有限責任を認めるよう主張されたのである。裁判所も，権利能力なき社団の社員の責任は有限責任である，と認めた（最判昭48・10・9民集27巻9号1129頁）。

(2) 権利能力なき社団と組合　上にみたように，権利能力なき社団とは，民法に規定された組合の規定では適切な処理ができない団体，つまり，典型的には構成員の多数いる営利を目的としない団体である。これに対して，組合とは，民法上の組合の規定で適切な処理ができる団体，典型的には構成員の数の少ない営利を目的とする団体といってよいであろう。しかし，世の中には，両者の中間的団体，たとえば，構成員の多数いる営利を目的とする団体や構成員の数の少ない営利を目的としない団体が存在する。これらの団体では，ある問題は組合の規定で処理し，他の問題は組合の規定で処理しない，という中間的処理が必要となる。たとえば，構成員の多数いる営利を目的とする団体では，構成員の責任については，組合の規定（675条2項）に従い，構成員に無限責任を認め，団体の運営については組合の規定ではなく，社団法人の規定を類推適用するといった処理を行うべきである。なお，判例では，「権利能力のない社団といいうるためには，団体としての組織をそなえ，そこには多数決の原則が行なわれ，構成員の変更にもかかわらず団体そのものが存続し，しかしてその組織によって代表の方法，総会の運営，財産の管理その他団体としての主要な点が確定しているものでなければならない」（最判昭39・10・15民集18巻8号1671頁），といわれている。この権利能力なき社団の成立要件は，組合の規定では団体の運営がうまくいかない団体を明らかにするためのものである。たとえば，組合の規定によれば，業務執行組合員の解任や組合員の除名について全員一致の原則が採られている（672条2項・680条）が，構成員が多数いる団体では，この規定を適用すると団体運営がうまくいかない。そのことから，権利能力なき社団といいうるためには，多数決の原則が行われるものでなければならない，とされているのである。したがって，この成立要件で権利能力なき社団とされた団体の構成員が当然に有限責任であるということにはならない。(3)(イ)の社員の責任の箇所で述べるように，団体の構成員の責任は，団体が営利を目的とするか否か，を考慮して決めるべきである。

(3)　権利能力なき社団の法律関係　　(ア)　社団不動産をめぐる問題　　権利能力なき社団の不動産は，構成員が多数いるので構成員全員の名で登記するのが困難なため，代表者の個人名義で登記されているのが通常である。たとえば，婦人会が集会場を建てるために土地を購入した場合，その土地は婦人会長の個人名で登記されている。このため，婦人会長が個人的に借金をした場合に，婦人会長個人の債権者がこの土地を差し押さえるということが生じうるが，この差押えを認めるべきか否かが問題となる。学説では，以前は差押えを認めるべきであるとする説が有力であったが，現在は認めるべきでないとする説が有力になっている。差押えを認めるべきでないとする説の理由としては，次のようなことが考えられていた。権利能力なき社団は，本来法人として処理しないと適切な処理ができない団体である。しかし，学生自治会や婦人会といった権利能力なき社団には法人への道が閉ざされている。権利能力なき社団は，このため代表者の個人名義で不動産を登記することを余儀なくされているのである。社団側のこのような事情を考慮すると，差押えを認めないのが妥当である（東京地判昭59・1・19判時1125号129頁）。しかし，一般法人法の成立により学生自治会や婦人会にも法人への道が開かれた。そのためこれからは，社団側の事情だけでなく差押債権者側の事情も考慮すべきではないか，と考えられる。たとえば，差押債権者が権利能力なき社団の不動産であることを知らなかった場合には差押えを認めるといった処理も必要となろう。ただ，このような見解をとった場合，社団の利益が害されることは否定できない。このような不都合を避けるためにも社団の名による登記を認めるか，少なくとも社団代表者たることを示す肩書つきの代表者名義の登記，すなわち，○○婦人会長××という形式の登記を認めるべきである。なお，従来町内会は権利能力なき社団の典型例であり，町内会の不動産は町内会長の個人名で登記する以外に方法がなかった。しかし，1991（平3）年の地方自治法の改正により町内会にも法人になる道が開かれ，町内会の不動産は町内会の名で登記することが可能になった（自治260条の2参照）。

(イ) **社員の責任**　権利能力なき社団の社員の責任は，有限責任とするのが通説である。しかし，今日では，権利能力なき社団の社員の責任に関し，営利を目的としない社団の社員には有限責任を認めうるが，営利を目的とする社団の社員にはこれを認めえないとする見解が有力となっている。その理由としては次のようなことが考えられる。 ★★★

すでに述べたように，権利能力のない団体は，本来，組合の規定の適用を受けることが予定されており，組合の規定によれば組合員の責任は無限責任である。しかし，学生自治会や婦人会などのような営利を目的としない団体の構成員は，無限責任を負うべきではなく，有限責任が認められるべきだと考えられた。問題はなぜこのように考えられたかであるが，この点を明らかにするためには，まず，組合ではなぜ組合員の責任が無限責任とされたのかを検討し，次に，非営利団体ではなぜ構成員の責任を有限責任としうると考えられたのかを検討する必要がある。

組合で組合員の責任が無限責任とされたのは，次のような事情によると思われる。組合員はすでに述べたように，脱退の際に持分の払戻しを受けることができる（681条）。このため，組合財産と組合員の個人財産との分別は不完全となる。また，組合員は利益の分配を受けることができる（674条）。しかも，この利益分配については何らの規制もなされていない。極端にいえば，利益がないのに利益分配をすることも可能である。このため，組合財産と組合員の個人財産との分別はやはり不完全となる。このように，組合財産と組合員の個人財産との分別が不完全であると，組合の負った債務についての責任を組合財産に限定すること，つまり，組合員の有限責任を認めることは，組合債権者の利益を害するおそれがあり困難ということになる。しかし，非営利団体では，すでに述べたように構成員は持分の払戻しを受けないし，利益分配も当然受けないので，団体財産と個人財産との分別は完全であるということができる。このため，団体債権者の利益を考慮に入れても，なお非営利団体の構成員に有限責任を認めることができると考えられたのだと思われる。

ところで，権利能力なき社団のなかに営利団体を含めて考えることになると，次のような問題が生ずる。営利団体では，構成員の加入・脱退が持分譲渡の方式で行われない限り，持分の払戻しがあるのが普通であるし，持分の払戻しがない場合でも利益分配は行われる。このため，営利団体の構成員に有限責任を認めるためには，特に，利益分配について厳格な規制の下に置かねばならないという問題が生ずる。利益がないのに利益分配がなされたりすると，団体財産と構成員の個人財産との分別が不完全となり，構成員に有限責任を認めることができないからである。たとえば，株式会社では，会社の純資産額が300万円を下回る場合は，利益配当ができないとされている（会社458条）。しかし，営利を目的とする権利能力なき社団はこのような規制の下にはない。このため，営利を目的とする権利能力なき社団の社員には有限責任を認めえないとする見解が有力となっているのだと思われる。

(ウ) 代表者の責任　たとえば，学生自治会を代表してコピー機械を購入した者は，自らも代金の支払義務を負うのかがここでの問題である。ドイツ民法は，権利能力なき社団の名においてなされた法律行為について，行為者も個人的責任を負うと規定している（ドイツ民法54条）が，わが国の民法には規定がないため学説は区々に分かれているが，学生自治会や婦人会などを代表して取引をする者は，自ら個人責任まで負う意図はもたないであろうし，相手方もこれを期待していないであろうから，代表者は個人責任を負わないと解するのが妥当であろう。ただし，前述の事例において，たとえば，学生自治会の財政状況からして，コピー機械の代金支払ができないということを知りながら，代表者が機械を購入し，業者に損害を与えた場合には，代表者は業者に対して不法行為に基づき損害賠償義務を負うと解すべきであろう（709条参照）。

第3章　権利の客体

I　権利の客体と物

1　権利の客体

たとえば，家庭教師のアルバイトの場合，家庭教師は子供に勉強を教え，親は家庭教師に報酬を支払う。親は，家庭教師に対して，子供に勉強を教えるという労務給付を要求する権利（債権）をもつ。債権の客体は，ここでは労務給付である。法学部の学生は，六法全書をもっている（所有権）。所有権の客体は，六法全書という物である。権利の客体は，このように，権利によって異なるのであるが，民法は権利の客体についての一般的規定を置かず，物権，特に所有権の客体である物に関する規定だけを置いている。

2　物の意義

民法85条は，「この法律において『物』とは，有体物をいう」と規定する。有体物とは，空間の一部を占める外界の物質，すなわち，固体，液体，気体である，というのが通説である。これに対して，有体物とは，法律上の排他的支配の可能性のあるものであり，電気なども有体物であるとする有力説が対立している。通説は有力説を次のように批判している。土地や六法全書では，これらの物が不法占拠されたり，持ち去られた場合に，所有権に基づいてこれらの物の返還を求めることが考えられるが，電気を外線から勝手に引いて利用した場合，電気そのものの返還を求めるということは考えにくい。それゆえ，電気を物だとし，電気の所有権を認めてみても，所有権に基づく返還請求権のような所有権の保護制度が電気では問題とならないのであるから，無意味である，と。たしかにこの批判には一理あると思われる。しかし，通説は，たとえばガスを有体物として認めているのであるが，ガスの場合も，ガス管からガスを勝手に引いて利用した場合，ガスそのものの返還を請求するということは考えにくいのではあるまいか。にもかかわらずガスを有体物として認めるのであれば，電気も有体物として認めてよいのではあるまいか。とはいえ，いずれの説をとっても，結果的には大差ないといえる。たとえば，電気を勝手に利用した者に対して，電力会社は，有力説によれば，電気の所有権侵害に基づき損害賠償を請求することができる（709条）のに対して，通説によれば，所有権侵害の場合に準じて損害賠償を請求することができる。

II　動産と不動産

1　不動産

不動産とは，土地およびその定着物をいう（86条1項）。土地が不動産であることはわかるが，土地の定着物とは何であり，定着物が不動産であるとはどのような意味であろうか。たとえば，土地に建物，石垣，樹木，石灯籠（どうろう）などがある場合，これらの物が土地の定着物であるか，が問題となる。定着物とは，土地に付着するものであって，取引観念上継続的に土地に付着して使用されると認められるものといわれている。石灯籠は，簡単に動かすことができ，継続的に土地に付着して使用されるものではないので，

表2　定着物・非定着物

定　着　物			非定着物
土地とは別の不動産	土地の一部		
	当事者の意思で土地とは別個の物になるもの	常に土地の一部とされるもの	
建物，立木法上の樹木	樹木，農作物	石垣，溝渠	石灯籠，仮植中の樹木，建設用足場

定着物ではなくて動産であると解されている。仮植中の樹木，建設用足場なども同様に解されている。これに対して，建物，石垣，樹木は，土地の定着物とされる。定着物はすべて不動産であるが，定着物のなかには，土地の一部という意味で不動産とされるものと，土地とは別の不動産とされるものとがある。石垣，樹木は土地の一部と解されている。もっとも，樹木は当事者の意思によって土地とは別個の物として扱うことができるが，石垣は常に土地の一部であると解されている。農作物は樹木と，溝渠(きょ)は石垣と同じ扱いをうけている。建物は常に，土地とは別個の不動産とされている。樹木も，立木法によって登記されたものは，土地とは別の不動産である（立木法2条1項）。

ところで，何のためにこのような区別を行うのであろうか。たとえば，土地所有者Aが，土地を留保して，石灯籠，石垣，樹木，建物だけをBに譲渡できるのか，といった問題との関連で区別が意味をもつのである。まず，石灯籠は独立の動産であるから，これだけをBに譲渡することは可能である。次に，石垣は常に土地の一部であるから，これだけをBに譲渡することはできない。さらに，樹木は当事者の意思によって土地とは別個の物として扱うことができるので，樹木だけをＢに譲渡することは可能である。ただし，たとえば，Ｃがその後にＡから樹木も含めて土地を譲り受けた場合，Ｂは，樹木の幹に氏名を墨書したり，立札を立てたり（明認方法）しておかないと，Ｃに対して，樹木の所有権を主張しえない。最後に，建物は土地とは別の不動産であるから，これだけをＢに譲渡できる。

2　動　産

不動産以外は動産である（86条2項）。2017（平29）年改正前の同条3項は，無記名債権を動産とみなしていたが，520条の20が無記名債権について記名式所持人払証券に関する規定を準用することにしたため，86条3項は削除された。

Ⅲ　主物と従物

たとえば，家屋を売った場合，これに使われている畳・建具も売られたことになるのであろうか。家屋と畳・建具はそれぞれ別個の物であると解されているが，畳・建具は社会的・経済的にみた場合，家屋に付属しその効用を助けている。このような場合，両者をなるべく同一の法律関係に立たしめるのが合理的である。そこで，民法は，主物・従物の制度を認めたのである（87条）。これによれば，家屋（主物）を売った場合，別段の意思表示がない限り，畳・建具（従物）も売られたことになる（同条2項）。また，宅地（主物）に対する抵当権の効力は，特段の事情のない限り，抵当権設定当時この宅地の上にあった石灯籠（従物）に及ぶ（最判昭44・3・28民集23巻3号699頁）。

Ⅳ　元物と果実

たとえば，果樹に実った果物，牛からしぼった乳などを天然果実といい，家屋利用の対価である家賃，宅地利用の対価である地代などを法定果実といい，これらの果実を産出する，果樹，牛，家屋，宅地を元物という。天然果実は，元物よりこれを分離するとき，これを収取する権利を有する者に属する（89条1項）。収取する権利を有する者は，物権法の規定または契約によって決まるが，元物の所有者（206条。なお575条1項参照），善意占有者（189条1項），地上権者（265条），永小作権者（270条），賃借権者（601条），不動産質権者（356条）などである。法定果実は，これを収取する権利の存続期間に従い，日割をもってこれを取得する（89条2項）。たとえば，賃貸家屋の所有者の変更があった場合，賃料は，所有権の存続期間に従って日割計算で分配される。しかし，この規定は，新旧所有者間の内部的関係を定めたものであり，賃借人との関係では，賃料支払日に所有者であった者が，たとえば1か月分の賃料全部を収取する権利をもつ，と解されている。

第4章　法律行為

Ⅰ　序　説

1　「法律行為」とは何か

(1)　社会経済生活における法律行為の役割　　(ア)　財産や身分関係を形成・変動させる道具　　総則を含む民法が規律するのは，私たち個々人の財産や身分の関係一般，株式会社などの法人の財産関係一般についてである。この章で扱う「法律行為」という用語はこのような財産や身分関係を形成，変動させようとする人，法人の意思的な行為全体を表現するものであり，ここでは，それに関するルールを概観することになる。

どのようなものが「法律行為」なのか，具体例でそのイメージを示すと，財産（物，サービス）に関わるものでは，動産（電気製品，自動車など）や不動産（土地，建物）の売買契約，貸貸借契約，建築工事請負契約，外国旅行の参加契約，医者，弁護士に対する委任の契約，雇用（労働）契約，金銭の消費貸借とそれに伴う保証契約や抵当権設定の合意，これら契約の取消し・解除など，また，身分に関わるものでは，婚姻や養子縁組の合意，遺言などである。私たちは，このように，自分たちの財産や身分に関わる諸関係を自らの意思的な行為（契約を代表とする法律行為）によって形成，変動させている。用語についてはなじみが薄いかもしれないが，「法律行為」は，このように人，法人の財産や身分関係の形成，変動（「私権の変動」と呼ぶ）につき，きわめて重要な役割を果たしていることになる。

(イ)　法律行為の種類（契約，単独行為，合同行為）　法律行為は，契約（売買契約などの債権的合意），抵当権設定（物権的合意の一種），あるいは婚姻など当事者の合意の形態をとるもの，解除，遺言など単独でなすもの，および団体の結成など複数者の意思の合わさったものがあると分析されている。

(ウ)　契約自由の原則　債権契約を中心として，契約自由の原則が語られる。財産関係を形成・変動させる財産的契約につき，誰と，どのような目的で，どのような内容の契約を締結しようが，強行規定，公序良俗に反しない限り自由である，というものである（91条）。

(2)　法律行為と意思表示　(ア)　意思表示とは何か　「法律行為」の説明と切り離せないものは「意思表示」である。売買契約を例にすると，買主Bが「この（20万円の）パソコンを買う」，売主Aが「このパソコンを20万円で売る」と，双方が他方に対して意思を表示し，二つの意思の表示が内容面で合致することで売買契約が成立している。このような意思の表示を法律用語として「意思表示」と呼ぶ。契約は取り交わされた二つの意思表示によって構成されており，単独行為は一つの意思表示で，また，合同行為は同一方向に向けられた複数の意思表示で構成される。

もう少し厳密に定義すると，意思表示とは，一定の私権の変動（法律効果の発生）を欲する意思を外部に対して表示するものである。

(イ)　意思の通知，観念の通知　これに対し，債権者が債務者に対してなす催告（債務を支払えとの意思の表明）のように，法律効果の発生（消滅時効の完成猶予）を直接欲するのではないものは，意思表示とは呼ばない。時効の完成猶予という法律効果は法の規定（150条）によって直接付与されている。そこで，催告は講学上「意思の通知」と呼ばれる。「観念の通知」と呼ばれる債務の承認，債権譲渡の通知も同じく意思表示ではない（それぞれ法により時効の更新（152条），対抗要件具備（467条）の効果が付与される）。意思の通知，観念の通知は準法律行為と呼ばれ，総則の法律行為の規定が準用される。

(3) 私権の変動をもたらす他の原因　参考のため述べておくと，私権の変動の原因は法律行為に限られない。自動車運転のミスによる事故で他人に損害を加えた場合の損害賠償義務（709条）の発生原因は，人の「事実行為」である。また，相続による財産の包括的移転の原因は人の死亡，時効による権利の取得・消滅の原因は時の経過である。つまり，死亡，時の経過という「事実」に私権の変動の効果が結びつけられている。

2 法律行為（契約）が機能するために

(1) pacta sunt servanda（契約は守られるべし）という観念　売買契約，請負契約などの債権関係においては，契約により当事者間に債権債務が発生し，双方がその権利を行使し，義務を履行することを通して，財貨が移転し，サービスを受けることができる。そこで，財貨の移転，サービスの享受という結果を得るためには，私人が自由な意思をもって合意した契約においては，当事者はこれに拘束されるべきであるという観念の存在が必要である（私的自治の原則）。他方，国家法もこれを裏打ちする制度を構築している。すなわち，当事者が負担する義務（債務）を履行しない場合，権利者（債権者）は国家の裁判所にその権利の実現を求めて訴えることができ，裁判所は，最終的には国家の強制力をもって権利の実現に助力することとされている（権利概念を中心に法体系を組み立てている）。

⑵　法律行為の有効な成立　㋐　有効な成立　契約などの法律行為により財産・身分関係の形成，変動（「私権の変動」）が生ずるためには，その法律行為が成立しており，かつ有効である必要がある。

㋑　成立の問題　契約と単独行為とに分けて考えると，契約の成立については二つの意思表示があること，そしてそれらが内容面で合致することが必要となる（不合致のときは不成立）。522条が，契約は契約の内容を示してその締結を申し入れる意思表示（申込み）に対して相手方が承諾をしたときに成立する，としているのはこの趣旨である。単独行為（取消し，解除）の場合は，それを構成する一つの意思表示の成立が前提となる。以上から，法律行為の成立については，まず，意思表示の成立が問題となり，契約においては，ついで，二つの意思表示の合致が問題となる。

㋒　有効性の問題　民法では，法律行為の有効要件を正面からは定めていない。90条以下の条文で，法律行為，あるいは意思表示の有効性を阻害する諸事情を列挙する形で規定が置かれている。たとえば，意思表示が錯誤に基づいてなされた場合，あるいは意思表示をなすに際して相手方の詐欺・強迫があった場合にはその意思表示は取り消すことができる，また，法律行為が公の秩序または善良の風俗に反するものである場合には無効である，などという規定である。これらに該当するものは無効となるが，そうでなければ，法律行為は有効であることになる。

Ⅱ　法律行為の成立

1　意思表示の成立（効力の発生）

⑴　序説　　意思表示は法律行為の構成要素であり，意思表示がそれ自体として効力を生じていることが法律行為成立の前提である。97条1項は，「意思表示は，その通知が相手方に到達した時からその効力を生ずる」とする。

⑵　到達主義　　㈠　なぜ到達主義か　　意思表示は，通知の作成，発信，到達，了知という経過をたどって相手方に伝わる（対面，電話では同時的であるが，ファックス，郵便，電子メールなどでは時間差ができる）。通知の到達をもって効力発生とした理由は，発信では相手方が知らない時点で効力が発生し，また，不到達の危険を相手方が負うことになり不都合であり，他方，了知を基準とすると，相手方が自己に不利な内容の書面（解除など）であることを予測して開封をしないで意思表示の効果発生を回避できてしまい不都合であるからである。到達があれば，相手方は意思表示の内容を了知する可能性が生じているので，効力を発生させてもよいとするのである（承諾の意思表示も到達をもって効力を生じ，その時点で契約が成立する）。

㈡　意思表示の撤回　　意思表示は到達により効力が生ずるのであるから，意思表示が相手方に到達するまでの間はその撤回は許され，撤回がなされれば意思表示はなされなかったこととされる。

㈢　例外　　なお，各種の理由で例外的に発信主義を採用する特別規定がある。たとえば，消費者保護にかかる特別法において，クーリング・オフについては発信主義が採られている（特定商取引9条2項)。

★★　(3)　**到達があったかどうかの判断基準**　(ア)　序説　判例は，到達とは，相手方にとり「了知可能の状態におかれたことを意味するものと解すべく，換言すれば意思表示の書面がそれらの者のいわゆる勢力範囲（支配圏）内におかれることを以て足る」と述べている（最判昭36・4・20民集15巻4号774頁）。学説にもこの了知可能性基準について異論は見られない。では，どのような事実があれば了知可能性が生じたといえるのか。判例などを参考に場合を分けて具体的に検討する。

(イ)　了知可能性の有無の判断　(a)　郵便受けへの投函　一般に，郵便配達人により通知が相手方の郵便受けへ投函されれば，その時点で到達があったとされる。投函により，相手方の支配領域に入ったといえ，了知可能性が生じているからである。ただし，名宛人が長期間の不在の場合は投函だけでは了知可能性が生じたとはいいがたい。

(b)　意思表示の相手方以外の者による受領　意思表示の相手方の配偶者など同居の家族に通知が手交された場合には，相手方の勢力範囲（支配圏）内に置かれたことになり，了知可能性が肯定される。意思表示の相手方が会社（法人）である場合，当該会社の従業員が通知を受領すれば意思表示は会社の勢力範囲（支配圏）内に置かれ到達したことになる。では，従業員以外の者が受領した場合はどうか。代表取締役Aの留守中たまたま会社に居合わせたAの娘が解除のための催告の通知を受け取りAの机の引き出しに入れ，そのままになっていた事案で，その到達を認めた（解除を有効とした）判例がある（前掲最判昭36・4・20）。

(c)　相手方が通知の到達を妨げたとき　相手方が，正当な理由なく意思表示の通知が到達することを妨げたときは，その通知は，通常到達すべきであった時に到達したものとみなされる(97条2項)。自ら到達を妨害しておいて，了知可能性が生じなかったということは信義に反するからである。以下の場合がこれに該当すると考えられる。

① 通知の受領拒絶　自分に不利益な内容の意思表示（解除など）を含む文書であると考えるなどして，配達された郵便物の受領を相手方が拒絶した場合，「到達することを妨げた」にあたり到達があったと解すべきである。拒絶が，同居する配偶者等の家人によりなされ，それにつき正当な理由が見出せない場合も同様である。

② 書留内容証明郵便還付の場合　重要な文書を送る場合，普通郵便では意思表示を記載した郵便物の存在そのものが否定されるおそれがあるため，内容証明郵便（誰が，誰宛てに，いつ，どのような内容の文書を出したのかを証明することができる）が利用される。内容証明郵便が受取人不在で配達できず差出人に還付された場合は，相手方に了知可能性が生じたとはいえない。しかし，受取人である相手方Ｙが配達員の残した不在配達通知書の記載から書留内容証明郵便の送付があったことを知り，その内容についてもある程度推測しており，他方，Ｙとしては郵便物の受取方法を指定することによりこの郵便物を容易に受領できた等の特別の事情がある事案で，「本件内容証明郵便の内容である遺留分減殺の意思表示は，社会通念上，Ｙの了知可能な状態に置かれ，遅くとも留置期間が満了した時点でＹに到達したものと認めるのが相当である」と述べた判例がある（最判平10・6・11民集52巻4号1034頁)。この事案は，「正当な理由なく意思表示の通知が到達することを妨げたとき」(97条2項）にあたるといってよい。

(ウ) 通知発信後の表意者の死亡等　意思表示は，表意者が通知を発した後に死亡し，意思能力を喪失し，または行為能力の制限を受けたときであっても，そのためにその効力を妨げられない（97条3項）。到達主義からすると，厳密には，効力発生時点（つまり到達時）で表意者が生存していないと意思表示の効力は生じず，また，意思能力の喪失，行為能力の制限を受けると，意思表示の有効性に問題が出てくる。しかし，民法は，このような事情があっても，意思表示の効力を発生させる方が関係者の利益保護に役立つと考えたのである。たとえば，契約解除の意思表示で考えれば，そのまま解除の効果を生じさせる方がすでに発信の時に意思を固めていた表意者の意向に沿うし，他方，あらためて相続人に解除をさせるという面倒を避けることができることになる。

もっとも，契約申込みの意思表示については，通知発信後表意者の死亡等の事実が発生した場合において，①申込者がその事実が生じたとすればその申込みは効力を有しない旨の意思を表示していたとき，または，②その相手方が承諾の通知を発するまでに表意者死亡等の事実が生じたことを知ったときは，その申込みはその効力を有しない（526条）。申込みの効力を否定しても誰も不利益を被らないからである。

(エ)　意思表示の受領能力　　意思表示の相手方が，その意思表示を受けた時に，「意思能力を有しなかったとき又は未成年者若しくは成年被後見人であったとき」は，その意思表示をもってその相手方に対抗することができない（98条の2本文），すなわち，表意者は意思表示の効力発生を主張することができない。物理的には意思表示は到達しているとしても，これらの者はその意思表示の内容を了知する能力に欠けているので保護する必要があるからである。なお，制限行為能力者のうち，被保佐人，被補助人には受領能力が認められる。

これらの者に対する意思表示は，法定代理人（親権者，後見人）に対して（本人のためにすることを示して）意思表示をなす必要があったのである（99条。なお，意思能力のない者に対して意思表示をするためには，後見開始の審判を経て成年後見人が選任されることが必要である）。以上の趣旨から，98条の2但書1号は，相手方の法定代理人がその意思表示を知った後は到達を認めている。また，相手方が意思能力を回復し，または行為能力者となったときであって，その者がその意思表示を知った後も同様である（同2号）。

(4)　公示による意思表示　「意思表示は，表意者が相手方を知ることができず，又はその所在を知ることができないときは，公示の方法によってすることができる」（98条1項）。相手方を知ることができず，またはその所在を知ることができないときは，相手方に対して直接意思表示を行うことができない。たとえば，債務者に対し履行の請求（催告）をして消滅時効の完成猶予をしようとしても，相手方の現在の所在を把握できず履行の請求もできないとするときわめて不都合である。このような場合に，公示という方法で意思表示をすることが認められているのである。

その具体的な方法であるが，まず，公示に関する手続の管轄は，相手方を知ることができない（誰に対して意思表示をしてよいのかわからない）場合には表意者の住所地の簡易裁判所に，相手方の所在を知ることができない場合には相手方の最後の住所地の簡易裁判所に属する（98条4項）。公示は，公示送達に関する民事訴訟法の規定（民訴110条～112条）に従い，裁判所の掲示場に掲示し（裁判所書記官が意思表示を記載した文書を保管し，いつでもその名宛人に交付すべき旨を掲示），かつ，その掲示があったことを官報に少なくとも1回掲載して行う（裁判所は，相当と認めるときは，官報への掲載に代えて市役所等の掲示場への掲示を命ずることができる）（民98条2項）。

以上の効果として，最後に官報に掲載した日またはその掲載に代わる掲示を始めた日から2週間を経過した時に，公示による意思表示は相手方に到達したものとみなされる（98条3項）。

⑸　表示意識の欠缺の場合　　物品の競（せ）り売りの会場で友人を見かけたので，手を挙げて挨拶をしたところ，その場所では手を挙げる動作が場立人の示した値段で物品を買い受けるという合図（承諾の意思表示）と解釈されるものであったという場合，その旨の意思表示があった（契約成立）と扱うかどうかという問題がある。ここでは意思表示をするという意識（表示意識）が欠落しており，そもそも契約成立に向けた意思の決定がなく効果意思がないので意思表示はないというべきである。

2　法律行為の成立

⑴　序説　　1では意思表示の成立（効力発生）について検討したが，一つの意思表示によって構成される単独行為（取消し，解除など）の場合は，この意思表示の成立が即単独行為の成立となる。二つの意思表示により構成される契約（債権的合意），物権的合意などの場合の成立要件は，二つの意思表示があること，そしてそれらが内容面で合致することが必要となる（522条。不合致のときは不成立）。ただ，法律行為が要式行為（保証契約（446条2項），遺言（967条）など）とされる場合には要式が必須であり，欠けた場合は不成立となる。

⑵　不合致不成立　　当事者双方の意思表示が不合致で契約不成立となるという問題は契約の解釈の議論とも関わるので，次項（3⑶(ウ)）で触れることにする。

3　法律行為の解釈 ★

(1)　法律行為の解釈とは何か　　法律行為の解釈とは，契約であれば，当事者がどのような内容の合意をしたか，つまり当事者間でどのような権利義務関係が生じたか，を確定する作業である。各当事者がした「意思表示」の解釈を基礎とする。

契約の解釈の議論を設例で示してみる。賃貸マンションの貸借があり，契約条項に「賃借人が住戸内でペットを飼うことは禁じられています。これに違反した場合には，賃借人は直ちに契約を解除されても異議は申しません」とあった。借主は，外国に2か月間出張する知人から頼まれて大型インコ3羽を預ったところ，貸主がこれを知り，数日後，内容証明郵便で，「契約条項違反であるので賃貸借契約を解除する。速やかに退去せよ」と通知してきた。借主は，インコはペットに該当しないので解除は無効であると争っている。この争いを解決するためには，①インコが，条項のいう「ペット」の範囲に入るか，②2か月預る行為が「飼う」にあたるか，③「直ちに契約を解除」というが，「催告」なしで解除できるとすると賃借人に著しく不利な内容なので，無催告特約と解してよいのか（後述(4)(ウ)(b)参照）など，契約条項の解釈が問題となる。

(2)　確定と補充・修正　　契約の「解釈」には，2段階の作業がある。①当事者の意思の確定，すなわち，当事者のなした意思表示の内容を解明する作業，②補充的解釈，修正的解釈，すなわち，当事者間では定められていない部分の補充，また，当事者の合意を法の見地から妥当でないとして，信義則で修正する作業である。 ★

(3)　当事者の意思の確定　　(ア)　双方の主観的意思が合致している場合　　双方がそれぞれの表示に与えている意味が合致して

いる場合には，たとえ申込みと承諾の意思表示で使われた文言が異なっていても（また，文言が同一であってもその文言の客観的な意味で契約が成立するのではなく），双方が合致している意味内容で契約が成立する（「誤表は害せず」という）。たとえば，大阪の食堂で，馴染み客が「タヌキを１杯」と注文し，関東生まれの亭主が「キツネいっちょうね」と受けたとしても，双方がその表示を大きな油アゲののったそばと考えていれば，不一致はない。

(イ)　その他の場合　　(a)　客観的表示は一致しているが，当事者のそれぞれがその表示に対して付与した意味が異なる場合　(1)の設例を参考に考えると，客観的表示「ペット」(B) で合意があるが，貸主の付与した意味は，「部屋を汚すものはダメという趣旨なのでインコも含む」(A)，借主の付与した意味は，「マンションの隣接住戸に迷惑をかける動物（犬，猫）はダメという趣旨」(C) であるという場合である。この場合，不合致不成立となるのではない。まず，どのような内容の契約が成立したかを解釈により確定するが，それに際しては，表示Ｂを基本に考えるべきである。契約を締結した事情の下で，当事者がその契約（ないし条項）により達成しようとした経済的，社会的目的，さらには，慣習を考慮して，Ｂの意味内容を考え，それからして，貸主の付与したＡという意味とするのが妥当か，借主の付与したＣという意味と理解することが妥当かを決めることになる。この場合，Ａが採用されるか，Ｃが採用されるかであり，どちらでもない第三の意味（Ｂのもつ客観的な意味）で成立させることはない（ただし，通常はＡかＣいずれかがＢと一致する）。後は，解釈により確定された契約内容（かりにＣ＝Ｂとする）と異なる内心の意思 (A) を有する者（貸主）の錯誤による意思表示の問題となる（95条）。

(b)　「表示」の解釈にあたっては慣習が斟酌される　　この

趣旨を，判例（大判大10・6・2民録27輯1038頁）が確認している。大豆粕の売買で，履行に関し「塩釜レール入れ」という特約があったところ，買主Xはこれを売主Yが先履行する義務があると意味づけしたが，Yはなお同時履行関係にあると理解した。判決は，表示を当該取引の「商慣習上」売主が先履行し，代金は目的物が塩釜駅到着後支払う意味と解釈し，慣習を斟酌してXの付与した意味づけを認めた。

(ウ)　契約の不成立（意思表示の不合致）　　文言としては双方の意思表示が合致しているが，しかし，各当事者がその意思表示に付与している意味が異なっており，契約の解釈をした結果としても，当事者の付与したどちらの意味内容とも確定できない場合，双方の意思表示は合致してはいない。たとえば，「漁船『カルビ号』に積まれているサバ1トン」の売買契約をしたが，じつはカルビ号という船がたまたま2隻存在し，いずれもサバを積み同日同一港に入港するところ，買主の意思表示はAカルビ号を対象とし，他方，売主の意思表示はBカルビ号を対象としている場合，双方の意思表示は異なっており，また，契約締結の際の諸事情を考慮して契約の解釈をした結果いずれのカルビ号のサバとも確定できない場合，意思表示の「合致」をいうことができず，契約は不成立となる。

判例で不合致不成立としたものがある（大判昭19・6・28民集23巻387頁）。X・Y間で「Xは生糸製造権利を譲渡し，Yはその代金として金1万290円を支払う」との合意があり，売主Xは，代金と別に組合から「繰糸釜の使用」廃止の「補償金」2000円をもらえると意味づけ，買主Yは，この売買には当然「繰糸釜の使用」権利の移転が含まれ，この権利に関し「Yの支払う免除金」=「Xが受け取る補償金」2000円は代金の一部であると意味づけた事案である。判決は不合致不成立としたが，学説では，本事案は，契約締結の際の諸事情，取引慣行等から解釈すると，契約文言に対しＹの付与した意味でもって契約が成立しており，これと異なる内心の効果意思を有するＸについては錯誤を問題とすべき事案であったと理解している。

(4)　補充的解釈，修正的解釈　　(ア)　意義　　当事者の作った契約内容のみでは当該紛争に適用されるべきルールが含まれていない場合，その補充が必要となり，含まれているがその内容が不都合である場合，その修正が必要となる。この補充，修正においては，任意規定，慣習，条理が取り上げられる。

(イ)　補充的解釈　　解釈による補充はその優先順位に従って，まず，慣習，ついで，任意規定によりなされる。

(a)　慣習による補充　　(i)　意義　　法律行為に関して任意規定と異なる慣習がある場合には，その慣習に従って契約内容を補充する（92条。ただし，慣習が強行規定に反するときはそれに従うことはできない）。慣習が補充の役割において，任意規定に優先する趣旨の規定であるが，そうする理由は，任意規定より慣習の方が取引の当事者にとって身近な行動基準であるからそれによるのがより合理的であるからである。なお，前述（(3)(イ)(b)）の表示文言の解釈にあたって慣習が斟酌されることと，ここでの補充的解釈において慣習が斟酌されることとは，慣習の働く場面が異なるだけである。

法律行為の当事者がその慣習による意思を有しているものと認められるときはその慣習に従う（92条）とあるが，「その慣習による意思」が表明されている必要はないと解される。表明されれば91条の適用により「その意思」に従うことになるので，92条の規定を置いた意味がなくなってしまうからである。同趣旨の判例がある（大判大3・10・27民録20輯818頁（「借地料増額ニ関スル慣習」に関する事案））。ただし，慣習に従う根拠は，その慣習の中において取引をする者は通常その慣習に従う意思をもっているからなので，当事者が特に反対の意思を表示する場合には慣習による補充はなされない。

(ii)　慣習とは　　慣習は，取引の当事者が属する集団において普遍的なものである必要があり，当事者の一方の取引上の慣行（事務処理慣行）では慣習とはいえない。

慣習と慣習法の違いが問題とされる。慣習法とは，公序良俗に反しない慣習であり，「法令の規定により認められたもの又は法令に規定されていない事項に関するものに限り，法律と同一の効力を有する」ものとされる（法適用3条）。一般に，92条の「慣習」は，この法的確信を伴う法源の意味での慣習法（法適用3条）とは異なる法規性の弱い「事実たる慣習」と理解されていた。しかし，両条文とも「慣習」という用語を使っており，また，法的確信の有無を区別できるのかは疑問である。そこで，法適用通則法3条は，制定法一般に対する慣習法の補充的役割を規定し，92条はこれに対する特別規定として，私的自治の働く分野に限って慣習に任意規定に優先して補充的解釈の基準として働く地位を与えたものと理解すべきである。

(b)　任意規定による補充　　ついで，任意規定により補充がなされる。たとえば，債務の履行地について当事者で定めていない場合は，484条で補充する。ただし，これは法の適用ともみることができる。

(ウ)　修正的解釈　　(a)　根拠　　条理（または信義則）による合意の内容の修正が認められる。損害賠償の示談の合意条項に「以後一切の損害賠償請求の権利を放棄します」とあっても，その時点では予想できなかった不測の手術やその後発症した後遺症による損害についてまで賠償請求権を放棄した趣旨と解するのは，当事者の合理的意思に合致するものではないとする判例はこの趣旨である（最判昭43・3・15民集22巻3号587頁）。

(b)　具体例　　約款等による合意の一部条項に合理性を欠くものがある場合，契約解釈として，合理的な意味内容に読み替えることがある（一部無効とし，その無効部分の任意規定による補充と近い）。たとえば，賃貸借契約書の「賃料を一箇月分でも滞納したときは催告を要せず契約を解除することができる」との特約につき，催告をしなくてもあながち不合理とは認められないような事情がある場合には無催告解除が許される旨の約定と解釈すべきであるとして，効力を限定的に理解するもの（最判昭43・11・21民集22巻12号2741頁），「人身事故があった場合60日以内にその事実を損保会社に通知せよ。通知のない場合には，保険金を一切支払わない」との趣旨の定めがあった旧自動車任意保険約款で，1年8か月後に通知があった事例につき，事故通知を受けなかったことにより保険会社が契約者に対し取得する損害賠償請求権の限度において保険会社は損害の塡補責任を免れる趣旨と上記条項を制限的に解釈したもの（最判昭62・2・20民集41巻1号159頁）が適例である。

Ⅲ　意思表示の有効性

1　序　説

(1)　法律行為の有効性を阻害する事情　　法律行為により債権債務関係が生ずるためには，成立した法律行為（契約）が有効であることが必要である。民法は，これを法律行為の有効要件というかたちで正面から規定してはおらず，逆に，有効性を阻害する事情を列挙して，これらに該当する場合には契約は無効である，あるいは取消しにより無効となるという規定を置いている。一つは，意思表示の無効・取消しの諸規定であり，もう一つは，法律行為の内容が反社会的あるいは反倫理的であり無効とする規定である。

⑵　意思表示の有効性　　意思表示の有効性が阻害されるのは，無効とされる場合と取消可能性が与えられる場合とである。前者は心裡留保（93条），虚偽表示（94条），後者は錯誤（95条），詐欺・強迫（96条）である。前者は，表示は存在するが，表意者においてそれに対応する内心の効果意思が存在しないので無効とされる。後者は，表示に対応する内心の効果意思は存在するので一応有効とした上で，効果意思の形成過程に瑕疵（キズ）があるので取消可能としている。なお錯誤については，厳密には，表示の錯誤は前者に属し，動機の錯誤は後者に属するが，効力の否定の方法としては取消しになじむと判断されたのである。

⑶　意思無能力状態での意思表示　　意思表示をした時に意思能力を有しなかったときは，その法律行為は，上述の内心の効果意思の不存在の場合と同じ意味で無効とされなくてはならない（3条の2）。ただ，この問題は，制度上「人」の章で扱われている（第2章参照）。

2　心裡留保

⑴　序説　　心裡留保とは，「表意者がその真意ではないことを知って」（93条1項），つまり，内心そのような効果意思をもっておらず，それを意識しながら，そのような効果の発生に向けた意思表示をしてしまうことである。内心の効果意思と表示との不

一致があり，それを表意者が知っている場合である。たとえば，陶器市で，店主Bが15万円の値札の付いている備前焼きの壺を買うように勧めるので，客Aが買うつもりもないのに冷やかしで「7万円でなら買う」と申込みをすることがこれにあたる。この例で，これに対して店主Bが「値引きしてその値段で売る」と承諾をした場合，双方の意思表示が外形上合致するので売買契約は成立する。

⑵　効力　　㈠　意思表示は有効か　　上の事例の申込みの意思表示は，内心の効果意思が欠けており（意思の不存在），意思をあくまで尊重するのであれば意思表示は無効とすべきである。しかし，93条1項本文は，この意思表示を原則として有効と扱っている。その理由は，心裡留保の表意者は真意でないことを知りつつ意思表示し，相手方にその表示を信頼させたので，表意者はその信頼を裏切ってはならないということである。したがって，「相手方がその意思表示が表意者の真意ではないことを知り，又は知ることができたとき」は，その意思表示を無効としている（同項但書）。

意思表示が表意者の真意ではないことを相手方が知ることができたときというのは，意思表示を受けた際の諸般の客観的事情から表意者が真意でないことを相手方が読み取ることができるという場合である。そこで，表意者が意図的に虚偽の意思表示をしたという場合には，表意者は，相手方が知ることができたという事情を指摘して意思表示の無効を主張することが信義に反することもありうる。

心裡留保においては，法律行為が原則として有効とされるので，争いは通常，その無効を主張する表意者本人が，意思表示が真意ではないこと，および，そのことを相手方が知りまたは知ることができたことを証明して，法律行為上の義務の発生を否定することになる。

(イ)　93 条 1 項但書適用事例　　判例では，かつて，代理権濫用事例で但書が類推適用され本人への効果帰属が否定されたが（最判昭 42・4・20 民集 21 巻 3 号 697 頁，最判平 4・12・10 民集 46 巻 9 号 2727 頁），代理権濫用事例については，現在は，107 条に明文が置かれている。他に，実質は A の金銭借入であるが B らが A のため金融機関 G との間で金銭借入の契約を結び B らの口座に借入金が入金され，その後 A が B らの名義で返済（一部）した（名義貸し）事案で，G が名義貸しにつき悪意であるとして 93 条 1 項但書を類推適用して，G は B らに対して貸付金の返還を求めることは許されないとする判例がある（最判平 7・7・7 金法 1436 号 31 頁など）。

(3)　第三者に対する関係　　93 条 1 項但書の規定による意思表示の無効は善意の第三者には対抗できない（93 条 2 項）。たとえば，A・B 間で物の売買がなされ，A の意思表示が心裡留保であったが 93 条 1 項但書により無効とされた場合，A はその物の転売を受けた第三者 C に対し返還請求をすることになるが，C が善意であるときはそれが認められないことになる。真意ではないことを知りつつその意思表示をした者の帰責性が大きいことを考慮して，第三者との利害の調整としては，第三者が意思表示の無効につき善意でさえあればこれを保護することとしたのである。次で述べる 94 条 2 項と同じ価値判断である。

3　虚偽表示

(1)　意義・要件　　虚偽表示とは，意思表示の「相手方と通じてした虚偽の意思表示」である（94 条 1 項）。たとえば，多額の負債を抱えた債務者Aが，債権者GによるA所有不動産甲の差押えを免れる目的で，真実その所有権を移転するつもりがないのに友人Bと通じて，A・B間で甲の売買契約を締結しBにその所有権を移転しその旨の所有権移転登記を経由するという事例が典型例である。ここではAの売却の意思表示は内心の効果意思がなく，次に述べる錯誤と異なり表意者であるA自身そのことを知っている場合である。相手方と通じてしたかどうかの点で心裡留保と異なる。なお，虚偽表示は相手方と通じてする契約解除など単独行為でもありうる。

(2)　効力　　(ア)　意思表示は無効　　虚偽表示は無効である(94条1項)。表意者に内心そのような法的効果を発生させようという意思がなく，相手方もこのことにつき悪意である（通じている）ので，意思表示の無効は当然である。この無効は誰からでも主張できる。たとえば(1)で挙げた差押免脱の事例では，A（またはB）は虚偽表示の無効を主張し，その結果相互に原状回復の義務（121条の2）が発生する。また，債権者Gは，Aの虚偽表示を指摘してその無効を主張し，A・B間の売買契約，所有権移転の無効を理由に所有権移転登記の抹消を請求できる（Aに代位してA名義に戻した上で差押え・強制執行をする）。

(イ)　善意の第三者保護　　(a)　意義　　虚偽表示の無効は，それにつき善意の第三者に対抗することができない(94条2項)。(1)で挙げた差押免脱事例で，所有権移転登記を経由している買主Bが甲不動産をさらに第三者Cに転売し，所有権移転登記を経由した場合において，表意者Aが第三者Cに対して，A・B間の売買におけるAの虚偽表示の無効を理由に，甲不動産の返還を求めた場合（通常，B・C間，A・B間の各登記抹消を求めるのではなく，真正名義回復を理由としてCからAへの所有権移転登記を請求する），C

が善意であれば，Aはその無効を対抗できない，つまり反射的にCの現在の法律状態（所有権取得）がそのまま保護されることになる。

第三者保護の理由は次のように説明することができよう。一方で，第三者Cは，前主Bの現在の法律状態を基礎づけているA・B間の法律行為がAの虚偽表示（により無効）であることを知らないでBと取引をしており，Cは保護に値する。他方で，AはBと通じて意図的に虚偽の意思表示をし，A・B間であたかも有効に取引があったとの法律行為の外形を作り上げておきながら，その外形を信じて取引した第三者Cに対してその無効を主張することは，信義則に照らして許されない。以上，第三者保護を基礎づける上で重要なのは，①虚偽表示による法律行為の外形の存在，②外形に対する第三者Cの信頼（善意）と，③外形に対する権利者Aの帰責性である。

(b)　第三者保護の要件　　(i)　第三者　　本条の第三者とは，虚偽表示の当事者または一般承継人以外の者であって，虚偽表示による法律状態を起点に新たに独立の権利関係を形成した者をいう。さらにこの者からの転得者なども第三者たりうる。上記事例で，Bから甲不動産を譲り受けた者，抵当権の設定を受けた者がこれにあたる。また，AがBと通じて虚偽の消費貸借の意思表示をなしBに仮装債権を発生させ，Bが善意のCに対してその債権を譲渡した場合のCも第三者であり，Aは債務の不存在をCに対抗できない。

土地の仮装譲受人Bがその土地上にB所有建物を建築しCに賃貸した場合，Cは本条の第三者か。判例は，第三者を「その表示の目的につき法律上利害関係を有するに至つた者」と定義しており（最判昭45・7・24民集24巻7号1116頁），上記の建物賃借人C

は第三者に該当しないという（最判昭57・6・8判時1049号36頁）。理由は，地上建物の賃借人Cは，虚偽表示の目的（土地）については法律上の利害関係を有する者ではないからである。そこで，AはCが善意であっても無効を対抗でき，（Bに建物収去・土地明渡しを求め，）Cに対して建物退去を求めることができる。しかし，Cは，Aが意識的に作り出したBに土地が帰属するという法律状態の外観を前提・起点として，それを信頼し，その地上建物の賃借人となっていると捉えれば，土地についてなお法律上の利害関係を有しているとして，このCにつき94条2項を適用して保護する余地はあると考える。

(ii)　第三者の「善意」　　善意とは，表意者の意思表示が相手方と通じてした虚偽のもの（無効）であることを，第三者が利害をもつに至った時点で知らないという意味である。善意は第三者が主張・立証しなくてはならない。それには，当該法律行為の外形（売買契約書，不動産売買の場合は対応する所有権移転登記，動産売買の場合には対応する占有の移転，債権譲渡であれば譲渡の通知など）を指摘して，自らの善意を主張・立証することになる。

善意に加えて第三者が無過失であることは条文上要求されておらず，判例も同趣旨である。もっとも，学説の一部では無過失を要求するものもある。無過失を求めることでよりきめ細かな利益衡量ができるというのである。しかし，善意で保護されることには相応の理由があり，それは，虚偽の意思表示をした者が，意識的に虚偽の意思表示をして他人を誤り導く法律行為の外形を作り出していること，と相関している。本人の帰責性の程度を考慮して条文が選択している利益調整を尊重したい。

(iii)　第三者の登記？　　不動産取引である場合には第三者は94条2項による保護を受けるため登記具備の必要があるか。

条文上求められてはおらず，判例も，「自ら仮装行為をした者が……第三者の登記の欠缺を主張して，該物権変動の効果を否定することはできない」として否定する（最判昭 44・5・27 民集 23 巻 6 号 998 頁）。類似する状況で第三者に登記を要求する解除（545 条 1 項但書）についての判例とは異なる判断である（最判昭 33・6・14 民集 12 巻 9 号 1449 頁参照）。

なお，第三者の登記に関し，以下の事例は上とは事情を異にする。すなわち，虚偽表示によりＡがＢにその所有不動産を譲渡しその旨の登記が経由されたが，その後，一方では，Ａが（Ｂ名義のままで）この不動産をＤに譲渡し，他方，Ｂがこの不動産を善意のＣに転譲渡したという事例である。この場合，Ｃは，Ａに対する関係のみならず，Ｄに対する関係でも，所有権移転登記を経由せずして 94 条 2 項による保護を主張することができるか。一見ＤはＡの地位を引き継ぐようにも見えるが，ＤとＣとはいわばＡ（または，Ａ＝Ｂ）からの二重譲受人相互の関係にあり，177 条の対抗問題として，先に対抗要件を具備した者が優先すると考えるべきである（最判昭 42・10・31 民集 21 巻 8 号 2232 頁）。

(ウ)　**第三者からの転得者**　　Ａ・Ｂ間で虚偽表示による取引があり，Ｃが悪意の第三者，ついでＣを起点としてＤが転得者となった場合，悪意のＣはＡの無効の主張を対抗されるが，Ｄはどうか。Ｄが善意であれば，虚偽表示をしたＡとの相対的な関係ではなお保護に値し，その意味では転得者Ｄもまた 94 条 2 項にいう第三者にあたるというべきである（最判昭 45・7・24 民集 24 巻 7 号 1116 頁）。 ★

問題は，第三者Ｃが善意で，逆にＤが悪意の場合である。Ａとの関係ではＤは相対的に 94 条 2 項の第三者であるとの考えを貫徹すると，この場合Ａは同条 1 項の無効を悪意のＤに対抗できることになる（相対的構成）。しかし，その結論は妥当ではない。その理由は，①A→B→C→D と不動産が順次譲渡された例で考えると，善意でいったん所有権を取得したCが，その不動産をAに返還したDから支払代金の返還を求められるおそれがあること（561条），あるいは，②上の例でDがCから不動産の譲渡ではなく抵当権の設定を受けたという例で考えると，善意のCの所有権は否定されないのでAは悪意のDに対して抵当権の排除を求めることができるが，それでは意味がないことなどである。この場合は簡明な法律関係の処理のためいったん善意者がでてくるとそれにより権利関係が確定すると扱うべきである（絶対的構成）。ただ，そう考えるとしても，悪意者Dが事情を知らない者Cをいわゆる「わら人形」として介在させている場合には，信義則上，Dに対する関係ではAが優先すると解するのが妥当である。

★★　⑶　**94条2項の類推適用法理**　㋐　序説　94条2項は，虚偽表示の無効主張に対する善意の第三者保護の規定である。したがって，その適用は，虚偽の意思表示が存在することを前提とする。しかし，判例は，不動産取引において，虚偽表示は存在しないが，実体関係のない不実の登記があり，一方で，その不実の登記の作出に真の権利者が意識的に関与し，他方で，その登記を第三者が真実のものと信じて当該不動産の取引をした事例において，この条項を積極的に類推適用して，権利者は登記が不実であることの主張を善意の第三者に対抗できないとして，第三者の保護を図っている。この94条2項類推適用は判例法理として確立されている。ここには虚偽の権利帰属の外形，その意識的作出という権利者の帰責性，およびその外形に対する第三者の信頼という94条2項に内在する基本的要素がそろっており，類推適用肯定の基礎となっている。

なお，この類推適用法理は，わが国の民法に登記の公信力を認める規定（ドイツ民法892条（取引により土地の権利を善意で取得した者にとって登記簿の記載は正しいものとされる））がなく，不実の登記を真実と信じて不動産取引をした者の保護が図れないという制度的不備を補う働きをしている。

(イ) 具体的事例　(a) リーディング・ケース（最判昭29・8・20民集8巻8号1505頁）　MからAに家屋甲が譲渡されたが，所有権移転登記はAの了解の下，MからBに対してなされ，その後この無権利の登記名義人BからCに甲が譲渡されその旨の所有権移転登記が経由されたので，AがCに甲の返還を求めたという事案で，Cが登記を信じて善意で取得したことを理由に保護されないかが問題となった。A・B間で虚偽表示は存在しない。最高裁は，建物登記をB名義にしたことがAの意思に基づくものならば，実質においては，Bと通謀して虚偽の所有権移転登記をした場合と何ら変わらないから，94条2項を類推適用し，AはBが実体上所有権を取得しなかったことをもって善意の第三者に対抗しえないものと解するのを相当とする，とした。

(b) 判例の展開　その後判例は，94条2項類推適用事例を拡大してきた。

①Aが建物を新築しその所有権を取得し，Bの承諾を得た上でB名義で虚偽の保存登記をしたところ，後にこの無権利のBが建物を善意の第三者Cに譲渡した事例で類推適用が認められた（最判昭41・3・18民集20巻3号451頁）。登記上権利移転の外形がなく単にBに権利帰属の外形がある事案に対して，Aの帰責性を根拠に類推適用を認めた。②ある不動産につき，所有者Aが勝手にBに対し虚偽の所有権移転登記を経由したところ，後

にこの無権利のBが当該不動産を善意のCに譲渡した事例で類推適用が認められた（最判昭45・7・24民集24巻7号1116頁）。虚偽の所有権移転登記がBと通じてでなくA単独で作出された事案に対して，Aの帰責性を根拠に類推適用を認めた。

(c)　限界事例　　94条2項の「類推」適用という以上，虚偽表示に類する事情の存在が必須であり，判例は，それを不実の登記の存続に対する真の所有者の事前または事後の「明示または黙示の承認」とした（最判昭45・9・22民集24巻10号1424頁）。事案は，A所有土地につき他人Bの専断によりBへの虚偽の所有権移転登記がなされ，Aはその事実を後に知ったが移転登記の抹消をしないでいた間に，Bにより善意の第三者Cに譲渡され移転登記が経由されたというものである。判旨は，「所有者が右不実の登記のされていることを知りながら，これを存続せしめることを明示または黙示に承認していたとき」は94条2項の類推適用が認められるとした。この事案では事後の黙示の承認（と評価される事情）があるかどうかが問題であったが，Aが不実の登記を知りつつ移転登記の抹消をしないでいたこと，加えて，Aが金融機関から金銭を借入するに際してB所有名義のまま同土地につき根抵当権を設定し（物上保証のかたちで）その登記を経由した（虚偽のB所有名義を前提としてこの登記がなされた）ことをもって承認ありとの評価に結びつけた。

(d)　110条との併用法理　　(i)　判例では，不実の登記を信頼した善意・無過失の第三者の保護を，94条2項および110条の法意に照らして（あるいはこれらを類推適用して）図っているものがある。①Aがある不動産につきBに対して所有権移転請求権保全の仮登記をしたところ，Bが勝手にこれを本登記にして善意・無過失の第三者Cに譲渡した事例（最判昭43・10・17民集22

巻10号2188頁)，② Aがある不動産につきいったんMに仮装の所有権移転登記をしたところ，MがさらにBに仮装の所有権移転登記をし，Bがこれを善意・無過失の第三者Cに譲渡した事例（最判昭45・6・2民集24巻6号465頁）である。

これらの事例では，Cが信頼した外観（①ではBの本登記，②ではBの所有権移転登記）に対してAは直接承認しておらずAに帰責性を認めることができないので，94条2項の類推適用はできない。しかし，AはBが勝手に作出した外観の基礎となる外観（①ではBの仮登記，②ではMへの所有権移転登記）の作出には自ら承認を与えている。そこで，110条の法意（代理権限外の行為であっても相手方が権限内と信ずる正当理由がある場合，代理権を与えた本人に責任を負わせる）を94条2項と併せて使うことで，判例は第三者Cの保護を図っている。110条を併用することから，第三者保護の要件については，善意のみでは足りず，登記が不実であることを知らないことにつき無過失であることが求められる。Aの帰責性の足らざるところを第三者に無過失を求めることで衡量のバランスをとっているといえる。

(ii)　**併用法理の拡大**　　判例は，近時この併用法理を不実の登記の存在につき所有者の承認が全くない事例に対して適用し，第三者の保護を拡大している（最判平18・2・23民集60巻2号546頁）。これは，無権利者Bが無断でA所有の不動産につきAからBへの虚偽の所有権移転登記をした上，第三者Cに譲渡しその旨の登記を経由したが，AはBへ所有権移転登記がなされたことを全く知らなかったという事案である。Bの不実登記に対しAは承認を与えていないので94条2項類推適用はできない。判旨は，Bが虚偽の所有権移転登記をなしたが，それはAがいわれるままに登記済証，印鑑登録証明書，実印をBに渡し，また ★★

売買契約書に署名押印までして，登記がなされる手がかりを与えたという点を捉えて，94条2項，110条を類推適用している。Aの帰責性については，「本件登記手続をすることができたのは……Aの余りにも不注意な行為によるものであり，Bによって虚偽の外観（不実の登記）が作出されたことについてのAの帰責性の程度は，自ら外観の作出に積極的に関与した場合やこれを知りながらあえて放置した場合と同視し得るほど重い」とした。

この事案は(i)の事例と異なり，Aが事前にB名義登記につながる何らかの外観を作出したなどの事情がないので，不実のB名義登記に対するAの直接の帰責性が問題となり，類型的にはむしろ94条2項類推適用型にあたる。そうすると，帰責性の観点からは不実の登記の存続についてAの事前または事後の承認が必要であり，上述の「Aの余りにも不注意な行為」をもってこれと同視しうるほど重いものと言い切ってよいか問題がある。承認と不注意には質的な相違があり，C側に無過失要件を加重することで埋め合わせることができるわけではない。

4　錯　誤

(1)　錯誤とは　　(ア)　錯誤に基づく意思表示　　錯誤に基づく意思表示は一定の要件の下で取り消すことができる（95条1項柱書）。錯誤とは思い違いであり，錯誤者の認識・判断と客観的事実（現実）とが食い違っていることである。錯誤に基づく意思表示とは，錯誤に陥った状態でなされた意思表示のことであり，この場合，表意者の内心の効果意思（または，本当の意図（真意））と相手方に示された表示との間に食い違いが生ずることになる。なお，錯誤においては表意者は内心の効果意思（または，真意）と表示との食い違いに気づいてはいない。

以上を具体例で説明する。1グロスは10ダースであると思い違い（錯誤）しているAが，文房具店Bに対して鉛筆を1グロス買う旨申し込み，Bがこれに承諾をした。この場合鉛筆1グロスの売買ということで双方の意思表示が合致しており売買契約は成立する。契約内容は，当事者がその表示に与えた通常の意味と考えるので，1グロス12ダースの鉛筆の売買である。そうすると，契約内容とAの内心の意思（10ダース購入）とが食い違うことになり，これをどう処理するかが錯誤規定の課題である。

(イ)　錯誤に基づく意思表示は取り消しうる　　選択肢として，錯誤者の内心の効果意思を尊重して契約の拘束力を否定する（無効とする）か，逆に，意思表示は表示の有する通常の意味でなされていると信頼している相手方の立場を尊重して契約の拘束力を認める（有効とする）かである。前者は意思主義的な解決であり，後者は表示主義的な解決である。民法は，「錯誤が法律行為の目的及び取引上の社会通念に照らして重要なものであるときは，取り消すことができる」（95条1項柱書）として，原則として意思主義的な解決を採用している。

ただし，表意者が一方的な保護を受けるわけではなく，表意者が錯誤に陥っていることを知るすべのない相手方との利害調整につき以下のような配慮がなされている。①取消しは錯誤が重要なものであるときに限られること（95条1項），②動機錯誤の場合，動機の表示があることが前提である（同条2項），③重過失ある場合の取消し制限（同条3項），④契約の締結に際して錯誤者に過失が認められる場合，相手方は無効な契約を有効と信じた損害の賠償請求ができる（学説），などである。

(2)　錯誤の2態様　　(ア)　**表示錯誤と動機錯誤**　　錯誤は，「意思表示に対応する意思を欠く錯誤」（95条1項1号。表示錯誤）と， ★

「表意者が法律行為の基礎とした事情についてのその認識が真実に反する錯誤」(95条1項2号。動機錯誤）とに分類される。錯誤の態様が異なるだけではなく，取消しが認められるための要件が異なっている。

(イ)　表示錯誤　　表示錯誤は，単なる表示上の錯誤と表示内容の錯誤とに分類される。

(a)　表示上の錯誤　　意思表示に際しての言い間違い，（値札や手形金額の）書き間違い，また，使者が委託された意思表示内容を間違えて伝える場合などである。いわゆるネット業者がインターネットのウェブサイト上で商品の売却値段を1桁少なく書き間違え，多数の購入申込みが殺到し（自動的に送信される「承諾」する旨の電子メールによる返信で契約成立），その後でこの間違いに気がついた，という例も表示上の錯誤である。

(b)　表示行為の意味に関する錯誤　　具体例として，1グロスを10ダースと誤解してなされた売買に関する意思表示，大阪の人が東京の食堂で「タヌキそば」を注文したところ，その理解（油アゲをのせたそば）と相違して揚げ玉をのせたそばが出てきたなど。

以上の(a)(b)の表示錯誤は表示に対応する意思を欠く「意思の不存在」の場合である。

(ウ)　動機錯誤　　「表意者が法律行為の基礎とした事情についてのその認識が真実に反する錯誤」(95条1項2号）である。法律行為の基礎とした事情が物の性質に関する場合（性質錯誤）とそれ以外の場合（単なる動機の錯誤）とに便宜分類される。意思と表示に食い違いはないが，意思の決定過程に瑕疵（キズ）がある場合である。

(a)　単なる動機錯誤　　性質錯誤にあたらないケースである。

たとえば，【1】友人が銀行から金銭借入するにつき連帯保証人となることを頼まれ，その際，自分の父親も連帯保証人となるので君に迷惑はかけないと述べたので，銀行と連帯保証契約を締結したところ，実際は他には連帯保証人はいなかった事例（動機（他に連帯保証人がいる）に錯誤），【2】近いうちにその付近まで高速道が延伸されるとの記載がある業者の広告を信じて，別荘用地を購入する契約を締結したところ，延伸計画が中止されたという事例（動機（高速道が延伸される）に錯誤）がこれに該当する。

(b)　性質錯誤　　物の性質は当然には意思表示の内容ではなく，法律行為の基礎たる事情（動機）であり性質錯誤は動機錯誤の一類型である。たとえば，【3】売主の説明から13歳の受胎した良馬ということで甲馬を購入したところ，甲馬は年齢も異なり受胎もしていない駄馬であった事例（性質（年齢と受胎能力）に錯誤），【4】古くて価値の高い古伊万里と思って色絵大皿を購入したが，その道の鑑定家に調べてもらうと，実際は，現代の作家が古伊万里の風合いで作陶したものであった事例（性質（古伊万里）について錯誤）がこれに該当する。

(3)　錯誤取消しの要件　　(ア)　序説　　①95条1項各号に掲げる錯誤に基づく意思表示がなされたこと，②動機錯誤においては，その事情（動機）が法律行為の基礎とされていることの表示がされていたこと（同条2項），③錯誤が重要なものであること（同条1項柱書）が取消しの要件である。他方，④相手方の抗弁事由として，「錯誤が表意者の重大な過失によるものであった場合」（同条3項）は取り消せない。

(イ)　95条1項各号に掲げる錯誤に基づく意思表示の存在
この点は前述(1)(2)を参照のこと。

(ウ)　動機の表示　　(a)　序説　　動機錯誤については，「その　★★

事情が法律行為の基礎とされていることが表示されていたとき」に限り，意思表示の取消しをすることができる（95条2項）。表示錯誤と違ってこのような加重要件が置かれたのはこれまでの学説，判例の錯誤二元説に基づくものである。二元説は，錯誤を無効と規定する95条旧規定は意思不存在の場合，すなわち表示錯誤に関する規定であり，動機錯誤は「動機が表示され法律行為（意思表示）の内容となった」ときにのみ例外的に顧慮するというものである。動機は当然には法律行為の内容とはならないから，というのが要件を加重する理由である。

95条2項のいう動機が法律行為の基礎とされていることが表示されているときという基準を具体例にあてはめてみると以下のようになる。古伊万里の色絵大皿の事例（【4】）では，購入者が，自己の鑑識眼を頼りに掘り出し物を探し，勝手に本物であると思って買ったので，動機が法律行為の基礎とされていることの表示はなく意思表示は取り消せない。他方，別荘用地を購入する契約の事例（【2】）では，相手方の広告（行為）が動機錯誤を生じさせた原因となっており，動機が法律行為の基礎とされていることが黙示的に表示されていると評価することができる（受胎せる良馬事例【3】も同様）。なお，この黙示的な表示という構成は，相手方の行為（不実表示）によって法律行為の基礎とした事情についての表意者の認識が形成され，この認識のもとで表意者が意思表示をしたという事例では，一般的に妥当するといってよいと考えられる。

(b)　判例　　ところで，判例は，動機錯誤を錯誤として顧慮するかどうかにつき，「動機が表示され法律行為（意思表示）の内容となった」ときという基準を採用してきた。以下これまでの判例を並べてみる。大審院大正6年2月24日判決（民録23輯284頁。

受胎せる良馬事例【3】）は，「表意者カ之〔馬匹ノ年齢及ヒ受胎能力〕ヲ以テ意思表示ノ内容ヲ構成セシメ」たとして動機錯誤の顧慮を肯定する。最高裁昭和32年12月19日判決（民集11巻13号2299頁。連帯保証契約事例【1】）は，「訴外人〔借主の父親〕も連帯保証人となることを特に本件保証契約の内容とした旨の主張，立証のない」事案なので本件動機錯誤は顧慮されないという。最高裁平成元年9月14日判決（判時1336号93頁）は，離婚に伴う財産分与として行う不動産の譲渡により分与者側に高額の税が課税されることはない（動機）と思って別れる妻に不動産を譲渡したところ，高額課税がされた事例につき，本件諸事情からして表意者が「自己に課税されないことを当然の前提とし，かつ，その旨を黙示的には表示していた」，「動機が黙示的に表示されているときであっても，これが法律行為の内容となることを妨げるものではない」として，動機錯誤を顧慮できるとした。最高裁平成14年7月11日判決（判時1805号56頁）は，Aが機械を購入しその代金を信販会社Xが立替払いし，そのAのXに対する立替金等支払債務につきYが連帯保証したところ，実際はAによる機械の購入はなくYはA・X間での単なる消費貸借契約上の債務（空クレジット）を保証させられていた事案で，判旨は，1通の契約書上に立替払契約と保証契約が併せ記載されている本件では，「Yは，主債務者であるAが本件機械を買い受けてXに対し分割金を支払う態様の正規の立替払契約であることを当然の前提とし，これを本件保証契約の内容として意思表示をした」として，動機錯誤を顧慮できるとした。また，信用保証協会と金融機関との間で保証契約が締結され融資が実行された後に主債務者が反社会的勢力に属する者であることが判明したので，信用保証協会が保証契約につき錯誤無効を主張した事案で，「A〔主債務者〕が反社会的勢力でないことという Y〔信用保証協会〕の動機は，それが明示又は黙示に表示されていたとしても，当事者の意思解釈上，これが本件保証契約の内容となっていたとは認められず，Y の本件保証契約の意思表示に要素の錯誤はない」（最判平 28・1・12 民集 70 巻 1 号 1 頁）とした。

(c)「その事情が法律行為の基礎とされていることが表示されていたとき」の解釈　　この条文の規定が単なる動機の表示と同じ趣旨だとすると，動機の錯誤が顧慮されるための要件は判例の採用する基準と比べて緩やかである。動機が表示されてはいるが法律行為の内容になっていない事例では判例は動機錯誤を顧慮しないのに対して（前掲最判平 28・1・12 参照），条文では顧慮が肯定されることになるからである。要件設定が妥当かどうかをわかりやすい例で考えてみる。宝石屋で「姪が近々結婚するのでその祝いとして」と表示して宝石を購入する意思表示をしたがのちに結婚が破談になった事例では，動機が表示されているので錯誤取消しができることになるが，本来購入者が引き受けるべき購入動機（姪の結婚）に内在するリスクを，それについて全く無関係の宝石屋に転嫁することになってしまう。この結論は妥当ではない。判例によると，そもそもこの場合は購入者の動機は法律行為の内容とはなっていないとして錯誤取消しができない事例であった。

そこで，条文解釈として考えられるのは，一つは，「その事情が法律行為の基礎とされていることが表示されていたとき」を単なる動機の表示とは読まないで，当該事情が法律行為の基礎とされているとの表意者の認識が表示されることで相手方に了解され「法律行為の内容」となっていたとの意味で理解することである。あるいは，他方で，この条文の規定を単純に動機の表示を意味するものと解したうえで，上記事例におけるリスク分配の問題は，

95条1項柱書の「錯誤が……重要なもの」か否かの規範的評価に委ねることとするかであろう（潮見佳男『民法（債権関係）改正法の概要』（きんざい，2017年）9頁以下参照）。前者の方が判例の解釈に親和的である。

(エ) **重要な錯誤**　(a) 趣旨　「法律行為の目的及び取引上の社会通念に照らして重要な」錯誤は，取り消すことができる(95条1項柱書)。これは，表示錯誤，動機錯誤に共通の要件である。95条の旧規定（「法律行為の要素」）の解釈として，判例は，意思表示の内容の重要部分であり，もしその点につき錯誤がなかったならば表意者はその意思表示をしなかったであろうこと（主観的な因果関係），そして，一般取引の通念からしても意思表示をしないことがもっともであると判断できる場合であること（客観的基準）をもって判断基準としていた（大判大7・10・3民録24輯1852頁）。判例と本条の文言とは異なるが，これまでの判断基準を変える趣旨ではない。 ★

(b) 具体的判断　(i) はじめに　法律行為の目的および取引上の社会通念に照らして重要な錯誤かどうかは，個別のケースで具体的に判断することになる。結局，錯誤の対象は何か（何について錯誤に陥ったのか），法律行為（契約）の種類・性質は何か，錯誤の程度（些細か重大か）などが考慮要素となる。以下，錯誤の対象が値段・数量・価値なのか，人・物の同一性なのか属性なのかなど，いくつかの類型を挙げて検討する。

(ii) 値段，数量，価値の錯誤　この場合には，一般的にみてその食い違いが大きい場合は重要な錯誤に該当するといえる。1グロスを10ダースのことと錯誤した事例や，商品の値札を1桁間違えて付けてしまった事例では重要な錯誤にあたるといえよう。

(iii)　人違い　　相手方はAであると思って契約したところじつはBであったという場合である。これは契約の種類・性質により異なると考えられる。賃貸借，消費貸借，信用売買の契約などでは，債務の履行が確実であるかどうかなどその相手方（特に借主）が誰であるかについては表意者（貸主等）の利害に関わるので，人違いは重要な錯誤にあたる。他方，動産売買や不動産の売買では人違い（特に売主について）は重要な錯誤とはならない。たとえば，Aが土地を売るというので買ったところ，じつは売主はAがその代表者であるA有限会社であったという場合には，重要な錯誤とはならない。

(iv)　目的物の性質の錯誤　　受胎せる良馬事例（【3】。前掲大判大6・2・24），代物弁済に供するジャムが特選金菊印苺ジャムであることを前提に和解契約を締結したが，じつはそれが粗悪品であった（なお，和解の基礎に関する錯誤については696条の適用はない（最判昭33・6・14民集12巻9号1492頁））などの肯定判例がある。

(v)　その他　　被保証債権が売買の実体のない空クレジットにより生じたものであった事案（前掲最判平14・7・11）では，「保証契約は，特定の主債務を保証する契約であるから，主債務がいかなるものであるかは，保証契約の重要な内容である。そして，主債務が……立替払契約上の債務である場合には，商品の売買契約の成立が立替払契約の前提となるから，商品売買契約の成否は，原則として，保証契約の重要な内容である」として，売買契約が存在しない空クレジットでありそのことを知らなかった場合には保証の意思表示につき重要な錯誤があるとする。

★　(オ)　**表意者の重大な過失**　　(a)　意義　　(i)　趣旨　　消極的要件（相手方の抗弁事由）として，「錯誤が表意者の重大な過失によるものであった場合」には取消しをすることができない（95条3

項柱書）とされる。わが国の民法は錯誤に陥った表意者を救済する意思主義的解決を採用しているが，相手方の利益との衡量上，錯誤が表意者の重大な過失によるものであった場合には取消しをすることができないとしたものである。

例外として，第一に，錯誤が表意者の重過失によるものであった場合であっても，相手方が表意者に錯誤があることを知り，または重大な過失によって知らなかったときは，表意者はなお取り消すことができる（95条3項1号）。これは錯誤を主張する者の再抗弁となる。相手方が錯誤に陥っていることに気がついている（悪意），または，これと同視できるような重過失ある場合にまで，表意者の重過失を指摘することで取消しを免れるとすることは妥当ではない。第二に，表意者に重過失がある場合であっても，相手方が表意者と同一の錯誤に陥っていたときは，表意者の重過失を指摘して意思表示の取消しを封ずることはできない（同2号）。共通錯誤（古伊万里の色絵大皿の事例【4】で当事者双方が本物と錯誤している）の場合には，重過失を指摘して取消しを認めないこととすると，当事者の一方（ここでは買主）にのみ錯誤に陥っている不利益（本物としての代金を支払ったままとなる買主の不利益）を押しつけることになり，妥当ではないと考えられるからである。

(ii)　重大な過失の認定　　重大な過失（重過失）とは，通常の場合（軽過失）と比べて，不注意ないし注意義務違反の程度が甚だしいことをいう。表意者がちょっと注意を払えば錯誤に陥っていることに気がつくはずであった場合である。この注意の程度は表意者個人を基準とするのではなく，その者が属する職業，地位，資格，経歴，取引の種類や目的などを考慮して客観的に設定される。たとえば，土地取引の専門家である不動産業者が売買契約の締結に際し，公図を参照せず，現地調査もしないで土地の同一性について錯誤に陥ったまま土地を買い受けた場合などが重過失が認定される典型例である。

判例において重過失が認定された例はあまりない。値札をつけるにあたって事業者が販売価格を1桁間違えた程度では重過失ありとはいえないであろう。前掲最高裁平成元年9月14日判決は（(ウ)(b)参照），離婚に際して不動産を財産分与したところ，分与者に思いもかけない多額の譲渡所得税が課された例である。この分与者が銀行員であり，また，事前に税の賦課につき専門家に相談しなかったことから，課税に関する錯誤に重過失があったのではないかが問題とされたが，否定された。また，中古不動産購入に際し支払に充てることを予定した金利の低い財形融資を得ることができなかったという事案で，錯誤者が事前に勤務先会社にその点を確認しないまま財形融資を利用可能なものと即断していたことは，軽率ではあるがその程度では重過失があるとはいえないとされた（東京高判平2・3・27判時1345号78頁）。

(b)　電子消費者契約に関する特例　　消費者が，通販サイトの画面に従って情報を入力して，商品やサービス購入の申込みを行う電子消費者契約においては，クリックミスなどの操作ミス（表示錯誤）が起こりやすく，重過失があっても錯誤無効の主張を認めることが妥当であるので，民法95条3項を適用しないとする特例が置かれている（電子契約特3条。ただし，事業者が確認画面を置くなどの措置を講じた場合には，特例の適用がない）。

(4)　効果　　(ア)　取消可能性　　表意者は，錯誤に基づく意思表示を，一定の期間内，相手方に対する意思表示により取り消すことができる（その結果，遡及的に，つまり意思表示の時点に遡って無効となる）。無効な行為に基づく債務の履行として給付がなされている場合には，原状回復の問題が生ずる。表意者は，取消しをしないで追認することもできる（以上，120条以下）。この取消権は債権者による代位行使の対象となる。債権者の債権保全の必要性（無資力）がその要件となる（423条。なお，95条の旧規定の無効主張につき同趣旨の判例がある（最判昭45・3・26民集24巻3号151頁参照））。

(イ)　**第三者に対する関係**　錯誤に基づく意思表示の取消しは，「善意でかつ過失がない第三者に対抗することができない」（95条4項）。第三者とは，錯誤による意思表示により形成された法律関係を起点に新たな法律関係を有するに至った者をいう。たとえば，AB間で甲不動産の売買がなされ，そのBから甲の転売を受けたCがこれに該当する。この場合，Aが錯誤を理由にその意思表示を取り消すと，甲不動産の売買契約は最初から無効となり，BもCもその所有権を取得できず，Aからの返還請求に応じざるをえない。しかし，Cは，Aの意思表示が錯誤により取り消しうる事情にあることについては通常知らないままBと取引をしており保護に値する。この第三者Cの利益との比較衡量という観点から見ると，Aには錯誤による意思表示をしたという帰責性を指摘でき，Cが錯誤による意思表示についての善意・無過失を立証できる場合にはAはCに対し取消しを対抗できないとすることが妥当である（Cとの関係ではAの意思表示は有効と扱われる。AはBとの関係で121条の2に従い事後処理をすることになる）。なお，取引の対象が動産である場合については，Cについて，別に192条（即時取得）の適用もありうる。 ★

本条4項が規定するのは取消しの遡及的無効からの第三者保護であり，取消後にBを起点として利害関係に入った第三者は含まれない。取消後の第三者については，不動産取引であれば，判例（大判昭17・9・30民集21巻911頁）はAC間の対抗問題として処理しCの登記が先であれば保護されるとし（学説の多数は民法94条

2項類推適用説），動産取引であればCには192条による保護がありうる。

(ウ)　錯誤取消後の表意者の損害賠償義務　　錯誤取消しにより相手方に不測の損害が生ずることがある。この場合，表意者とその相手方との利害調整の趣旨で，錯誤に基づく意思表示をしたことにつき表意者に過失がある場合には，相手方が契約を有効と信じたため被った損害を表意者に負担させることが考えられる。

5　詐欺・強迫

(1)　意義　　詐欺または強迫による意思表示は，取り消すことができる（96条1項）。他者による詐欺または強迫により正常な効果意思の形成が妨げられ，意思表示に瑕疵があるので取消可能性が与えられている。

(2)　詐欺取消しの要件　　要件としては，詐欺（欺罔行為）があったこと，表意者がそれにより錯誤に陥ったこと，その錯誤に基づいて意思表示がなされたことである。

(ア)　詐欺の存在　　(a)　詐欺　　詐欺とは，欺罔して相手方を錯誤（事実と異なる認識・判断）に陥れる行為である。事実と異なることを積極的に相手方に告げる行為，たとえば，建物の売買で築20年のものを築12年と告げる，あるいは，世間の評判があまり芳しくない商品について今売れ筋のものだと告げるなどが典型である。沈黙も場合によっては詐欺になる。情報提供義務があるにもかかわらず，提供すべき事実について故意に沈黙してその事実を隠す場合であり，たとえば，元本割れの危険がある商品について法律上その点の説明が義務づけられているにもかかわらず故意に儲かる話ばかりして，元本割れの危険については告げずに表意者を元本を割ることはないとの錯誤に陥れる場合などである。

(b)　違法性　　詐欺が違法であること。取引上の信義に反しない程度の場合，たとえば，商品を売るためその性能について少し誇張する場合，あるいは骨董屋が相手方が商品の評価について勝手に思い誤っていることを特に正さずそのままにしておく場合などにおいては違法性があるとはいえない。

(c)　二重の故意　　詐欺の成立には故意が必要である。A（売主）がB（買主）を欺罔して商品を買わせるのが詐欺であるから，詐欺をするAには，事実と異なることを告げ，①相手方Bを錯誤に陥らせようとの故意と，②Bにその錯誤状態で商品を買うとの意思表示をさせようとする故意とが必要である（いわゆる二重の故意）。これら故意の存在は，詐欺取消しを主張する側のBが主張・立証する必要があるが，故意の存在は相手方の内心の事情であるので一般にその立証が難しく，詐欺を理由とする取消しの主張において事実上大きな障害となる。故意を必要とするとの解釈から，契約の勧誘に際して相手方に単に事実と異なる不実の表示があったにとどまる場合，それにより表意者が錯誤に陥って意思表示をしたとしても，96条の詐欺には該当しない（ただし，錯誤取消しとなる可能性はある）。

なお，消費者契約については詐欺的商法から消費者を保護する趣旨で，消費者契約法に，事業者の一定の行為（重要事項の不実告知，不利益事実の故意の不告知，将来不確実の事項についての断定的判断の提供）による誤認によって消費者が契約の申込みまたは承諾の意思表示をした場合には，故意を問題としないで，取消しを認めるとの規定が置かれている（消費契約4条1項2項）。

(イ)　詐欺により表意者が錯誤に陥ったこと　　詐欺行為によって表意者が錯誤に陥ったことが必要である。沈黙による詐欺の場合は，情報提供の義務があるのにそれがなされなかったので表意者が陥っていた錯誤が是正されないままであった場合がこれに該当する。

なお，ここでの錯誤はいわゆる動機の錯誤である。しかし，相手方の詐欺を理由に取り消すので，錯誤取消しに関する95条の適用はなく，動機が表示されていることおよび錯誤が重要なものであることは必要がなく，また，錯誤に陥ったことについて表意者に重大な過失があったとしても取消権行使の妨げとはならないと解される。

(ウ)　錯誤に基づく意思表示がなされたこと　　錯誤に陥った状態でそれと気づかないまま意思表示がなされたことである。

(エ)　第三者による詐欺の場合　　契約または単独行為（解除，取消し）の相手方（その代理人を含む）以外の第三者（不動産の売買を媒介した者，保証契約における債務者など）が詐欺を行った場合においては，相手方が第三者詐欺の事実を知り，または知ることができたときに限り表意者はその意思表示を取り消すことができる（96条2項）。自ら詐欺を行ったのではない相手方を取消しの不利益から保護する趣旨であるが，他方で，表意者は詐欺の被害にあった者であり，双方の利益を天秤にかけ，相手方が第三者詐欺の事実を知っていたこと，または知ることができたことを表意者が立証できれば，なお取り消すことができることとしたのである。なお，錯誤の要件に該当すれば表意者は95条により意思表示を取り消すことができる。

相手方のない意思表示（遺言など）の場合については96条2項は規定しておらず，この場合には何者かの詐欺があったことを理由に同条1項により取り消すことができると解される。

(3)　強迫取消しの要件　　強迫が存在すること，表意者が畏怖したこと，その畏怖により意思表示がなされたことである。

(ア)　強迫の存在　(a)　強迫　強迫とは，明示または暗黙に害悪を告知して相手方に畏怖を与えそれにより意思表示をさせようとする行為である。契約を締結しないと身体に害を加えるとの告知，あるいは他者に知られると困る事実を世間にばらまくとの告知などが典型例であるが，神仏の祟りがあるとか身内に不幸が続くとかを告げることも状況によれば強迫となる。判例（最判昭33・7・1民集12巻11号1601頁）は，告知される「害悪が客観的に重大なると軽微なるとを問わず，苟（いやし）くもこれにより表意者において畏怖した事実があり且右畏怖の結果意思表示をしたという関係が主観的に存すれば足りる」と述べる。

(b)　違法性　強迫が違法であること。「債務の弁済をしなければ法的手段に訴える」と告知し相手方が畏怖して不動産の代物弁済に応じたとしても，行為には違法性がなく，強迫にはあたらない。

(c)　二重の故意　相手方を畏怖させようとする故意と，畏怖により意思表示をさせようとする故意（二重の故意）が必要である。

なお，消費者契約については強迫的取引から消費者を保護する趣旨で，消費者契約法に，事業者の一定の行為（不退去，監禁）に基づく困惑によって消費者が契約の申込みまたは承諾の意思表示をした場合には，故意を問題としないで，取消しを認めるとの規定が置かれている（消費契約4条3項）。

(イ)　強迫により表意者が畏怖したこと　害悪を告知され表意者が畏怖したこと，この畏怖が強迫に起因することが必要である。客観的に見れば強迫に値する行為があったが，表意者が畏怖を感じることなく，自由意思で強迫者の要求どおりの意思表示をした場合には96条の適用はない。

(ウ)　畏怖状態での意思表示　　畏怖状態で意思表示がなされたこと。

(エ)　第三者による強迫　　第三者による強迫があった場合，詐欺の場合と異なり，その相手方が強迫の事実を知らないことにつき過失がなくとも取消しができる。強迫の場合には，強迫を受けて意思表示をした者の保護が，その相手方の保護に優先するからである（96条2項の反対解釈）。

(4)　効果　　(ア)　取消可能性　　表意者は，詐欺または強迫による意思表示を，一定の期間内，相手方に対する意思表示により取り消すことができ，法律行為は遡及的に無効となる。無効な行為に基づく債務の履行として給付がなされている場合には，原状回復の問題が生ずる。表意者は，取消しをしないで追認することもできる（以上，120条以下）。

(イ)　第三者に対する関係　　詐欺による意思表示の取消しは，「善意でかつ過失がない第三者に対抗することができない」（96条3項）。趣旨は95条4項におけると同様であり，前述（4(4)(イ)）を参照のこと。表意者は詐欺にあった被害者であり取消権による保護を与えられているが，善意・無過失の第三者との利益の比較衡量という観点からみると，小さくはあるが表意者の帰責性を指摘できないわけではなく，第三者が自らの善意，無過失であることを立証できる限りにおいて，第三者を保護することとしたのである。

ここで，第三者保護の要件として，不動産取引においては，対抗要件（登記）の具備が必要であるか否かが問題とされるが，判例（最判昭49・9・26民集28巻6号1213頁）は，これを否定している（意思表示の有効なことを信頼して新たに利害関係を有するに至った者の地位を保護しようとする96条の立法趣旨に照らすと，「所有権その他の物権の転得者で，かつ，これにつき対抗要件を備えた者に限定しなければならない理由は，見出し難い」)。

なお，96条3項の趣旨は取消しによる遡及的無効からの第三者保護であり，取消後の第三者は含まれない（この点についても錯誤の項で述べたところを参照)。

なお，強迫による取消しの場合には，強迫を受けた表意者には何らの帰責性もないので，第三者が強迫の事実につき善意・無過失であったとしても保護を与えることはできない。

Ⅳ　法律行為の有効性

1　序　説

法律行為は成立し，かつそれが有効であることで私権の変動が生ずる。その構成要素である意思表示の有効性については上述Ⅲのとおりである。以下，契約の場合を念頭に，法律行為の有効要件として取り上げられる，① 確定可能性，② 実現可能性，③ 強行規定，行政的取締規定に違反しないこと，④公序良俗に反しないこと，の4点を順次検討する。

2　確定可能性と実現可能性について

(1)　確定可能性　　契約としては成立しているが，その内容が確定できない，また内容を確定できる手がかりもない場合には，契約は無効といわざるを得ない。もっとも，確定する手がかりがあればよいので，たとえば，農家で親が子に対し「結婚するときは，夫婦の生活を維持できる程度の農地を贈与する」といった程度の合意があれば，無効とはならない。

(2)　実現可能性　　契約内容につき実現可能性がない（原始的

不能）からといって，当然に契約が無効となることはない。契約および取引上の社会通念に照らして不能であるときは，債権者はその債務の履行を請求することができないとする412条の2第1項，および，原始的不能であっても履行利益の損害賠償の請求をすることを妨げないとする415条2項は，契約が無効ではなく有効であり債務が生じていることを前提としている。

3　強行規定，行政的取締規定に違反する契約の効力

(1)　序説　　強行規定違反の法律行為は無効である。また，関連して行政的取締法規に違反する契約は私法的にも無効かという問題が論じられなくてはならない。

(2)　強行規定違反の契約は無効　　(ア)　無効の根拠　　無効の根拠として91条の規定（その反対解釈）が挙げられることがある。同条は任意規定と異なる合意は自由になしうるとの定めであるが，これは反対に強行規定と異なる合意は認められないとの意味を内包する，との解釈である。しかし，91条は，経緯からすると，任意規定と異なる合意は自由になしうることを定めたにすぎないとの理解が今日一般的であり，それによれば無効の根拠は90条に求めるべきだとされる。すなわち，強行規定に反する合意は，公序良俗違反となり無効である，というわけである。

(イ)　何が強行規定か（任意規定・強行規定の区分）　　(a)　規定の体裁からわかる場合　　規定の文言が，これに反する合意は「無効」であるとか，「約することができない」(349条）とかである場合，強行規定である。民法原理を修正する特別法の条文に多い（借地借家9条，利息1条，割賦5条2項，消費契約8条・9条など）。

(b)　それ以外の場合　　規定の体裁からはわからない場合は，その規定の趣旨を踏まえて強行規定かどうかを判断する。身分秩

序に関する法，内容を画一的に定める必要のある物権法の規定は一般に強行規定である。他方，契約法中の規定は一般に任意規定である。

ただし，法律行為法で制限行為能力者の保護を定めた規定（取消可能性を与えているもの）は強行規定である。また，組合員の組合からの任意脱退を認める678条はその部分について強行規定であるとする判例がある（最判平11・2・23民集53巻2号193頁）。その理由は，やむを得ない事由があっても任意の脱退を許さない旨の組合契約は，組合員の自由を著しく制限するものであり，公の秩序に反するものというべきだからである，とする。

⑶　行政的（取引）取締規定に違反する契約の効力　　㈠　序説　　行政的（取引）取締規定は，一定の行政目的で，一定の取引行為を規制する（取引の禁止，取引に一定の条件を課す）規定である。これらの規定違反に対しては一定のサンクション（過料・刑罰）が規定されている。問題は，このサンクションに加えて，その禁止目的を達成するため私法的にも行為を無効としなくてはならないかである。たとえば，①弁護士でない者が，受任した法律事務を処理し報酬の支払を請求した場合，非弁活動の禁止（弁護72条）違反として刑罰が科せられる（同77条）にとどまらず，委任契約も無効とされるかどうか，あるいは，②重要文化財について，法所定の国に対する売渡しの申出（文化財46条1項）をしないまま第三者に有償譲渡がなされた場合，文化財保護法202条の過料に処せられるのみならず，有償譲渡は無効となるのかなどである。

㈡　「効力規定たる取締規定」論　　かつては取締規定を契約の効力に影響を及ぼすものと，そうでない「単なる行政的取締規定」とに分類し，前者を強行規定に類するものと位置づけて91

条により無効となるものとしていた。しかし，強行規定違反の行為につき無効の根拠を90条に求めることとなれば，ここでも，直截に行政的取締規定に違反する合意が90条に反するものであるかどうかという問題の立て方をする必要があろう。一般に，裁判例も，無効と判断するにあたっては91条，90条両条文を引用している。

★　(ウ)　**無効かどうかの判断基準**　(a)　明文の規定がある場合　たとえば，農地法3条1項は，農地の所有権移転等をする場合には農業委員会の許可を受ける必要があるとし，同条7項は，許可を受けないでした所有権移転等の行為はその効力を生じない，としている。ここでは行政的取締規定違反行為が無効となることが明文で規定されている。

(b)　判断基準についての考え方　しかし，通常は無効かどうかは書かれていない。そこで無効かどうかの判断は問題となった違反事例ごとになされざるをえない。判例，学説は，以下の各要素を考慮して総合判断をすべきであると論じてきた。すなわち，無効とすべき方向に働く要素として，①行為を無効としないと当該取締規定の立法目的を達成することができないか，②その規定違反行為が社会的に非難される度合いは高いか。無効とはしない方向に働く要素として，③無効とすると当事者間に不公平が生じないか，④違反当事者の取引の相手方の利益（取引安全）を害しないか，が挙げられる。

これと別の基準を説くものとして，警察法令（取引と直接には関係しない取締法令）と，経済法令（取引と密接な関連を有する取締法令）とに分けて，前者の違反行為は原則無効とはしないが，後者の違反行為については，原則無効，とりわけ，消費者保護法令，市場の秩序を維持する法令などの違反行為の場合には無効とみるべきである（この場合，取引の相手方の利益はある程度犠牲にしても仕方なし）との主張がある（取引公序説）。

また，別の視点であるが，取締規定違反行為を私法的にも無効とするかどうかを履行の前後で分けて考え，特に，履行前については原則として私法的にも無効（履行請求を認めない）とすべきとする主張がある。その理由としては，取締規定で禁じている行為につき私法的に（裁判所で）その履行の助力を認めることは法秩序内での自己矛盾であるから，と述べるものがある。

㈣　具体例　　これまでの判例を中心に無効かどうかが判断された具体例を見ておく。

(a)　営業等の資格につき行政庁の免許，許可が必要とされる場合　　これに反して無資格者が関与した事例について，一般には無効とまでするには及ばないとされている。上記㈢(b)の要素④の取引相手方の保護が重視されている。食品衛生法で食肉販売業の許可を得ていない者が食肉を購入した行為につき，同法は単なる取締規定にすぎないものとして「本件取引の効力が否定される理由はない」とした判例がある（最判昭35・3・18民集14巻4号483頁）。また，無免許運送業者（タクシー）の運送契約なども同様であろう。

しかし，特別の資格，能力が要求され，保護法益が公益的色彩の強い弁護士や医師の資格の場合，非弁護士による法律事務受任契約（最判昭38・6・13民集17巻5号744頁），医師でない者による診療契約は無効とされなくてはならない。行為を無効としないと司法の健全な運用といったこれらの取締規定の立法目的を達成することができないと考えられるからであり，上記㈢(b)の要素①②が重視されている。

限定された有資格者から「名義の貸与をする契約」は無効とす

べきである。無効としないと資格を限定する意味がなくなるからである。鉱業権者以外の第三者に鉱区を利用させることを禁じている鉱業法に違反する斤先掘契約（対価を払って鉱区を利用させる契約）は無効であるとした判例がある（大判昭19・10・24民集23巻608頁）。

(b)　禁止・制限に違反してなされた取引行為　　文化財保護法46条1項が定めている「国に対する売渡しの申出」をしないまま，重要文化財の有償譲渡がなされた事案につき，同条項の趣旨を「重要文化財の保存を目的とする国の先買権を規定したにとどまる」として，譲渡を「無効とすることは，著しく取引の安全を害し，譲受人に不当な損害を及ぼすことになる」とした判例がある（最判昭50・3・6民集29巻3号220頁）。上記(ウ)(b)の要素③④が重視されている。また，いわゆる導入預金につき，導入預金取締法は経営健全化のため金融機関に対し回収不能となるような不当な融資を禁止することを狙いとする政策的な取締規定であり，これに違反する預金契約を無効としなければならないほど著しく反社会性，反道徳性を帯びるものではないとした判例がある（最判昭49・3・1民集28巻2号135頁）。

他方で，最高裁昭和39年1月23日判決（民集18巻1号37頁）は，硼砂（原料）の毒性が明らかとなりそれを使うことが食品衛生法により禁じられた後に，違反と知りつつあえて硼砂の混入したアラレを製造し販売した契約につき「90条に抵触し無効」とした。取締規定違反が決定的というわけではなく，違反を知りつつあえて違反行為をしたことが悪質で，全体として90条違反と判断されたものである。

(c)　消費者保護等の目的で一定の業者の行為を禁止している規定に違反した行為　　宅地建物取引業法に違反して大臣の告示

所定の額を超える仲介報酬を取得する契約は，同法規が一般大衆を保護する趣旨をも含んでいると解すべきであるから，所定最高額を超える部分につき無効であるとする判例がある（最判昭45・2・26民集24巻2号104頁）。他に，たとえば，商品先物取引法に違反する不当な勧誘行為により締結された先物取引委託契約について，取締規定違反の事情を含めて民法90条に該当するかどうかで判断する裁判例が少なくない。これらの裁判例は，後述の民法90条の議論とも関連する（4(3)(カ)）。

(4)　脱法行為　　形式的には強行規定に反しないが，実質的にそれに反する行為は脱法行為と呼ばれ，その無効性が問題となる。適例は利息制限法3条であり（名目のいかんを問わず，元本以外の領収金を利息とみなしている），明文で脱法行為を無効としている。

その他においては，個々的な判断が求められる。占有を移さない動産の売渡担保契約が物権法定主義（占有質に関する342条）に反し脱法行為として無効となるかについて，大審院大正3年11月2日判決（民録20輯865頁）は，「経済上ノ必要ニ因リ通常世間ニ行ハレ俗ニ売渡抵当ト称セラルル信託的行為ニシテ」有効と述べる。

他方，判例は，恩給受給権を担保に供することは恩給法で禁止されている（無効）ところ，その脱法として，恩給の受領を金銭貸主に委任し，証書を預け，受領金を弁済に充てることとし，貸金に相当する金銭が返済されるまでは委任を解除しない契約は，上記の担保禁止の趣旨（金銭を現実に受給させる）を没却するので，その不解除特約を無効としている（大判昭7・3・25民集11巻464頁）。

4　公序良俗違反（内容等の社会的妥当性）

(1)　序説　　契約を結ぶにあたっては，誰とどのような内容の契約を結ぶか，また結ばないかの自由がある（521条）。もっとも，この契約自由の原則には一定の限界があり，それを画するのが90条，91条である。90条は，個々の強行規定に違反していなくても，公の秩序または善良な風俗に反する法律行為は無効とする。この条文はいわゆる一般条項であり，これに反するかどうかは個別具体的に判断せざるを得ない。

本条違反の効果は無効である。この無効は絶対的無効であり，119条但書の適用はない。第三者も無効を援用でき，未履行の場合単純に履行義務がないこととなり，既履行の場合には，原状回復の問題が生ずる（121条の2）。

(2)　どのような種類の法律行為が公序良俗違反か　　90条は一般条項であり抽象的であるため，無効となる判断基準を明らかにするにはこれまでの裁判例を分析するのが有益である。次のようなグループ分けができよう。

①　社会の秩序，風俗の観点から無効とされるもの　　対価を与えて犯罪をする契約（報酬を与えての殺人依頼，贈収賄の約束など），家族秩序・性風俗に反する契約（妾契約など），射倖的な契約（賭博行為など），暴利行為など。

②　個人の権利・自由に制約を加えることから無効とされるもの　　人身の自由に反する契約（芸娼妓契約），営業の自由に反する契約，男女別定年制の合意など。

③　消費者保護，市場の秩序維持という観点から不公正な取引として無効とされるもの　　原野商法，先物取引への不当勧誘，不当な約款，証券会社との損失補塡の約束など。

★　(3)　**具体例**　　これまでの裁判例から90条違反が問題とされた具体例を列挙しておく。

(ア)　家族秩序，性風俗に反する行為　　配偶者のある者が他の女性との関係維持のため，金銭や家屋を贈与する契約は無効である。原状回復が問題となるが，既履行の場合については，708条（不法原因給付）が適用となり，給付物の返還を請求できない（最大判昭45・10・21民集24巻11号1560頁）。もっとも，死亡に際し不倫な関係にある相手に対し遺産の3分の1を遺贈する遺言につき，不倫な関係の維持継続を目的とするものではなく，相手の生活を保全するためにされたものであるので，90条には違反しないとしたものがある（最判昭61・11・20民集40巻7号1167頁）。

(イ)　**暴利行為**　　暴利行為とは，相手方の窮迫，経験の不足その他の契約についての合理的な判断を困難とする事情を不当に利用して，当事者の一方に著しく過大な利益を得させ，または相手方に著しく過大な不利益を与える契約をいう，とされる。高利率の金銭貸借，過大な違約金の約束，過大な担保の約束などがこれにあたる。すでに大審院時代の判例で，短期間で弁済期が到来する金銭貸付けをし，借主の無知窮迫に乗じて貸付金の倍額に及ぶ生命保険の解約返戻金を担保に取り無清算特約を付した法律行為を無効としたもの（大判昭9・5・1民集13巻875頁）がある。 ★

クラブのお客に対する掛売代金について，客から指名を受けたホステスを保証人とする契約は，経営者がその優越的な地位を利用して本来自分が負担すべき売掛金回収の危険を被用者であるホステスに転嫁する行為であり公序良俗に反する（なお，最判昭61・11・20判時1220号61頁は，保証に自発性・任意性があったとして90条には反しないとした）。

(ウ)　人の自由を極度に制限する契約　　親Aが店主Bから金銭を借り，その弁済について，Aの娘CをBの店で一定期間酌婦として拘束的に働かせ，Cの得る報酬金から強制的に借金の返済をさせる複合的契約は，稼働契約部分については娘Cの自由を拘束するもので公序良俗に反し無効である。また，金銭の消費貸借契約部分も，前借金が酌婦稼業の対価として授受されており稼働契約とは密接不可分の関係にあるので契約全体が無効であるとした判例がある（最判昭30・10・7民集9巻11号1616頁）。

(エ)　競業禁止の特約　　牛乳販売を業とする会社が解雇した配達人に解雇後は会社の営業区域内で牛乳販売業を営まないことを約束させても，公序良俗に反しない（大判昭7・10・29民集11巻1947頁）。しかし，競業禁止により事業者（塾経営）が確保しようとする利益が明らかでなく，禁止される場所的範囲に制限がなく，また禁止の不利益に対する代償措置が十分ではない場合，事業者と前役員間の競業禁止特約は公序良俗に反する（東京地決平7・10・16判時1556号83頁）。

(オ)　（男女）差別的な内容の契約・内部規律　　定年年齢を男60歳，女55歳とする就業規則およびそれに基づく契約は，企業経営上の観点から差別しなければならない合理的理由は認められず，性別のみによる不合理な差別を定めたものとして90条の規定により無効である（最判昭56・3・24民集35巻2号300頁。男女雇用機会均等法（昭和60年法45号）6条4号を参照）。入会集落の慣習に基づく入会集団の会則のうち，入会権者の資格を原則として男子孫に限定し女子孫に対してはきわめて限定的としている部分は，何ら合理性を有さず，男女の本質的平等の理念からして，90条により無効である（最判平18・3・17民集60巻3号773頁）。

(カ)　不公正な取引（消費者保護，市場の秩序維持）　　具体的な取締規定に違反しているわけではないが，不公正な取引として90条違反が問題とされたものがある。

訪問販売で買主に熟慮の機会を与えず，価値のない原野を将来有望な土地であると過大な説明をして売却した行為につき，「買主の無知，無思慮に乗じ，商業道徳を著しく逸脱した方法により暴利を博する所為と言わざるを得ず，本件の売買契約は公序良俗に違背して無効」とした裁判例がある（名古屋地判昭57・9・1判時1067号85頁)。問題の多い非公認市場での金地金先物取引を，取引につき適格性を欠く主婦に対し電話で長時間執拗に働きかけ，投機性，損失の危険性，委託追証拠金などの説明を十分にしないまま著しく不公正な方法によって締結した契約を公序良俗に反し無効とした（最判昭61・5・29判時1196号102頁)。証券会社が顧客に対してなす損失保証約束（証券取引法（現在は金融商品取引法）の改正で刑罰をもって禁止したがそれ以前になされた約束）については，元々証券市場における価格形成機能をゆがめるとともに，証券取引の公正および証券市場に対する信頼を損なうものであって，法改正前とはいえ社会的に強い非難に値する行為であることの認識が形成されてきており，公序に反し無効であるとした（最判平9・9・4民集51巻8号3619頁)。卸売業者・小売業者間での外国製偽ブランド品の売買契約につき，行為者が不正競争防止法および商標法により処罰されるだけでなく，経済取引における商品の信用の保持と公正な経済秩序の確保を害する著しく反社会性の強い行為である，として90条により無効とした（最判平13・6・11判時1757号62頁)。

(キ)　**約款の不当条項の無効**について　　現代においては，契約は約款によることが多い。約款には，大量取引処理の便宜，当該契約に適用される法規範の不十分さを補うというプラスの機能があるが，他面，事業者が自らの企業の優越的地位を背景に，自らの権利をより多く確保し，義務を免除する条項（免責・減責約款）を置くというマイナス面がある。このような場合，約款の内容規制，問題条項の無効を考える必要が出てくるが，これを基礎づけ ★

るものとしてまず90条が挙げられる。裁判例は少ないが，たとえば航空機事故の場合の航空機運送約款中の損害賠償責任制限規定を，あまりに額が低いとして90条により無効とした例がある（大阪地判昭42・6・12判時484号21頁）。

しかし，90条では相当にひどい内容の条項しか排除できない。そこで，裁判所による規制の手法として，信義則を根拠に条項の「修正的解釈」という法律構成が使われてきた（実質的には，条項を一部無効と判断することと同じ意味をもつ。II 3(4)(ウ)(b)参照）。

これに加えて，消費者契約法8条～10条が消費者契約について不当な条項の無効を規定している。同法8条は事業者の損害賠償責任を免除する条項の無効を，同法8条の2は事業者の債務不履行により生じた消費者の解除権を放棄させる条項等の無効を，同法9条は消費者が支払う損害賠償の額を予定する条項等の無効を規定（強行規定）している。同法10条は一般条項的に，民商法等の任意規定と比較して消費者の権利を制限し，または消費者の義務を加重する消費者契約の条項であって，信義則に反して消費者の利益を一方的に害するものは無効としている。裁判例として，大学合格後入学までの間の入学辞退者が納付した授業料についての不返還特約は，消費者契約法9条1項により無効であるとしたもの（最判平18・11・27民集60巻9号3437頁）などがある。

民法548条の2第2項は，定型約款一般につき，「相手方の権利を制限し，又は相手方の義務を加重する条項であって」，「その定型取引の態様及びその実情並びに取引上の社会通念に照らして第1条第2項に規定する基本原則に反して相手方の利益を一方的に害すると認められるもの」について「合意をしなかったものとみなす」としている。不当条項は（無効とするのではなく）そもそも契約に組み入れないという法形式を採用しているが，要件設定としては消費者契約法と同様の約款規制枠組みを採用している。

(ク)　動機，条件が違法である場合　　不法な条件を付した法律行為，および，不法な行為をしないことを条件とする法律行為は無効とされる（132条。Ⅵ 2(3)参照）。

契約内容それ自体は公序良俗に反するものではないが，契約締結の動機が公序良俗に反する場合にも，当該契約の無効が問題となる。たとえば，金銭の消費貸借の動機が賭博の資金を得るためまたは賭博で負けた金銭の支払のためである場合，あるいは包丁の購入の動機が人を殺傷することである場合である。契約相手方が不法な動機を知らない限り通常の契約なので，無効とすることはできないが，違法な動機を知って契約をする場合には，無効とすべきであろう（大判昭13・3・30民集17巻578頁）。

V　無効・取消し

1　序　説

(1)　無効と取消し　　法律行為は成立しかつ有効であることにより，権利（物権や債権）が発生，変動する。しかし，一定の理由から，その効力を生じさせないことが妥当であるとされる場合がある。行為能力が不十分な者の行為とか，意思表示につき意思の瑕疵・不存在がある，法律行為が社会的にみて許されないなどの事情で，無効，取消可能とされる場合である。たとえば，意思能力を有しない状態での法律行為の無効（3条の2），制限行為能力者の一定の法律行為の取消し（9条・13条4項・17条4項），法律行為につき公序良俗違反，強行規定違反の無効（90条・91条），意思表示につき意思不存在無効（93条・94条），瑕疵ある意思表示の取消し（95条・96条），条件の一部規定での無効（131条～134条），消費者契約法4条の取消し，同法8条〜10条の無効，および，婚姻，縁組みなど親族法領域の法律行為での無効・取消可能（742条以下・802条以下）などである。他に，法律の規定上，「効力を生じない」とされているもの（たとえば，無権代理（113条），保証契約の書面性（446条2項），遺言の方式に関するもの（967条以下参照）など）も無効と同じ意味をもつ。

(2)　無効と取消しとの相違　　取消可能は，取消権者が取り消すことではじめて無効と扱われるが（121条），取消しまでは有効であり，追認があれば有効に確定する（122条）。無効は，何らの行為を要せずして当然に無効であり，追認によっても効力を生じない（119条）。したがって，無効の方が，法律行為の効力の否定の仕方につき，取消可能とするよりもより強力な方法であり，いわば法の目から見て有効とすることが許されない場合である。他方，取消可能は，無効による保護を受けるかどうかを取消権者の選択に任せている場合である。

★　**(3)　無効または取消しの効果**　　(ア)　序　　無効または取消しにより法律行為はその効力を生じず，企図された法的効果（権利義務関係）が発生しない（119条本文・121条）。

(イ)　原状回復義務　　(a)　原則　　無効な法律行為に基づく債務の履行として給付を受けた者は，相手方を原状に復させる義務を負う（121条の2第1項）。不当利得返還義務の問題であるが，本条は，法律行為無効の場合について703条，704条の特則として明文で規定を設けたものである（解除の545条1項と同旨）。原状回復義務の内容は，現物返還が可能である場合については現物返還，不可能な場合には価額の償還である。

ここで，返還する物が金銭以外のものである場合，受領後返還のときまでに生じた果実・使用利益をあわせて返還するか，金銭である場合その間の利息をあわせて返還するかについては規定がない。解釈に任されているが，果実・使用利益についてはその全部が返還の対象となり，金銭については法定利息相当額が返還されることが原則と考えるべきであろう。給付された物ないし金銭が給付者の下にそのままあったとすれば得られたはずの利益（果実・使用利益・利息）をあわせて返還しなければ，給付がなされなかったと同様の状態（原状）に回復させたとはいえないからである。なお，詐欺・強迫取消しにおける被害者については，正義の観点から果実等の返還義務を負わせるべきではないとの議論がある。

(b)　無償行為に基づき善意で給付を受けた者　　上記と異なり，無償行為に基づく債務の履行として給付を受けた者（たとえば，受贈者など）は，給付を受けた当時その行為が無効であることを知らなかったときは，その行為によって現に利益を受けている限度において，返還の義務を負う（121条の2第2項）。なお，給付を受けた後に取消しがなされた場合，行為は121条で遡及的に無効となるが，善意かどうかは給付を受けた当時その行為が取消可能であることを知っていたかどうかで判断される（同条2項括弧書）。本条項の趣旨は，無償行為の場合，法律行為が無効または取消可能であることを知らない（善意）で給付を受け取った者の返還義務の範囲を現受利益（現存利益）にすることでその者を保護することである。

なぜ，かかる保護をするのか。それは，善意の者は，給付物が自分のものになったと思い，それを消費したり，処分したり，場合によっては壊すなどのことを自由に行うので，果実を含めた原状回復を求めると，給付を受領した者の信頼に反し，不測の損害を与えることになってしまうからである。なお，有償行為の場合には，無効あるいは取消原因につき善意であっても公平の観点からこのような保護は与えられない。

(c)　意思無能力者・制限行為能力者の場合　　行為の時に意思能力を有しなかった者，および，制限行為能力者であった者についても，返還義務の範囲が現受利益に限定されている（121条の2第3項）。財産管理能力が不十分である者について，無効，取消しによる保護を与えるだけではなく，無効となった後の返還義務の範囲についても保護を与える趣旨である。

(d)　同時履行の関係　　契約上の債務の履行として双方が給付をしている場合には，双方の原状回復義務が対立するが，それは同時履行の関係に立つのか。解除の場合については，同時履行とする規定がある（546条）。最高裁昭和28年6月16日判決（民集7巻6号629頁）は未成年者の取消し・原状回復請求につき，最高裁昭和47年9月7日判決（民集26巻7号1327頁）は第三者詐欺を理由とする取消し・原状回復請求につき，それぞれ相手方の同時履行の抗弁を認めた。ただ，学説では，詐欺の場合には，詐欺をした者が被害者に対して同時履行を主張しうるとするのはフェアではないとする考えが有力である。

2　無　効

(1)　無効の意義　　無効となる法律行為はすべて法律に規定されている（3条の2・90条・91条・93条・94条など。1(1)を参照)。無効は，取消しのような意思表示を要せず，最初から，当然に無効であり，当事者に限らず誰からでも無効を主張でき，誰に対してもそれを援用することができる。また，その主張，援用には時間的な制約がない（126条参照)。さらに，追認の意思表示により無効な法律行為を（遡及的に）有効にすることはできない（119条)。ただし，当事者がその行為の無効であることを知って追認したときは，その時点で新たな行為をしたものとみなしている（同条但書）。行為を追認時点から有効とする意味であるが，無効とされた行為の性質によっては（たとえば，公序良俗違反），但書の適用は許されない。

以上の無効の原型に対しては例外がある。①意思能力を有しない状態でなされた意思表示（法律行為）の無効については表示者本人保護の趣旨であるので，誰からでも無効を主張できるわけではなく，意思表示者（ないしその代理人）のみが無効を主張できると解される（相対的無効）。②誰に対しても無効を主張できるという点については，93条2項，94条2項が例外を定めている（善意の第三者には無効を主張できない）。③期間無制限の点については，長期間経過後の無効主張が信義則の適用により抑えられることもありうるというべきであろう。

また，④無権代理行為が無効という場合の無効はやや特殊であり，代理行為が「本人に対してその効力を生じない」とされるにとどまるので，本人の追認（代理権の事後的な追完の意味がある）により本人に効果帰属（しかも遡及的な）が認められることになる（113条1項・116条）。⑤なお，非権利者の処分行為は無効であるが，判例によると，これについても同様に遡及的な追認（追完）が認められる（最判昭37・8・10民集16巻8号1700頁）。

(2)　一部の無効と契約全体の無効　　(ア)　契約の一部無効　契約の一部が無効とされる場合，無効は当該一部にとどまり残余の契約はなお存続しうるのか，契約全体が無効となるのかという問題がある。たとえば，借地権の存続期間を20年とする土地の賃貸借契約は，存続期間の定めが借地借家法3条に反する特約で借地人に不利なものであるから，当該特約は無効である（借地借家9条)。この場合，賃貸目的物，賃料など主要な内容が決められているので契約全体を無効とすることはなく，存続期間についての定めのみが無効となると考える（その部分の取決めがないものと扱い，法定の30年が存続期間となる（借地借家3条))。このように，原則としては，契約の一部の無効によって残部の契約の効力が影響を受けることはないというべきであろう。

他方，無効である契約の一部が他の契約部分と密接不可分の関係にある場合，契約全体の無効を導く場合がある。前に引用した最高裁昭和30年10月7日判決（Ⅳ4(3)(ウ)参照）は，娘を酌婦として強制的に働かせる契約部分と親の前借金契約部分とが密接不可分の関係にあり，前者が公序良俗に反し無効であるのでその契約全体が無効であるとした。

契約の一部の無効が残余部分の無効も導くかどうかは個別の契約において判断されることになるが，その基準として，この判例が，密接に関連して互いに不可分の関係にある，と述べているのは参考になる。学説では，一部無効となる契約部分の全体に対する重要性，残部のみでは当事者がその法律行為をしなかったと認められるかどうかなどを勘案して決定することになるとする議論がある。

(イ)　契約の一部条項の一部無効　　利息制限法1条の制限を超過する利息の合意のように，利息の合意そのものが無効となるのではなく，制限超過部分についてのみ無効とする場合もある（他に，278条1項・360条1項・580条1項・604条1項，消費契約9条，借地借家29条2項)。

(3)　無効行為の転換　　ある法律行為が無効とされる場合において，他の法律行為としての要件を満たす場合に，後者の法律行為として有効とすることを無効行為の転換という。この転換が認められるためには，第一に，転換される法律行為の要件を満たすことが必要である。第二に，無効な行為と転換される行為とが，実質的に同じ目的を有しており，転換される行為として有効とすることが，行為者の意思にもかなっていることが必要である。そこで，転換される他の法律行為が遺言のような要式行為である場合には，その要式が満たされることが必要である（971条は方式に欠ける秘密証書遺言につき，自筆証書遺言の方式を満たしている場合は，自筆証書遺言として有効とする）。

もっとも，判例では，要式が満たされない事例でも，無効行為の転換を認めたものもある。嫡出でない子につき，父から，これを嫡出子とするまたは嫡出でない子とする出生届がなされた場合，届出どおりの効力は本来生じない（無効）が，右各出生届が戸籍事務管掌者によって受理されたときは，その各届は，認知届（781条）としての効力を有するとされたものがその例である（最判昭53・2・24民集32巻1号110頁）。出生届は自己の子であることを承認し，その旨を申告する意思の表示であるからというのがその理由である。

しかし，判例は，出生直後の他人の子を自己の嫡出子とする届出（無効）に，養子縁組（藁の上の養子）としての効力を認めない（最判昭50・4・8民集29巻4号401頁参照）。養子縁組の届出が要式行為であること（799条）が理由である。同様に，養子とするつもりで事実に反する認知届をしても，これを養子縁組届として有効とすることはできない（最判昭54・11・2判時955号56頁）。

(4)　無効の効果　　(ア)　効力を生じない　　無効な行為は効力を生じず，権利義務関係は発生しない（119条本文）。その行為に基づいて債務の履行として給付がなされていた場合は原状回復の問題が生ずる（1(3)参照）。

(イ)　無効の主張と第三者保護　　無効は第三者に対しても主張できる。しかし，心裡留保の意思表示が無効である場合，および，通謀虚偽表示の無効については，その無効を善意の第三者に対抗することができない（93条2項・94条2項）。

無効の法律行為を起点として第三者が物を取得している場合において，物が動産であれば第三者はその物を即時取得することがある（192条）。また，不動産の場合，94条2項類推適用法理による第三者保護が問題となりうる（ただし，90条による無効の場合，第三者保護は認められない）。

3　取消し

(1)　取消しの意義　　何が取消可能な法律行為かはすべて法律に規定されている（5条2項・9条・13条4項・17条4項・95条・96条1項など。**1**(1)を参照）。なされた法律行為は一応有効であり，その後，取消権者（120条）が，一定の期間内（126条）に取り消すことにより（123条），遡及的に無効とされる（121条）。他方，取り消さず追認により確定的に有効とすることもできる（122条）。

★　(2)　取消し　　(ア)　取消権者　　(a)　**制限行為能力における取消し**　　制限行為能力者またはその法定代理人，承継人もしくは同意をすることができる者に限り，取り消すことができる（120条1項）。制限行為能力者自身が取り消した場合，法的安定性のためその取消しの意思表示を再度取り消すことはできない。なお，同項の括弧書では，制限行為能力者Bが他の制限行為能力者Aの法定代理人としてした行為にあっては，（行為したB，その保護者の他），当該制限行為能力者Aも取消権を有する（くわしくは，第5章Ⅲ**4**(2)の叙述を参照のこと）。

承継人とは，相続人のように制限行為能力者の地位を承継した者をいう。同意権者もまた取消権者である。保佐人または補助人の同意が必要とされる行為について，その同意を得ないまま被保佐人，被補助人により法律行為がなされた場合，その法律行為は取り消しうるが（13条4項・17条4項），当該被保佐人，被補助人のみならず，その同意権者（保佐人，補助人）にもまた取消権が与えられている。それらの行為について同意が必要とされている趣旨を貫徹するため同意権者にも取消権が与えられている。なお，同意権者が取り消した場合，給付の原状回復については問題が残る。同意権者には代理権がないので，行為者本人が原状回復を行う必要がある。

(b)　錯誤，詐欺または強迫における取消し　　取消権者は，瑕疵ある意思表示をした者またはその代理人もしくは承継人である（120条2項）。

(イ)　取消しの方法　　取消しは，取り消すことができる行為の相手方が確定している場合にはその相手方に対する意思表示によってする。追認も同様である（123条）。

(3)　取消しの効果　　(ア)　遡及的無効　　取り消された行為ははじめから無効であったものとみなされる（121条）。その行為に基づいて債務の履行として給付がなされていた場合は原状回復の問題が生ずる（1(3)(イ)参照）。

(イ)　取消しと第三者保護　　(a)　保護の必要性　　取消しによる法律行為の遡及的無効は相手方からの転得者など第三者に対しても主張できる。しかし，返還を求められた第三者は，前主の法律行為につき取消原因が付着していたことを知ることが困難であるので，その保護が必要である。

(b)　取消前の第三者　　そこで，95条4項，96条3項は，錯誤，詐欺による意思表示の取消しは「善意でかつ過失がない第三者に対抗することができない」としている。なお，これらの規定の趣旨は取消しの遡及的無効から第三者を保護するものだから，第三者とは取消前の第三者に限られる。

他方，制限行為能力を理由とする取消し，強迫取消しにあっては，第三者保護の規定がない。制限行為能力者の保護，強迫により意思表示をさせられた者の保護を貫徹する趣旨である。もっとも，これらの場合であっても動産の即時取得の規定（192条）の適用はあると考えられる。不動産の場合，94条2項類推適用による保護は，制限行為能力者，被強迫者に帰責性が認められないので，与えられない。

(c)　取消後の第三者　　A・B間でなされた不動産の売買契約が取り消されたが，原状回復前に第三者Cに転売された場合のA・C間の関係である。判例は，177条の対抗問題という枠組みで第三者保護を図っている（大判昭17・9・30民集21巻911頁）。学説の有力説は，善意の第三者保護が目的であるから94条2項の類推適用によるべきであるとする。なお，転得物が動産である場合，Cは192条の即時取得を主張できる（盗品遺失物の例外（193条）には該当しない）。

(4)　追認　　(ア)　意義　　取消権者（120条）は，取り消すことができる行為につき追認することができ，追認がなされると以後は取り消すことができず，行為は有効に確定する（122条）。

(イ)　追認の要件　　取り消すことができる行為を有効に確定させるわけであるから，追認が効力をもつためには，一定の要件をクリアしなければならない。

(a)　第一に取消しの原因となっていた状況が消滅し，第二に取消権を有することを知った後にしなければ，その効力を生じない（124条1項）。第一については，制限行為能力者であれば能力者になった後の追認が必要であり，錯誤，詐欺，強迫取消しの場合には錯誤，詐欺，強迫の状態を脱した後の追認であることが必要となる。第二については，追認は取消権の放棄であるので，取消権を有していることを知った上で追認をする必要がある。

(b) ただし，以下の場合においては，取消しの原因となっていた状況が消滅した後である必要はなく，いつでも追認することができる。第一に，法定代理人，または制限行為能力者の保佐人もしくは補助人が追認をするときである（124条2項1号）。これらの者は，制限行為能力者の行為につき代理権，同意権があり，それによって行為を有効とすることができるので，取消しの原因となる状況が残っていても追認をするにつき何ら問題はないからである。第二に，制限行為能力者（成年被後見人を除く）が，法定代理人，保佐人，または補助人の同意を得て，追認をするときである（同項2号）。これらの制限行為能力者（成年被後見人を除く）は，もともと列挙の者の同意を得て有効な法律行為をすることができるから，同意を得れば追認を有効になしうる。

(ウ) 法定追認　追認することができる時以後に，取り消すことができる行為について，次に掲げる事実があったときは，追認をしたものとみなされる（125条本文）。すなわち，①全部または一部の履行，②履行の請求，③更改，④担保の供与，⑤取り消すことができる行為によって取得した権利の全部または一部の譲渡，⑥強制執行（債権者として自ら強制執行する場合）である。これらはいずれも法律行為が有効であることを前提とした行為であり，追認をすることができる時点以後にこれらの行為がなされれば，取消しの相手方からみて黙示の追認（取消権の放棄）がなされたとみてもよい事情といえる。そこで，このような行為があれば，法は，追認があったとみなすこととした。もはや取り消されないとの相手方の信頼を重視しており，取消権者が，実際は取り消すことができる行為であったことを知らずにかかる行為をした場合でも，この追認擬制が働く。追認が擬制されるので，追認可能時以降に列挙の事実があったと認定されれば反証は許されない。

ただし，これらの行為に際して異議をとどめたとき，すなわち取消権の行使を留保したときは，追認擬制は働かない（同条但書）。

⑸　取消権行使の期間制限　　㈠　意義　　取消権は，追認をすることができる時から5年間行使しないときは，時効によって消滅する。また，行為の時から20年を経過したときも同様である（126条）。取消しにより遡及的に無効となるとの不確定な状態をいつまでも続けることは相手方および第三者の立場を考慮すると適当ではないので，取消権の行使につき期間制限を設け，この期間が経過すると取消しはできないこととしたのである。

㈡　起算点　　5年の短期期間制限における，「追認をすることができる時」については，124条の箇所で説明したとおりである（⑷㈡参照）。制限行為能力者の意思表示の取消しの場合には，その本人と法定代理人とでは，時効の進行開始時点（期間の満了時点）が異なることとなる。制限行為能力者については能力者となった後かつ取消権を有することを知った後，または法定代理人，保佐人，補助人から追認の同意を得た時であり，法定代理人については，制限行為能力者が意思表示をしたこと（取消権を有すること）を知った時である。そこで，5年の経過により法定代理人は当該行為につき取消権を行使できないが，制限行為能力者については5年が未経過で期間制限にかかっていないということが生ずる。ここでは制限行為能力者はなお取消権を行使できると考えてよいのであろうか。当該行為についてみれば取消権行使のための時間的猶予は十分に与えられたので，否定されるべきではないか。

20年の長期の期間制限は行為の時から起算される。

(ウ)　期間の性質　　これらの期間が消滅時効期間か除斥期間かが議論される。判例は，いずれの期間についても時効期間という。これに対して学説では，取消権は形成権であり，行使すると直ちにその効果（遡及的無効）が生じ時効における完成猶予という概念にはなじまないので，除斥期間と考えるべきであるという。

Ⅵ　条件・期限

1　序　説

法律行為の当事者は，その効力を直ちに発生せしめるのが通常であるが，将来一定の事実が発生した場合に，法律行為の効力を発生・消滅させようとすることがある。たとえば入学試験に合格したら奨学金を給付するとか，一定以上の成績が達成できなければ給付を打ち切るとか，今年の末日までに借りた金銭債務を支払うといったものである。試験の合格や一定以上の成績達成のように，将来発生することが不確実な事実の発生に法律行為の効力の発生・消滅を係らしめるもの（特約）を条件と呼び，今年の末日といったように将来発生することが確実な事実の発生に法律行為の効果の発生・消滅あるいは履行の請求を可能とすることを係らしめるもの（特約）を期限と呼ぶ。

条件と期限は，将来事実の発生・到来が確実であるかどうかで分けられるが，事案によってはいずれであるかが微妙な場合もある。「債務ハ出世ナル事実ノ到来ニ依リ弁済ヲ要スル」ということで金を借りた事例で，大審院大正4年3月24日判決（民録21輯439頁）は，契約の趣旨は，出世という事実が到来するまで債務の履行を猶予するという不確定期限を定めたものであり，出世しなかったら支払わなくてよいという条件ではないとした。

2　条　件

⑴　停止条件と解除条件　　条件には，停止条件と解除条件とがある。条件が成就した時から法律行為の効力が生ずるものを（効力発生が停止されていたゆえに）停止条件といい（合格したら奨学金を給付するという事例（127条1項）），現在法律行為の効力が生じているものについて条件が成就した時からその効力を消滅させるものを解除条件と呼ぶ（一定以上の成績が達成できないと奨学金を打ち切るという事例（127条2項））。

条件は，効力の発生・消滅を係らしめる事実が将来発生するか否かが不確実なものをいうが，すでに発生しているか否か調査をすればわかる場合にも条件とすることができないわけではない。131条はその場合について規定するが（既成条件と呼ぶ），実際上はあまり意味がない（条件成就が確定している場合，停止条件であれば法律行為は無条件，解除条件であれば無効，不成就が確定している場合，停止条件であれば法律行為は無効，解除条件であれば無条件と扱われる）。

⑵　条件に親しまない法律行為　　法律行為の効力の発生・消滅を条件に係らしめることは，当事者の合意で自由にできるのが原則である。しかし，条件を付けることが，許されない場合がある。第一に，婚姻や縁組のような身分行為については，条件を付けることにより，身分を不安定にし（K大学に合格できたら養子縁組をする，など），また，公序良俗に反する（妻と離婚できたら君と結婚する，など）ため許されない。

第二に，条件を付けることにより相手方の地位を不安定にする場合には許されない。たとえば，解除とか相殺の意思表示のような単独行為については条件を付けることはできない（相殺につき

506条1項後段)。ただし，解除については，弁済がなされないときは解除するというように相手方の行為に係らしめるのであれば許される。

(3) 不法条件，不能条件，随意条件　不法の条件（不法条件）を付した法律行為は無効である（132条前段)。妻を殺してくれたら生命保険金の半分をやるなどという贈与契約は公序良俗に反するからである。不法行為をしないことを条件とする法律行為も同様である（132条後段)。一定の期間内にある人を殺さないでいてくれたならば，200万円を給付するなどという契約である（条件が成就したとしても金銭の支払を請求することはできない)。

条件が成就する可能性がないものである場合（不能条件と呼ぶ）には，停止条件では効力を生ずることはないから無効であり，解除条件では失効することはないから無条件となる（133条)。

停止条件であってその条件が単に債務者の意思のみに係るもの（随意条件）である場合，法律行為は無効である（134条)。契約の拘束性に疑問があるからである。

(4) 条件成就・不成就の擬制　(ア) 故意による条件成就妨害　条件が成就することによって不利益を受ける当事者が故意にその条件の成就を妨げたときは，相手方は，その条件が成就したものとみなすことができる（130条1項)。信義に反する行為により条件成就を妨げた者は，不成就の利益を得てはならないという趣旨である。最高裁昭和45年10月22日判決（民集24巻11号1599頁）は，不動産仲介業者Aの仲介により売買契約が成立したら報酬を支払うとの停止条件付契約において，依頼者（買受人）Bが，Aを途中で排除してAにより紹介された者Cと直接契約を締結した（仲介外し）事案で，Bは，Aの仲介によって間もなく買受契約の成立に至るべきことを熟知して故意にその仲介による契約の成立を妨げたものというべきであるとして，本条を適用し，条件成就とみなして，AのBに対する約定報酬の請求を認めた。

(イ)　不正に条件成就　　条件が成就することによって利益を受ける当事者が不正にその条件を成就させたときは，相手方は，その条件が成就しなかったものとみなすことができる（130条2項）。不正に，つまり信義に反する行為によって条件を成就させた者は，条件成就による利益を得てはならないという趣旨である。最高裁平成6年5月31日判決（民集48巻4号1029頁）が，合意条項への違反行為があればAはBに違約金を支払うとの和解があるところ，Aがそれに違反したとして責任を追及された事案で，この和解条項に違反する行為をするようBが積極的に誘引したとの事情を指摘して，条件成就により利益を受けるBが不正に条件を成就させたものとし，条件不成就とみなしてAに対する賠償請求を棄却したのは，この趣旨である。

(5)　条件付法律行為と期待権　　条件付法律行為の条件の成否が未定である間も，条件成就により利益を受ける当事者は現在の時点で一定の利益（期待権）をもっており，それは法的な保護に値するといえる。そこで，民法はこの期待権を保護するため，第一に，条件成就によりその法律行為から生ずべき相手方の利益を侵害することを禁止している（128条）。違反は損害賠償の問題となる。第二に，条件の成否未定の場合も，この期待権は，一般の規定に従って，処分し，相続し，もしくは保存し，またはそのために担保を供することができる（129条），とされる。たとえば，BがAに対して債務の弁済ができなければB所有の甲不動産でもって代物弁済をする（停止条件付代物弁済契約）という合意の場合，期待権（将来弁済がなければ甲不動産の所有権を取得できる）を保存する例として，Aが不動産登記簿に期待権を仮登記すること，また，処分の例として，それを被担保債権とともに他へ譲渡すること，などを考えることができる。

3　期　限

⑴　はじめに　　期限とは，法律行為の効力の発生・消滅，履行の請求を可能とすることを，将来発生することの確実な事実の発生に係らしめる旨の法律行為の特約をいう。期限については，確定した期限（たとえば，今年の末日）と不確定な期限（たとえば，人の死亡）とがありうる。

⑵　始期と終期　　135条1項は，法律行為に始期を付したときは，その法律行為の履行は，期限が到来するまではこれを請求することができないとしている。これは，（法律行為の効力はすでに生じているが）その履行請求が可能となる始期（請求始期）を定めた規定と読むことができる。条件の場合における停止条件と同様に，期限について停止期限（効力始期）を観念することができるが（たとえば，この契約は○月×日をもって効力を開始する），民法には規定が置かれていない。

135条2項は，法律行為に終期を付したときは，その法律行為の効力は，期限が到来したときに消滅する，としている。これは，たとえば，ある人の死亡まで月々○○円を支給するという贈与契約を例にとれば，贈与契約の効力の消滅を定めた特約ということになる。

⑶　**期限の利益**　　期限が到来しないことにより当事者の受ける利益を，期限の利益という。たとえば，3月末に貸金債務を支払うという場合，これは貸金の返済期限であって債務者は3月末日の到来まで支払わなくてよいという意味であるから，期限は債務者の利益のためであるといってよい。そこで，136条1項は， ★

期限は債務者の利益のために定めたものと推定した。

ただし，期限の利益を有する者はこれを放棄できる。たとえば，上の例で，3月末という期限の利益を放棄して，2月末に支払うことも許される。もっとも，期限があることにつき相手方にも利益がある場合，期限の利益を（一方的に）放棄することでその相手方の利益を害することは許されない（136条2項）。そこで，具体的には，放棄により相手方に生ずる損害を賠償することによりはじめて期限の利益を放棄することができると考えるべきである。たとえば，期限までの間の利息を支払うという約定がある貸金債権であれば，相手方には満期までの利息を取得できるという利益があるのだから，借主が期限の利益を放棄して期限の前に弁済するという場合，満期までの利息相当額（損害）を支払う必要があることになる。

★　**(4)　期限の利益の喪失**　債務者は期限の利益を有しているが，その債務者に期限の利益を与えておくことが許されないような事情が生じた場合，すなわち信用を失わせるような事情や行為があった場合には，債務者は期限の利益を主張することができず，期限の利益を失う（137条）。137条は，期限の利益喪失事由として，①債務者が破産手続開始の決定を受けたとき，②債務者が担保を滅失・損傷または減少させたとき，③担保提供義務を負っているにもかかわらずそれを供しないとき，をあげている。実際の取引では，当事者間の特約により，上記のものよりも期限の利益喪失事由が拡大されている（期限の利益喪失条項）。たとえば，金融機関がその取引先（債務者）との間で取り交わす約定（銀行取引約定書）をみると，債務者につき支払の停止，破産・民事再生手続などの開始の申立てがあったときなどは，期限の利益を当然喪失し，債務の一部の履行遅滞，担保の目的物について差押え，または競売

Sシリーズ
『民法Ⅰ——総則〔第4版〕』補遺

2020年5月
ISBN 15949-5

2019（令元）年5月に成立し，公布された「民事執行法及び国際的な子の奪取の民事上の側面に関する条約の実施に関する法律の一部を改正する法律」（令元法2号）により民事執行法の改正がなされ，また上記一部改正法附則9条により民法148条1項4号の改正がなされた（施行日はともに2020（令2）年4月1日）。

それに伴い，関連する本書の記述を下記のように改める。

270頁　表7「完成猶予事由」のうち最右列の2か所（上から7番目，8番目）を以下のように修正する（変更箇所に下線を引く）。

民執195条の競売（1項3号）
　→形式的競売（1項3号）

財産開示手続（1項4号）
　→財産開示手続・第三者からの情報取得手続（1項4号）

274頁1〜7行目を以下のように修正する（主な変更箇所に下線を引く）。

(iii)　形式的競売（1項3号）　　留置権による競売および民法，商法その他の法律の規定による換価のための競売である（民執195条）。

(iv)　財産開示手続・第三者からの情報取得手続（1項4号）　財産開示手続とは，債務者を裁判所に呼び出して申立人にその財産を開示させる手続であり（民執196条以下），第三者からの情報取得手続とは，登記所や金融機関などの第三者から債務者の土地・建物や預貯金債権等の情報を得る手続である（民執204条以下）。いずれも，債務名義（民執22条）を有する金銭債権の債権者または一般の先取特権（民306条）を有する金銭債権の債権者の申立てによる，金銭執行の実効性を確保するための制度である。

手続の開始があったときなどでは，債権者の請求により期限の利益を喪失するとしている。期限の利益を喪失すると，当然残債務の全額につき弁済期が到来し，直ちに債務を弁済する義務が生じ，その履行遅滞の責任が生じる。また，債務についての消滅時効が進行を始める。

第5章　代　　理

Ⅰ　序　説

1　代理とは何か，代理の存在理由（機能）

(1)　代理という法技術　　A（人・法人）が所有している不動産を他へ売却する，あるいはそれを担保に銀行から金銭を借りる，または他の者に賃貸するなどの法律行為（契約など）は，その効果を直接引き受けることのできる権利者A自らがこれをするのが私的自治の基本的な形態である。しかし，本章で取り上げる代理制度は，そのような仕組みに対して次のような例外的なあり方を可能とするものである。すなわち，所有者A（本人）が，上のような契約を自分に代わって締結することを他の者B（代理人）に代理権を授与するとともに委託し（委任契約などによる），BがAのために相手方Cとの間で契約を締結（代理行為）したならば，その法的な効果はすべて直接に権利者本人たるAに帰属する（要するにAがCとの契約の当事者たる地位を直接取得する）というものである。このように代理制度は，実際に契約締結のための行為をなす者Bと，契約の効果が帰属する者Aとが異なることを例外的に可能とする法技術の一つである。

代理とは以上のように，代理人の代理行為による法的効果の帰属点を本人にするための外部的仕組みを定めた法制度であるから，本人と代理人との内部関係――たとえば任意代理における委任契約――と対比して，その規律する側面が異なる。

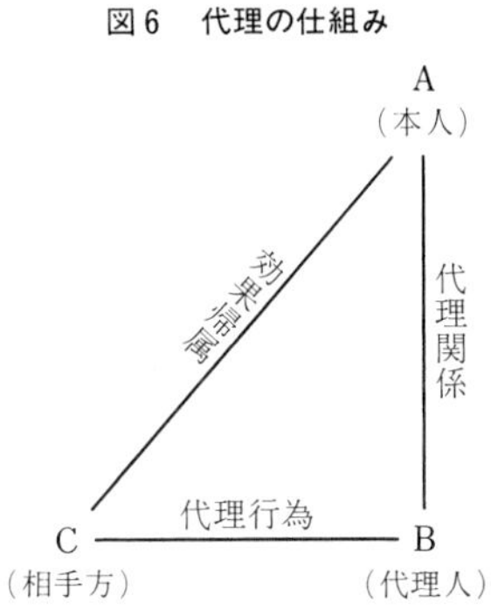

図6　代理の仕組み

(2)　代理制度の必要な理由（制度の果たす機能）　代理制度を必要とする社会的・経済的背景は，①財産的な取引の拡大などにより，法主体Aが自己の財産にかかわるすべての行為を自らなすことができない場合が生じ，代理人により契約をしてもらわざるを得ない，あるいは代理人の専門的知識などを利用し積極的に活動の範囲を拡大していくという状況がでてきたこと，②自己の行為により完全に有効な法律関係を形成していくことができない未成年者，成年被後見人などの制限行為能力者のためには代理という法形式が不可欠である，ということである。これを取引の主体Aからみると，①ではその私的自治の拡大という面に，②ではその私的自治の補充という面に，代理制度が役立つということになる。

(3)　任意代理と法定代理　上記(2)の①を任意代理，②を法定代理という。前者は，本人の信任を得た委託による代理であり，後者はそれ以外のもの，たとえば制限行為能力者の代理あるいは不在者の財産管理人のように法の規定に基づき代理人が選任されるなどの場合とされる。民法では，任意代理と法定代理の区別は，復代理人の選任について（104条・105条）のほか，代理行為の瑕疵の判定（101条3項），代理権の消滅（111条）において一定の意味をもたされているが，さらに，たとえば表見代理規定の適用の有無においてもこの区別が重要である。

2　代理行為の効果が本人に帰属するための要件

代理人がなした代理行為の効果が本人に帰属するために必要とされる基本的な要件は，条文上次の二つとされている（99条1項）。第一は，代理人に有効な代理権が存在すること，第二は，代理人が代理権の範囲内で，本人のためにすることを示して（顕名），意思表示をすることである。前者は，本人と代理人との間に特別の関係（代理関係）が存在する必要を代理人の資格という側面から規定したものであり，後者は，相手方に対する関係において，この行為が相手方と代理人個人との間になされるものではなく，別に存在する本人を当事者としてなされるものであることを知らせる意味をもつものである。

第一の要件が欠け，代理人が代理権をもたないで代理行為をした場合には，いわゆる無権代理となり，原則として本人に効果は帰属しない。ただ，例外的に，表見代理の成立が認められ，本人は正常な代理権があったと同様な責任を負わされることがある。第二の要件が満たされない場合は，代理人を当事者とする契約が成立するとみなされる（100条）。

3　代理の法律構成

代理人がした行為の効果がなぜ本人に帰属するのか（他人効）の根拠づけの議論が古くからある。しかし，上にみたように法典上それは解決をみているので（99条1項），実際上の見地からはあらためてこれを論ずる必要はあまりない。この問題は，代理において法律行為をしている者は代理人であるとみるのか（代理人行為説），本人であるとみるのか（本人行為説），またはその双方が共同でしているとみるのか（共同行為説）という議論と密接に関連している。本人の形成した効果意思が代理人により表示されるなどとみる後二者の考えでは，本人に効果が帰属するとの説明は容易である。他方，代理人が効果意思を決定・表示し，その法律効果が本人に帰属するとみる代理人行為説では，代理人において本人に効果を帰せしめる意思（顕名による代理意思）があり法がそれを承認しているから，本人に効果が帰属すると説明することになる（本人への効果帰属につき任意代理と法定代理とを同じ法律構成で根拠づけることができるため，これが通説となった）。

4 代理と区別される制度との比較

類似した制度と比較することで，代理制度の意義をより正確に理解することができる。

(1) **代理と使者** 本人がすでに固めた効果意思（たとえば所有不動産を1000万円で売却するとの意思）を相手方に伝えるのに，①使用人に口上をもって表示させる（表示機関），②完成した表示を書いた手紙を持参させる（伝達機関）などが使者の典型例である。法典には規定がないが，使者の場合は効果意思を決定するのはその効果帰属者たる本人であり，使者は単にそれを表示ないし伝達するにすぎず，効果意思を代理人が決定する代理とはその点で異なるとされる。 ★

そこで，任意代理と使者とを比較すると次のような法的処理の相違がでてくる。①任意代理では，代理人の行為能力は不要とされるが（102条本文），少なくとも意思能力は必要とされる。他方，本人の行為能力は原則として問われず，それは代理権授与が有効かどうかに関わることになる。これに対し，使者においてはその意思能力も必要でなく，本人に行為能力が必要とされる。②意思表示の効力に影響を及ぼすべき錯誤，詐欺・強迫などの事情の存否は，任意代理では原則として代理人を基準にこれを決するが

（101条1項2項），使者においては本人を基準に決する。③表示機関たる使者の場合に問題となるが，先の例で使者が1000万円と伝えるべきところ700万円と表示することにより，本人の効果意思の内容が誤って相手方に伝わったときは，本人の表示上の錯誤（95条）として処理されることになる。他方，任意代理人が700万円と意思表示した場合には，110条の表見代理の成立の余地がある。

(2) 間接代理　　間接代理（取次）の典型例は商法上の問屋（といや）である。問屋Bは他人（委託者）Aの計算で（Aに経済的利益が帰属することを目的として）物品の販売または買入れをなすが，しかし売買契約はBの名前でする（商551条）。したがって，売買契約の効果は間接代理人Bと相手方Cとの間に生ずることになるから，行為の効果が直接本人に帰属する代理とはその点で相違があるといえる。

(3) 処分授権　　処分授権とは，たとえば，Aが自己所有の物につき，他人Bに対しBの名前で処分する権限を与えることである。この処分授権に基づきBが第三者Cとの間でAの所有物の処分をすれば，所有権移転の効果はAにつき生じ，所有権はAから直接Cに移転するとされるのである。この処分授権の概念は，学説上承認されており，判例（最判昭37・8・10民集16巻8号1700頁など）でも，非権利者Bが他人A所有の物を勝手にCに譲渡し（これは他人物売買（561条）でありBはAから所有権を取得してこれをCに移転する義務を負うところ），Aが後にこの処分を追認した場合について，これを事後的な処分権の付与として処分授権概念を承認している（この場合，所有権は直接AからCに移転する）。この処分授権概念と代理とは，行為者以外の者に法的効果が帰属する点で共通する面がある（ただし，物権的効果のみ帰属）。しかし，代理では本人の名前で意思表示がなされるのに対し，処分授権においては行為者自身の名前で行為される点に相違があるといえる。

5 代理の許される範囲

代理はその趣旨からして財産的取引行為において意味ある制度であって，本人の意思が重要視される身分的な行為（婚姻，認知など）は代理に親しまない行為とされる（ただし，797条の代諾養子縁組は例外である）。

II 代 理 権

代理人による代理行為の効果が本人に帰属するための要件として，まず，代理人にその行為に対応する代理権が存在することが必要である（「代理人がその権限内において」（99条1項））。以下では，いかなる原因により代理権が発生し，その範囲はどのようにして決まるか，また，いかなる理由で消滅するかなどについて述べる。

1 代理権の発生原因

代理権の発生原因は，任意代理の場合と法定代理の場合とで異なる。

(1) 任意代理の場合　(ア) 代理権授与行為　任意代理では代理権は本人の代理権授与の意思表示（「代理権授与行為」と呼ぶ）により代理人に発生する。書面などの方式は求められていないから口頭によるものでも足りる。また，一定の場合（たとえば，同居の家族で本人の事業を手伝っている場合など）には黙示的に代理権の授与があったと判断されることもある。もっとも，社会一般にはいわゆる「委任状」と呼ばれる書面により代理権が授与されるのが

〔委任状のモデル〕

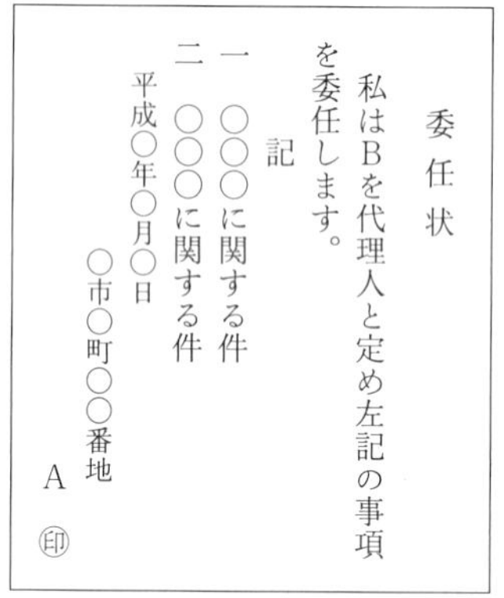
委任状

私はBを代理人と定め左記の事項を委任します。

記

一　○○○に関する件
二　○○○に関する件

平成○年○月○日

○市○町○○番地

A　㊞

通常である。代理人は，代理行為をなすに際して，この書面を提示して相手方に自分の代理権を証明する。

★　(イ)　**代理権授与行為の法的性質**　(a)　問題の所在　　任意代理権を発生させるため「代理権授与行為」という独立の行為が必要かについては議論がある。任意代理においては，本人Aと代理人Bとの間に内部関係として委任，請負などの一定の事務処理を委託する契約が存在する。代理権は，それら契約から生ずる受任者としての対外的事務処理義務を遂行する（BがAを代理してCと売買契約を締結しその効果をAに帰属させる）ために必要不可欠のものとして授与される。そこで，考え方として，①事務処理契約に基づいて事務処理の義務が生ずると同時に，対外的行為のための代理権も発生するというもの，②事務処理契約と別個に代理権授与行為がなされたと観念する必要があるというもの，がある。

(b)　委任と代理権授与行為　　「委任による代理」（104条・111条2項）という条文文言からもわかるように，立法当初は，「委任」契約から直接，代理権が発生すると考えられていた（上記①の考え方)。しかし，学説ではその後今日まで，代理（対外関係）と委任などの契約（内部関係）との制度的な峻別から，代理権の発生には独自の「代理権授与行為」が必要であるとするもの（上記②の考え方）が多数である。委任などの債権的契約からは，契約当事者間の内部的な債権債務関係が生ずるのみであり（643条以下など参照)，代理権を発生させることはできないというのである。

概念整理の意味から，委任と代理の構造上の区別に応じて，代理権の発生のために，委任などの契約と一体をなしつつなお独自の代理権授与行為が同時になされているものと考えるべきであろう。

このような理解からすると，この代理権授与行為は，本人・代理人間の契約（一種の「無名契約」）と見ることができよう。

(ウ) 任意後見契約に基づく代理権授与　判断能力の不十分な成年者を保護する成年後見制度のなかに，法定後見と並んで任意後見の制度がある（「任意後見契約に関する法律」（平成11年法150))。高齢等により将来財産管理能力が不十分となる事態に備えて，あらかじめ，ある者（任意後見受任者）と任意後見契約を結んでおくというものである（同法2条1号。公正証書という方式を要する（同法3条))。その後，本人，配偶者等の請求に基づき家庭裁判所が本人の事理弁識能力が不十分な状況にあると判断して後見監督人を選任すれば，その任意後見契約の効力が生じる（以後，この受任者は「任意後見人」として活動することになる（同法2条4号))。これは任意代理の一態様であるが，第一に，契約に方式を必要とする点，第二に，本人の事理弁識能力が不十分であるので代理人が家庭裁判所の監督に服する点（後見監督人の選任等）など，任意代理としては特殊なものである。

⑵ 法定代理の場合　法定代理においては，代理権は法律の規定に従い発生する。まず，未成年者は父母の親権に服し（民818条1項），この親権者には民法824条により代理権が与えられている（なお，未成年後見人の代理権については，839条〜841条，859条参照）。次に，成年被後見人についての成年後見人は家庭裁判所により選任されるが（843条），成年後見人には859条により代理権が与えられている。また，保佐人ならびに補助人に対しては，一定の者の請求に基づき家庭裁判所の審判により，被保佐人のためまたは被補助人のために，特定の法律行為について代理権が付与されることが法定されている（876条の4・876条の9）。なお，ここで本人以外の者の請求による場合には，「本人の同意」が要件とされている。ここには，現在の成年後見制度を支える本人の自己決定権の尊重，ノーマライゼーションの理念が反映されている。他に，不在者の財産管理人を家庭裁判所が選任すべき場合があるが（25条・26条），この者は法定代理人と理解されている。

⑶ 復代理人の選任　㈠ 選任が許される場合　復代理とは，代理人がさらに代理人（復代理人）を選任し，この者に本人を代理させることをいう。このような復代理人の選任は，法定代理の場合には自己の責任で自由になしうるが（105条前段），任意代理の場合は本人の許諾を得たときか，またはやむを得ない事由がある場合に限定されている（104条。このような事情がないにもかかわらず選任された場合，無権代理となる）。任意代理では，信任を受けた代理人が自ら代理行為をなすのが原則だからである（自己執行義務）。

㈡ 本人に対する代理人の責任　復代理人を選任した場合において，復代理人の行為によって本人が損害を被ったとき代理人が本人に対し負う責任は，法定代理の場合は自己の責任で選任するのであるから原則として全責任である。ただし，やむを得ない事由があるときは代理人は本人に対して復代理人の選任・監督についての責任のみを負う（105条後段）。他方，任意代理の場合，復代理人の行為によって本人が損害を被ったとき代理人が本人に対して負う責任については，本人・代理人間の代理権授与行為（契約）上の代理人の債務不履行の問題として処理される（その選任・監督についての責任に限定されない）。すなわち，代理人が，本人の許諾を得てまたはやむを得ない事情によって，あるいは本人の指名に従って第三者を復代理人に選任した場合に，代理人が本人に対して負担する責任については，一般に債務者が第三者を履行補助者に選任した場合における債務者の債権者に対する債務不履行責任と同様に考えるべきである。

(ウ)　復代理人と本人との関係　　代理人により選任された復代理人は，その権限内の行為について直接本人の代理人となる（「本人を代表する」（106条1項））。すなわち，復代理人は，代理行為の相手方に対しては自分を選任した代理人と，その権限の範囲内において，同一の権利を有し，義務を負う関係に立つ（同条2項）。また，復代理人と本人との関係であるが，本来何らの内部的関係はないが，便宜のため，代理人と同一の権利義務を有すると定められた（同条同項）。それゆえ，復代理人は代理人に対し委任契約上の義務（たとえば相手方から受領した物の引渡義務）を負うと同時に，本人に対しても同一の義務を負担することになる。

2　代理権の範囲

(1)　任意代理の場合　　代理権の範囲は代理権授与行為により定まる（ただし例外的に法定されていることもある。支配人の代理権限についての商21条，会社11条など参照）。その範囲に争いがあれば，代理権授与行為の解釈による。その際，委任状の文言，代理人の地位，代理事項の性質などが考慮される。代理事項が不動産売買であれば，代理権は登記をする権限を含み，また，売買不成立の場合には手付の返還を受領する権限を有する，という具合である。なお，ここで画定される権限の範囲外の代理行為がなされた場合は無権代理となるが，民法110条の表見代理が問題となる（V3に詳述）。

⑵　法定代理の場合　　それぞれの法定代理についてその代理権の範囲が法定されている。親権者，後見人は子または被後見人のために必要な一切の財産管理行為をなす権限を有する（824条以下・859条以下）。保佐人ならびに補助人については，家庭裁判所の審判により決められた特定の法律行為についてのみ代理権を有する（876条の4・876条の9）。不在者の財産管理人については原則として103条に定められた権限である（28条）。

⑶　代理権の範囲が明確でない場合　　代理人の権限範囲が定められていない場合，または，授権行為の解釈から範囲が明確とならない場合には，最小限度の権限という意味で，代理人は次の行為のみをなすことができるとされる（103条）。すなわち，財産の現状を維持・保全する保存行為（たとえば，必要な修繕のための請負契約の締結，期限の到来した債務の弁済，腐敗しやすい物の処分など），代理権の目的たる物や権利の性質を変えない程度の利用行為（物の賃貸，金銭の貸付など），および，性質を変えない程度の改良行為である。これらの行為はまとめて「管理行為」と呼ばれ，「処分行為」と対置されるが，上の例からも明らかなように，場合によっては，必要な限りで物の処分行為をも含みうるのである。

3 代理権の消滅

代理権は次のような理由により消滅する。

⑴ すべての代理に共通の消滅事由　①本人の死亡により代理権は消滅する（111条1項1号）。ただし，当事者の間で特段の合意があった場合は例外であり，当該事務処理に関し代理権が存続する（形式的には本人の相続人の代理人となる）。判例に同趣旨のものがある（最判平4・9・22金法1358号55頁（預金通帳等を交付し，入院費の支払，葬儀の施行等の自己の死後の事務処理を委託した契約につき，死後も契約（代理権）を終了させない旨の合意を包含するものとした））。また，商行為の委任による代理権は本人の死亡によっては消滅しない（商506条）。委任による登記申請の代理権も同様である（不登17条）。本人死亡により代理権が消滅する不都合を解消する趣旨である。②代理人の死亡または代理人が破産手続開始の決定もしくは後見開始の審判を受けた場合にも代理権は消滅する（111条1項2号）。

⑵ 任意代理に特有な消滅事由　委任の終了により代理権が消滅する（111条2項）。委任などの内部関係が消滅すると，代理権を存続させる意味がなくなるから，代理権もまた消滅するのである。委任の終了事由としては，まず，651条により各当事者に与えられた解除権の行使がある（もちろん540条以下の法定解除の行使も考えられる）。ついで，653条の掲げる事由，すなわち，委任者もしくは受任者の死亡または破産手続開始の決定を受けたこと，および，受任者が後見開始の審判を受けたこと，がある（共通の消滅事由と比較して，任意代理では委任者＝本人の破産手続開始決定が特有の消滅事由となる）。なお，代理権を授与した後に，本人が意思無能力となった，あるいは，後見開始の審判を受けたという事情は，任意代理権を直ちに消滅させる（委任契約関係を終了させる）事由と

はされていない。

(3)　法定代理に特有な消滅事由　　法定代理特有の消滅原因がある。たとえば，成年後見人の代理権は後見開始の審判の取消しにより消滅するなどである（10条。876条の4第3項・876条の9第2項も参照）。

Ⅲ　代理行為

1　序　説

代理人に代理権があり，その権限内で代理人が「本人のためにすることを示してした意思表示」は直接本人に対してその効力が生ずる（99条1項）。すなわち，代理においては，意思表示（法律行為）をするのは本人ではなく代理人であり，本人には単純にその法的な効果が帰属するのみである。したがって，このような仕組みをとることから，第一に，代理人が代理行為をするにあたってその効果は代理人自身にではなく，本人に帰属することを相手方に知らせておく必要が生じ（代理意思の表示ないし顕名），第二に，意思表示につき瑕疵があるなどその効果に影響を及ぼすべき事由は，原則として，行為をする代理人においてその存否を判断するという特別の問題が生ずる。

なお，代理には能働代理と受働代理とがある。代理人から相手方に対し意思表示をするのが能働代理（99条1項），相手方からの意思表示を受領するのが受働代理である（同条2項）。代理人が本人所有の不動産の売買契約を締結するにつき代理権を与えられたという事例で考えてみると，代理人が相手方に対し売ろうという申込みの意思表示をするのが能働代理，これに対する相手方からの買おうという承諾の意思表示を代理人が受領するのが受働代理ということになる。もっとも，ふつうこのように分析的にはみないで，まとめて単に売買契約の代理がなされたと表現する。

2　顕　名

⑴　顕名の原則　　代理人のした意思表示が本人に対して効果を及ぼすためには，意思表示に際して，代理人が「本人のためにする」ことを示す必要がある。これを顕名の原則という。「本人のためにする」とは，代理人のなす意思表示の効果が代理人自身にではなく，本人に帰属することを相手方に明示するという意味である。後述（⑶）のように，本人のためにすることを示さないで意思表示をした場合は，原則として，代理人自身のためにしたものとみなされる（100条本文）。なお，受働代理においては，代理人に対して意思表示をする者（相手方）の側が本人のためにすることを表示することになる（99条2項）。

⑵　**顕名の有無**　㋐　顕名の方法　　顕名の具体的な方法としては，書面上ないし口頭で，「A代理人B」というかたちで明示的になされることが一般的であろう。しかし，常にこのような明確なかたちでなされるわけではなく，具体的ケースにおいては顕名がなされたとみるべきかどうかの判定（本人に効果が帰属するか，代理人が効果を引き受けるか）につき問題となることがありえよう。判例では，氏名の肩書として「A鉱山出張所主任」と表示したのが同人の職業の表示ではなく顕名にあたるとしたもの（大判明40・3・27民録13輯359頁）がある。一般に顕名の有無は法律行為の解釈としてその表示がなされた周囲の事情その他から判定されなくてはならない。次の二つの場合が，特に問題となる。 ★

㋑　直接本人の名前で行為した場合　　代理人がA代理人Bという代理形式をとらないで，直接本人Aの名前で行為をした場合も，事情によっては本人に効果が帰属する適法な代理があったと解されることがありうる。意思能力のない未成年者の名義でなされた法律行為は適法の代理人によってなされたものと推定されるとの判例（大判大9・6・5民録26輯812頁）は，このことを承認する。なお，一般に，行為者が他人の名義で契約するのは，これ以外に，その他人の使者として（その他人が当事者となる），あるいは，他人の名前を自己を表す符号として用いる（行為者が当事者となる）場合が考えられる。

(ウ)　100条但書の場合　　さらに100条但書は，顕名の全くない場合であっても，代理人が本人のためにすることを，相手方が，当該事情ないしそれ以外の個人的な事情などから，知りまたは知ることができた場合には，代理行為の効果が直接に本人に生ずると規定している。この場合，相手方が知りまたは知ることができたということは，代理行為の効果が本人に生ずると主張する者（通常は代理人）が証明しなくてはならない。

(3)　顕名のない場合の扱い　　代理人による顕名がなされず，また上に述べた100条但書の事情がなければ，代理行為があったとはみられないで代理人自身のためにその行為がなされたものとみなされる（100条本文）。すなわち，相手方と代理人との間に契約が成立したものと扱うのである。ここではA代理人Bとして意思表示をするという代理の形式がふまれていないから，相手方としては，契約の当事者（効果帰属者）は行為者たるその人（代理人B個人）と考えるのが当然のことだからである。みなし規定であるところから，この規定は代理人が，自分の真意はA代理人Bとして行為するつもりであったとして，錯誤取消しを主張して効果の帰属を否認することも許さない趣旨であると理解されている。

(4) 商法の例外　　商行為の代理の場合には，顕名のない場合にもなお代理人の行為は本人に対しその効力を生ずる（商504条本文）。この例外は，営業主が商業使用人を使用して大量的，継続的取引をするのを通常とする商取引において，いちいち，本人の名を示すことは煩雑であり，他方，相手方においても，その取引が営業主のためにされるものであることを知っているのが通常であり，簡易，迅速を期する便宜のために，特に商行為の代理について認められたものである。もっとも，代理人が本人のためにすることを相手方が知らなかったときは，代理人に対して履行の請求ができる（同条但書）。趣旨は，相手方保護のため，選択に従って本人との法律関係を否定し代理人との法律関係を主張することを許容したものである（最大判昭43・4・24民集22巻4号1043頁）。

3　代理行為の瑕疵　★

(1) 原則　　代理人が相手方に対してした意思表示の効力が，意思の不存在，錯誤，詐欺，強迫，またはある事情を知っていたこともしくはこれを知らなかったことにつき過失があったことによって影響を受けるべき場合には，その事実の有無は代理人について決するものとする（101条1項）。たとえば，代理人が錯誤または相手方の詐欺に基づいて意思表示をした場合がこれにあたる。また，代理人が錯誤に基づいて意思表示をした場合に，それが重大な過失によるものであったかどうか（95条3項柱書）は代理人について決することになる。実際に効果意思を決定し表示するのは代理人であるから当然の規定といえる。また，反対に，相手方が代理人に対してした意思表示の効力が，意思表示を受けた者がある事情を知っていたこと，または，知らなかったことにつき過失があったことによって影響を受けるべき場合には，その事実の有無は，同様に代理人について決するものとされる（101条2項）。たとえば，相手方に心裡留保がある場合に，意思表示を受けた者が代理人であれば，代理人が，表意者（相手方）の真意を知りまたは知ることができたかどうかにより意思表示の無効が決定される（93条1項但書）。

なお，代理人が相手方に対して詐欺をした場合における相手方の意思表示については，代理人の意思表示の問題ではないので，101条1項は適用されず，また，2項の文言にもあてはまらないので2項の適用もなく，端的に96条を適用して解決することになる。

⑵　例外　　しかし，特定の法律行為をすることを委託された代理人がその行為をしたときは，（本人の指図があったという事情が認められなくとも），本人は，自分の知っていた事情あるいは過失によって知らなかった事情については，相手方に対し，代理人がその事情につき不知かつ無過失であったことを主張できない（101条3項）。ある事情の知・不知を代理人について決するという1項の原則を，このような場合にまで適用することは公平に反するということである。その意味から代理人が詐欺にかからないように本人がコントロールしえたなどの事情がある場合などにもひろく類推適用しうるであろう。

4　代理人の行為能力

⑴　任意代理　　代理人は法律行為をするのであるから代理行為の時に意思能力は当然必要である（ないときは法律行為は無効（3条の2））。行為能力についてはどうか。102条本文は，任意代理について，制限行為能力者が代理人としてした行為は，行為能力の制限によっては取り消すことができない，という。これは，任意

代理においては代理人が制限行為能力者であってもかまわないということであり，そのような場合，本人が不利益を被るおそれがあるが，その不利益はあえてそのような者を代理人として選任した本人が引き受けるべきであるという趣旨である。

なお，代理人が制限行為能力者である場合，代理人の側は，行為能力の制限を理由に本人との間の委任などの契約のみならず代理権授与契約をも取り消すことができるのではないかという問題がある。この取消しが可能とすると，なされた代理行為が遡って無権代理と扱われ相手方が不測の損害を被り，妥当ではない。代理人からは代理権授与契約は取り消すことができない，あるいは取り消すことができたとしても，本条の趣旨から，なされた代理行為の効力には影響を及ぼさないと考えるべきである。

(2)　法定代理　　102条但書は，「制限行為能力者が他の制限行為能力者の法定代理人としてした行為については，この限りでない」としており，この場合には行為能力の制限を理由とする代理行為の取消しを認めている。その趣旨は，法定代理の場合制限行為能力者である本人が代理人の選任をするわけではないので，代理人が制限行為能力であることから生ずる不利益を本人に引き受けさせるのは妥当ではないという点にある。また，そもそも，制限行為能力者（である本人）を取引社会の中で保護しようとする制限行為能力制度の目的からして，このような場合には取消可能性を認める必要がある。

具体的適用例は，未成年者（制限行為能力者）Aの親権者（法定代理人）Bが成年被後見人（成年後見人Hが付されている）である場合，あるいは，成年被後見人（制限行為能力者）Cの成年後見人D（妻）が被保佐人（保佐人Iが付されている）である場合などである。本条但書は，BがAを代理して，あるいはDがCを代理してなした代理行為は，BないしDの行為能力の制限を理由に取り消しうるとの規定である。この場合，Bの代理行為は9条により取り消しうる。他方，被保佐人であるDの代理行為については13条1項10号により，同条同項1号から9号に掲げられた行為を制限行為能力者Cの法定代理人としてする場合には保佐人の同意を得るべきものとされており，その同意がない（または，同意に代わる許可を得ていない）場合に取り消すことができることになる（13条4項）。誰が取消権者か。制限行為能力者である法定代理人（上のB，D），B・Dの保護者（H，I）の他，実質的に保護を必要とする制限行為能力者である本人（A，C）もまた取り消すことができる（120条1項）。

5　代理権行使についての特別な制限

★　**(1)　代理権の濫用**　107条は，代理人が自己または第三者の利益を図る目的で，代理権の権限内の行為をした場合（これを代理権濫用と呼ぶ）において，相手方がその目的を知り，または知ることができたときは，その行為は，代理権を有しない者がした行為とみなす，とする。代理権濫用の具体例としては，たとえば，BはA会社の使用人としてある物品の購入につき代理権を与えられていたところ，Bは，その代理権を行使してCから物品を仕入れたが，その目的はじつはこの物品を他へ横流しして自らの利益（または第三者の利益）を図ることにあった，という場合である。この場合，外形上は全く正常な代理権の行使であり，また，形式的に考えても本人のためにする意思があるのであるから（本人のためにする意思とは，本人の利益を図る意思であることは必要なく，本人に効果を帰属させる意思であればよい），その意味で原則として本人に効果が帰属することは免れえないといえる。もっとも，相手方が代理行為に際して代理人の背信的な意図を知っているような場合にまでこの結論を認めることは行き過ぎである。そこで，本条は，「相手方がその目的を知り，又は知ることができたときは，その行為は，代理権を有しない者がした行為」，つまり無権代理行為とみなすことで，代理人の代理権濫用から生じた危険の負担につき対立する本人と相手方との利害を調整することとした。これまでの判例（任意代理の場合につき最判昭42・4・20民集21巻3号697頁，および親権者たる法定代理の場合につき最判平4・12・10民集46巻9号2727頁は，93条1項但書を類推適用して本人への効果不帰属を述べていた）と結論として同一である。

なお，無権代理とみなすのであるから無権代理に関する諸規定の適用があり，本人の追認により本人に対して効力を生じ（113条1項但書），その相手方には催告権があり（114条），また無権代理人の責任（117条）等が問題となる。

⑵　**自己契約および双方代理**等について　㈠　意義　代理人Bが，一方でAの代理人Bとして，他方でB自身として，その間で契約を締結することを自己契約といい，さらに，代理人Bが一方でAを，他方でCを代理して契約を締結することを双方代理という。自己契約および双方代理は，「代理権を有しない者がした行為とみなす」とされる（108条1項本文）。したがって，BがAを代理してA所有の不動産をB自身に譲渡するという代理行為（自己契約）は，無権代理とみなされ無効と扱われるのである。自己契約および双方代理であっても代理人に代理権が無いわけではないにもかかわらず無権代理とみなして無効とする理由は，上に挙げた例からもわかるように，このような代理行為は，本人の利益を尊重すべきであるという代理人の本人に対する忠実義務（双方代理ではいずれか一方の当事者（本人）に対する忠実義務）に反する ★★

おそれがあるという点にある。このような無権代理みなし規定の実質的なねらいからすると，自己契約および双方代理という契約の締結方法の面からする形式的な規律のみでは十分でない。そこで，一方で，同条2項は，自己契約および双方代理の他，代理人と本人との利益が相反する行為を無権代理行為とみなし，他方で，同条1項但書，2項但書で，自己契約および双方代理に形式的には該当するが，無権代理とみなさない除外事例を規定することとした。

自己契約および双方代理を無権代理とみなす結果，この場合には無権代理に関する諸規定（113条以下）が適用される。

(イ)　利益相反行為　　自己契約および双方代理に該当する代理行為のほか，これに直接該当しなくとも，「代理人と本人との利益が相反する行為」について無権代理とみなすこととしている（108条2項）。いかなる代理行為がこの利益相反行為にあたるとされるのか。利益相反行為と判定されれば代理行為は無権代理として無効（113条1項）となり取引の相手方は不測の損害を被るのであるから，利益相反行為に該当するかどうかはその行為自体を外形的・客観的に考察して行われるべきであり，動機・意図をもって判定すべきではない。このような理由から判例は，代理行為の相手方が事前にその行為の外形から客観的に判断して，代理人に利益であり本人に不利益となる関係にあるとわかる代理行為がこれに該当する，と述べる（最判昭42・4・18民集21巻3号671頁）。たとえば，包括的な代理権を付与されている者が，本人を自己の債務の保証人とする契約を，本人を代理して，その債権者との間で締結する行為などが挙げられる。他方，実質的には利益相反であっても，外形からはその判断がつかない行為，たとえば，（法定代理の事例であるが）親権者Bが未成年の子Aを法定代理して，第三者Ｃから金銭を借り入れＡ所有の不動産に抵当権を設定する行為は，かりにＢが自ら金銭を費消する場合であっても，利益相反には該当しないことになる（これは，代理権濫用の問題として処理することになる）。

(ウ)　除外規定　　自己契約および双方代理に形式的には該当するものの実質上本人の利益を害しない行為には，以上の代理権行使の制限があてはまらない。①108条1項は但書で，まず，自己契約・双方代理の制限は「債務の履行」については適用されないとしている。これは，すでに確定している法律関係の決済であり，新たな利害関係を生ぜしめるものではなく，かたちの上で自己契約・双方代理であっても実質上本人の利益を害することはないからである。判例では，所有権移転に伴う移転登記申請手続につき登記権利者・登記義務者の双方を代理した場合（最判昭43・3・8民集22巻3号540頁）などがこれにあたる（類推適用事例）とされる。なお，代物弁済，更改はひろい意味では債務の履行であるが，新たな利害関係の変更を伴うからこの除外にはあたらないと解される。また，②代理人の自己契約が実質的に本人の利益にのみなる行為，たとえば代理人から本人への贈与なども，代理権行使の制限にあたらないと解すべきであろう。③1項但書，2項但書は，本人があらかじめ許諾している行為については，意に反して本人の利益を害するというおそれはないことから，自己契約・双方代理，および利益相反行為の制限を適用しないとする。

(エ)　法定代理への適用　　一般に，この108条は法定代理にも適用があるとされる。しかし，法定代理のうち親権者，後見人，保佐人，および補助人による代理については108条の規律と趣旨を同じくする利益相反行為に関する制度がある（826条・860条・876条の2・876条の7。なお，法人と理事との利益相反については一般法人

84条・197条参照)。したがって，その限りではそれらの規定が108条の規定に優先して適用される。親権を行う父または母とその子との利益相反行為については親権者がその子のため，あるいは後見人等と被後見人等との利益相反行為については後見人等がその被後見人等のため家庭裁判所に対して特別代理人の選任を求め，その者に本人のための代理行為をしてもらわなくてはならない(ただし，後見監督人等がある場合はその後見監督人等が代理人となる)。なお，利益相反行為であるにもかかわらず特別代理人の選任手続をしないまま法定代理人が自ら代理行為をした場合は，それは無権代理行為と扱われる。

(3)　共同代理　　代理権行使について特別の制限がある第三の場合は，共同代理である。共同代理とは，同一事項につき代理人が複数名いる場合であって，しかも，代理行為にあたって共同して代理権を行使すべしとの拘束のあるものである。父母が共同して親権を行使しなくてはならない(818条3項)というのもこの共同代理の一例である(成年後見人が複数名のときについて859条の2参照)。共同代理とする場合，その趣旨は複数名の協議等により慎重な代理行為がなされることを期すものである(なお，825条参照)。この拘束に反しそのうちの1名が単独でなした代理行為は無権代理となると解される。

Ⅳ　無権代理

1　序　説

代理行為がなされたが，当該行為について代理人が代理権を全く有しない場合，あるいは代理権限外の行為であった場合，これは「代理権を有しない者が他人の代理人としてした契約」，すなわち無権代理行為であり，本人がその追認をしなければ，本人に対してその効力を生じない（113条）。ある者Ｂが，何らの権限を与えられていないのに，他人Ａを自己のＣに対する債務の連帯保証人とする契約をその他人Ａを代理して債権者Ｃとの間で結ぶとか，Ｂが自己のＣに対する債務を担保するため，ＡからＡ所有の土地に抵当権を設定する代理権を与えられたが，Ｂはそれを越えて，当該土地をＣに譲渡してしまったなど，である。これらの場合には，原則として，相手方Ｃは本人Ａに対して代理行為の効果帰属を主張できない。この場合，相手方が，代理人には当該行為についての代理権が有効に存在すると信頼していたとすると，相手方は不測の損害を被る。これをそのまま放置することは代理制度の信用を維持する意味で適当ではないので，民法は，一方で，一定の要件下で，無権代理人に特別の責任を負わせることとし（117条），他方で，「表見代理」の制度を設け，本人と代理人との間に109条以下所定の特別の関係が認められる場合，本人においてその効果帰属を拒絶できないとした（109条・110条・112条）。

2　無権代理行為の効力

⑴　はじめに　　無権代理人が他人の代理人として締結した契約は代理権という要件を欠くゆえに本人に対して効力を生じないし，また，本人のためにすることを示して意思表示をしているので，代理人が契約の当事者となるものでもない。ただし，後に本人が追認すれば，代理人が契約を締結した時に遡って，有効な代理であったこととなる（113条・116条）。したがって，無権代理行為は全くの無効というわけではなく，いわばその効果の帰属先が不確定の状態にあるものといえよう。この状態において，本人は

図7　無権代理の効果

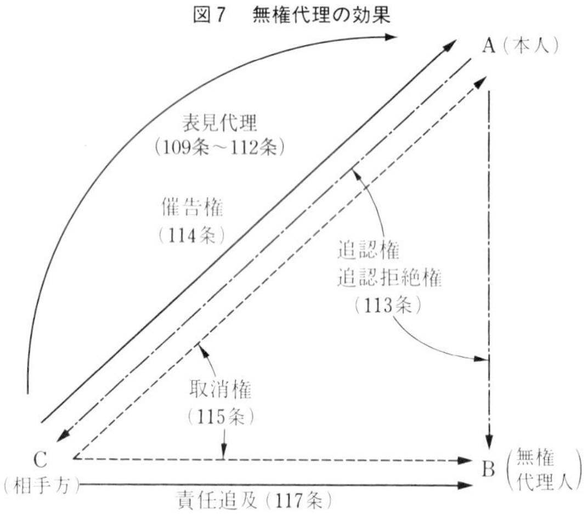

追認し，または追認しないことによって，自己に効果帰属するかしないかを選択しうる。他方，それがなされるまでの間は法律状態は不確定のままであり，相手方は不安定な地位に立たされる。これを解消する手段として，相手方には，催告権，取消権が与えられている（図7参照）。以下，各々の問題点について取り上げる。

(2)　本人の追認権・追認拒絶権　　(ア)　追認の意思表示　　無権代理行為は原則無効であるが，本人はこれを追認することにより，有効とすることができる（113条1項）。追認がなされるのは，問題の無権代理行為が，本人にとり利益であるとかその他の理由（取引上の信用維持など）で，本人がその効果を自ら引き受けようとする場合である。追認は当該代理行為に対し代理権が欠けていたという瑕疵を事後において補充するものである。追認は意思表示によるが，明示的に表示されなかったときはその存否が問題となる。たとえば，本人が無権代理であったことを知りつつ当該契約から生ずる権利を相手方に対して主張する場合には，黙示的に追認がなされたと解釈することができる。

追認は代理行為の相手方に対してしなければ本人は追認したことを相手方に対抗できない。無権代理人に対して追認をしてもよいが，この場合は，この追認の事実を相手方が知った限りにおいて，相手方に対し追認の効果を主張することができる（113条2項。たとえば追認の事実を知らないまま相手方が115条の取消しをすれば取り消された扱いとなる）。

(イ)　追認の効果　　追認がなされれば，その際特に反対の意思が表明されない限り，代理行為の時点に遡って代理行為は有効なものであったと扱われる（116条本文）。本人，相手方とも，そのような意思，期待を有しているからである。しかし，この遡及効により第三者の権利が害されることがあるとすれば，それは妥当でないからその限りでは遡及しない（同条但書）。たとえば，A所有の家屋が無権代理人BによりCに譲渡され登記が移転（対抗要件具備）されたあと，A本人がこれを第三者Dに賃貸しこれを引き渡し（対抗要件具備），その後，Aにより無権代理が追認された場合などがこの但書にあたる適例である。Cは遡及効を主張してDの賃借権を否定することができない。

(ウ)　追認拒絶　　本人は，追認を拒絶することもできる。追認が拒絶されれば，本人に効果が帰属しないことが確定する。なお，拒絶の意思表示は，追認の場合と同じく相手方に対してしなければそれを相手方に対抗できない。代理人に対して追認拒絶をしたときも，追認の場合と同じく，相手方がその事実を知ったときに限り無効に確定する（113条2項）。

(3)　相手方の催告権・取消権　　代理人の行為が無権代理であった場合，本人の追認ないしその拒絶により本人への効果帰属の有無が確定されるまでは，相手方は不安定な状態に置かれる。そこで，相手方のイニシアティブで効果を確定させる手段として催告権，取消権が与えられている。すなわち，第一に，本人に対し，相当の期間を定めて，その期間内に追認をするかどうかの確答をすべき旨の催告をなしうるとし（本人がそれに応じ確答をすればその回答のとおりに法律関係が確定し），その期間内に何ら返事がない場合には法は追認を拒絶したものとみなしている（114条）。

第二に，本人が追認をしない間は，相手方は，この契約を取り消しうる，とする（115条本文）。ここでいう取消しとは無権代理行為を確定的に無効とする一種の撤回であり，本人の追認の可能性を奪うものである，と同時に，相手方は次に述べる無権代理人の責任を追及しないという意味をもつ。取消しの意思表示は，本人，無権代理人のいずれに対してなしてもよい。ただし，この相手方による契約の取消しは，代理行為をした者が契約の時において代理権を有しないことを当の相手方が知っていたときはできない（115条但書）。

3　無権代理人の責任

⑴　趣旨　　たとえば，代理人を通じ土地を譲り受けたが，じつはこれが無権代理であり本人の追認も得られない（無効）となると，契約が有効に成立し土地所有権を取得したと信じていた相手方は損害を被る。この場合につき民法は特に規定を置いて，無権代理人の特別の責任を定めた（117条）。

⑵　責任の内容　　その特別の責任の内容を先にみておくと，「相手方の選択に従い，相手方に対して履行又は損害賠償の責任を負う」，である（117条1項）。履行の責任を負うとは，これが有権代理であれば本人と相手方との間に生じたであろう契約から発

生する義務を代理人に履行させるという意味である（なお，この場合，反面，代理人は契約から生ずる権利を取得することとなろう）。相手方に対し損害賠償の責任を負うとは，履行があったと同一の利益すなわち履行利益の賠償をいうものと解されている（したがって，転売利益なども含まれることになる）。履行が選択されても，代理人が履行できない性質の債務（たとえば，本人の所有物の引渡債務）の場合には，損害賠償を選択したものと扱われる。

この条文により無権代理人に対して履行義務を含む特別の責任を負担させ，代理行為が有効であるのとほぼ同様な結果を導いている。これは，この行為の効果が本人に帰属すると信じた代理行為の相手方を保護し，代理制度の信用を維持しようとしたからである。

(3)　責任の成立要件　　(ア)　代理権の不存在および追認が得られない場合　　さて，117条による無権代理人の責任の成立が問題となるのは，実体法的には，他人の代理人として代理行為をした者に，当該行為についての代理権がなく，かつ，本人の追認も得られず，本人に効果が帰属しないという場合である（表見代理責任との競合関係については後述Ⅴ5(1)）。117条1項は，責任を追及されている代理人の側が，「自己の代理権を証明したとき」，または，「本人の追認を得たとき」は，責任を負わないとして，責任を追及される代理人の側にこの点についての証明責任があると規定した。以上からすると，本条の責任を追及するに際しては，相手方としては，まずもって，「他人の代理人として契約をした者」であることのみを指摘することで足り，あとは，代理人の側に本条の責任の成立しない事情を主張立証させることとしている（後述の(イ)も参照）。

なお，代理行為をした者が代理行為をする際に当該代理行為につき自分には有効な代理権が存在すると信じ，かつそう信ずるについて過失がないとしても（たとえば，代理行為の後になって代理権授与行為が第三者の強迫を理由に本人により取り消されたなどの場合が考えられる），条文の規定からして本条の責任を免れることはできない。かかる意味で，無権代理人の責任は「無過失責任」と性格づけられている。

(イ)　免責事由　　(a)　序論　　もっとも，以上により無権代理であるとしても，117条2項で無権代理人には次の場合に免責が認められている。すなわち，①他人の代理人として契約した者が当該行為についての代理権を有しないことを相手方が知っていた場合（2項1号），もしくは，②当該行為についての代理権を有しないことを相手方が過失によって知らなかった場合（2項2号），または，③他人の代理人として契約をした者が行為能力の制限を受けていた場合（2項3号），である。以上のいずれかを，無権代理人の側で証明できた場合には，無権代理人は117条1項の責任を負わない。

★★　(b)　1号，2号の**免責事由の趣旨**　　代理権を有しないことについての相手方の悪意・有過失を指摘することで，無権代理人が117条の責任を免れることができるとしたのはなぜか。判例は，117条1項が無権代理人に無過失責任（上記(ア)参照）という重い責任を負わせたところから，相手方が悪意・有過失のときは保護に値しないものとして免責を認めたと説明する（最判昭62・7・7民集41巻5号1133頁）。たしかに，無権代理人が無過失で責任を負う場合は，均衡上相手方は善意・無過失でなければ責任追及できないとすることに，上の理由はよくあてはまる。しかし，無権代理人が自らが無権限であると知りながら，つまり，悪意で代理行為をした場合には，いわば相手方を無権代理に引き込んだ者が，相手方の過失を指摘する（つまり，注意を払えば無権代理であることがわかったであろうと指摘する）ことで免責されることになり，公平ではない。そのような考慮から，2号但書は，「他人の代理人として契約をした者が自己に代理権がないことを知っていたときは，この限りでない」，としている。無権代理人が自分に代理権のないことを知りながら，しかも，本人の追認を得られる見込みもないのに，あえて代理行為に及んだような場合には，単なる過失があるにすぎない相手方に対しては，無権代理人は免責を主張しえないとするのである。

なお，無権代理人の責任追及のためには，相手方は善意・無過失であることが必要なので，一見，相手方が本人に対し表見代理の責任を追及できる場合（Ⅴで詳しくみる）と要件が同じであるようにみえる。しかし，表見代理の成立には基本代理権の存在等本人の帰責事由が要求されている点で要件が異なる（その成立範囲は無権代理人の責任の方がひろい）。また，相手方の善意・無過失の証明責任は，表見代理（110条）では原則として相手方にあるのに対し，無権代理人の責任の場合には逆に無権代理人にある（免責のため相手方の悪意・有過失の証明が必要で，責任を追及される無権代理人に不利に働く）。結局，無権代理人の責任の方がひろく成立することになる。

(c)　3号の免責事由の趣旨　　行為能力の制限を受けている者が無権代理行為をした場合に，その者に117条の重い責任を負担させることは，制限行為能力制度の趣旨からして適切ではないというのが，免責される趣旨である。したがって，意思能力を有しない状態で無権代理行為をした者についても，同様の扱いをすることが妥当であろう。

★★　4　相続による本人と無権代理人の資格の同一化

(1)　問題の所在　　たとえば子が無権限で親を代理して親所有の土地を処分する，あるいは，子が無権限で親を代理して親を自己の債務についての連帯保証人とするなどの無権代理行為がなされたが，本人たる親が子の無権代理行為の追認・追認拒絶をしないまま死亡し子（無権代理人）が本人たる親を単独または共同で相続し，または逆に，追認・追認拒絶のないまま無権代理人たる子が死亡し本人たる親がこれを相続し，いずれにおいても本人と無権代理人の資格が同一人に帰した場合，その直前まで存在していた無権代理をめぐる法律関係に変化が生ずるのかどうか，が問題とされている。それまでは，無権代理として無効であり，一方で本人には追認ないし追認拒絶の権利があり（表見代理責任も問題となりえた），他方で無権代理人は117条の責任を追及される立場にあった。逆に相手方は本人の追認がない以上，本人に対しては表見代理責任の追及，無権代理人に対しては117条責任の追及が可能という立場であった。相続法の原則からは単純に同一人格中に本人・無権代理人双方の資格がそのまま併せて帰属する状態となるだけで，それ以上でもそれ以下でもない。しかし議論されているのは，このような無権代理人と本人の資格が同一人に帰することになった場合，行為時にはなかった代理権があとから当然に追完されることになるのではないか，あるいは本人の追認拒絶権の行使は許されなくなるのではないかなどということである。以下，問題とされるいくつかの事例類型を挙げて検討する。

(2)　本人死亡の場合　　(ア)　単独相続　　本人が死亡し，無権代理人が本人を単独相続する（または他の共同相続人が相続を放棄し単独相続の結果となる）場合につき，判例は，「無権代理人が本人を相続し……資格が同一人に帰するにいたつた場合においては，本人が自ら法律行為をしたのと同様な法律上の地位を生じたもの」として，代理行為が当然に有効なものとなるという（「資格融合説」と呼ばれる。最判昭40・6・18民集19巻4号986頁）。しかし，実質的に考えて，相続開始後においても相手方による取消権の行使（無権代理人を契約の相手方としたくない），あるいは，無権代理人としての資格をとらえての責任追及（ただし，117条2項の免責がありうる）を否定すべき理由はないから，相続により当然に有効とする判例の考え方はその意味で適当でない。そこで，学説の多数は，無権代理人には，相続による本人としての資格と無権代理人としての資格とが併存するとした上，相手方から本人の資格での追認を求められた場合には，信義則上それを拒絶できないと解釈している。すなわち，かつて本人に効果が帰属するとして行為した以上，同一人がいまさら無権代理であったとして追認を拒絶することは，相手方に対しては前後矛盾する行為となり，信義則に反し原則として許されないというのである（大判昭17・2・25民集21巻164頁参照）。その結果，有効に効果が帰属すると扱われることになる。この考えが妥当であるが，ただ，このような扱いについては例外がありえ，相手方の主観的態様（無権代理につき悪意であり効果帰属の余地がないことを知っていたなど）によっては例外的に無権代理人の側の追認拒絶が認められることもありうる。

なお，これと異なる考え方として，資格は単純に併存し本人の資格で追認を拒絶することも許されるとするものがある。これは，本人の死亡（相続の発生）という偶然により，望外にも，相手方がそれ以前よりも有利な（有効を主張できる）立場を得ることになることには合理性がないとするものである。

(イ)　共同相続　　単独相続となるのではなく，無権代理人を含む複数名の共同相続となった場合について，判例は，本人の追認権は相続により共同相続人全員に不可分的に帰属し全員が共同してこれを行使する必要があるとの前提で，①他の共同相続人全員が無権代理行為の追認をしているのに無権代理人だけが追認を拒絶することは信義則上許されないが，②他の共同相続人が1人でも追認拒絶している場合には，無権代理行為は無権代理人の相続分に相当する部分においても当然に有効となるものではない（全体が無効），という（最判平5・1・21民集47巻1号265頁）。共同相続人への追認権の不可分的な帰属，追認権の共同行使の必要という解釈から結論が導かれている。なお，無権代理行為として無効となる場合には，その後は，無権代理人については117条の責任が問題となる。

(ウ)　本人がすでに追認拒絶した場合　　上の(ア)(イ)の議論は本人が追認・追認拒絶をしないまま死亡した場合を前提にしていた。本人が死亡する前に追認拒絶をしていた場合はどうか。判例は，この場合は無権代理人による相続があっても無権代理行為が有効となることはないとし，その理由を，「本人が追認を拒絶すれば無権代理行為の効力が本人に及ばないことが確定し」，その後は本人であっても追認することはできず有効とはできないのだから，無権代理人が相続しても追認拒絶の効果に何ら影響を及ぼすことはない，という（最判平10・7・17民集52巻5号1296頁）。もっとも，無権代理人が相手方に対し本人の追認拒絶による無権代理行為の無効を援用して，自己への効果帰属を拒否することが信義則に反すると評価されることもありえよう。もともと，無権代理人は相手方との相対的関係において本人の資格で追認を拒絶し効果帰属を拒否することが矛盾的であり信義則に反するということであったから，たとえば，本人の追認拒絶はあったがそれによる原状回復が済んでいない（給付の結果が相手方の手元にそのまま残っている）

ような場合に，無権代理人が自己の有利に無効の効果を援用し原状回復を果たそうとするときはそのような評価がなされうるのではないか。

(3) 無権代理人死亡の場合　　無権代理人を本人が単独で相続した場合には，本人がもともと本人としての資格において有していた追認拒絶の権利を行使することは，何ら信義則に反するとはいえないから，相続により無権代理行為が当然に有効となるものではないというべきであろう（最判昭37・4・20民集16巻4号955頁)。判例もこの場合については，前掲（(2)(ア)）の資格融合説を貫いてはいない。ただ，本人は無権代理人の地位を相続しており，本人として追認を拒絶できるとしても，117条所定の要件の下で無権代理人としての責任（相手方の選択に従い履行ないし損害賠償）を負担することがあるのは当然である（最判昭48・7・3民集27巻7号751頁)。

なお，本人に追認拒絶が認められるとして，しかし，117条の要件が充足され無権代理人を相続した本人がその責任を負担すべき場合に，相手方が「履行」を選択できるとすると，たとえば，履行の内容が本人所有の物の引渡しであるときは，せっかく本人の立場での追認拒絶が認められながら，物の所有者として本人は結局は物の引渡債務を履行せざるを得なくなる結果となる。学説は，この結論を不当とし，類似の状況となる事案，すなわち，他人物売買において売主が死亡し，その他人つまり目的物の所有者が売主を相続した事案において，目的物所有者は相続により売主の義務ないし地位を承継しても，相続前と同様に売主への権利の移転につき諾否の自由を保有し，信義則に反すると認められるような特別の事情のない限り，売買契約上の売主としての履行義務を拒否することができる，との判例（最大判昭49・9・4民集28巻6

号1169頁）を引用して，本人の無権代理人相続の場合も，本人は，特定物の給付については履行を拒否できることになると解すべきであると主張している。その場合，結局本人は117条1項の損害賠償責任を負うことになる。

(4)　双方相続の場合　　たとえば，妻Bが夫Aを無権代理してA所有の土地を処分した後死亡し，A・B間の子Cが無権代理人Bを本人Aとともに共同相続し，その後，Aも死亡したのでCがこれを相続する場合（あるいは，この例でA・Bの死亡の順序が逆である場合）のように，無権代理人と本人の双方を相続することで同一人に双方の資格が帰属することがある。このような場合は，本人としての資格で追認拒絶をすることが信義則に反するということがあるか。判例は，「無権代理人を本人とともに相続した者がその後更に本人を相続した場合においては，当該相続人は本人の資格で無権代理行為の追認を拒絶する余地はなく，本人が自ら法律行為をしたと同様の法律上の地位ないし効果を生ずるものと解するのが相当である」という。理由としては，無権代理人を相続した者（共同相続であっても，結局無権代理人の地位を全面的に承継する結果になった者も同じ）は，無権代理人の法律上の地位を包括的に承継するからである，という（最判昭63・3・1判時1312号92頁）。したがって，この論理によれば，本人を無権代理人とともに相続した者が後に無権代理人を相続するパターンの場合には，追認拒絶は本人の資格ですることが許されることになろう（無権代理人の責任の問題は残る）。

5　単独行為の無権代理の場合

相手方のない単独行為（所有権の放棄など）では，無権代理行為は絶対的に無効である。相手方のある単独行為（契約の解除など）

の場合も，原則として無効である。

V　表見代理

1　表見代理の意義

たとえば，Bが，Aに対して，自分はCから70万円の金銭の借入をするのでその連帯保証人となって欲しいと頼み，Aがこれを承諾してBに実印を預けたところ，BはCから100万円の金銭を借り入れた上，Aを代理してCとの間でこの100万円の債務についての連帯保証契約を締結したという場合，Bの代理行為はAから与えられた権限外の行為であるから本人Aにその効果は帰属しないのが原則である（99条1項）。しかし，上の例のように，有効な代理権の存在を推測させるような客観的事情（実印の所持等）が存在し相手方がそう信ずるのが無理からぬ場合であって，現に相手方がBは当該代理行為につき有効な代理権を有していると信じており，他方，本人の側においてもこのような事情の存在について何らかの関与（基本代理権の授与・実印の交付）がある場合にまで，本人が代理行為の効果帰属を免れうるとすることは妥当ではない。むしろ代理権のある行為であることを信じた相手方を保護すべきではないかと考えられる。そこで民法はこのような場合につき例外的に，あたかも有効な代理権があったのと同様な特別の責任を本人に負わせることとしたのである（109条・110条・112条）。これを，表見代理と呼んでいる。

表見代理の制度は，一般に権利外観法理により根拠づけられる。すなわち，権利（ここでは代理権）は不存在であるが外観上あたかもそれが存在しているかのようにみえる場合において，その存在を信じて取引関係に立った者はその信頼において保護され信頼どおりの効果が生ずべきだ，というものである。しかし，忘れてならないことは，それにより不利益を受ける者（ここでは本人）も，ただ無条件にその責任を負担すべきいわれはないのであって（冒頭の例で，Aの承諾もなく，実印もA宅から盗んで連帯保証契約を締結する場合など），その者において責任を負わされても仕方がないという事情（帰責事由）が存在する場合に限られるというべきである。すなわち，相手方の信頼と本人の帰責とがあいまって，特別の責任が肯定されるのである。民法は，以下に述べるように表見代理につき3か条（109条・110条・112条）を用意しているが，この区別は主として，代理権存在の外観に対する本人の関与の仕方の相違によるものである。109条は代理権授与の表示による表見代理，110条は権限外の行為の表見代理，112条は代理権消滅後の表見代理である。まずこの3か条について要件面を中心に説明した上で，効果についてはうしろでまとめて説明することとする（**5**参照）。

2　代理権授与の表示による表見代理（109条）

⑴　**意義**　　109条1項は，実際には代理権を与えていないが，Aが第三者Cに対し，他人Bに代理権を与えた旨表示し，Bがその代理権の範囲内で（範囲を超える場合については，109条2項参照）そのCと契約を締結した場合，Aはその責任を負担すると規定している。その根拠としては，このような代理権授与の表示により，Bに代理権があるものとCが信頼するのが通常であり保護に値し，他方，Aはそのような信頼を惹き起こしたので帰責性を指摘でき，いまさら代理権を与えていなかったといえる立場にないからである。要件としては，以下の3点（⑵⑶⑷）が問題となる。

⑵　代理権授与の表示　　㈠　序説　　第三者に対して，「他人に代理権を与えた旨を表示」したことがまず必要である。これはある者に代理権を授与したとの事実を第三者に知らせることである（いわゆる観念の通知）。これは代理権授与の意思表示そのものではなく，代理権の授与はなされていないので無権代理，表見代理の問題となる。また，重要な点は，帰責性の観点から，このような表示ありと評価されるためには，Aの意識的行為によるかまたは少なくともAがその表示の存在を知り，かつ容認している必要がある。

さて，代理権授与の表示は，口頭（直接または電話など）あるいは書面で，または不特定人に対する新聞広告などの方法によりなされることが考えられる。また，交付された委任状，白紙委任状が，本来の趣旨と異なるかたちで代理人から第三者に提示，行使された場合，これを，本人から第三者に対する代理権授与の表示と評価することがある。本条の適用が実際上問題となる具体的事例としては，この白紙委任状の濫用による代理行為の場合の他，本人の名義の使用許諾の場合，および地位・肩書の表示の許諾の場合を挙げることができる。

なお，代理権授与の表示は観念の通知であるが，法律行為に関する規定の準用があり，たとえばかかる通知が強迫によりなされた場合などでは，その取消しが可能である（96条1項）。また，通知は先になした通知と同一形式のものにより将来に向かって撤回することができると解される。取消しまたは撤回がなされた場合は，本条の代理権授与の表示が存在しないこととなる。

㈡　特に**白紙委任状の濫用**の場合　　(a)　被交付者濫用型　　★★

白紙委任状とは，代理人名，相手方，委任事項の全部または一部が白地のまま，委任者（本人）の署名押印がなされている委任状をいう。通常，のちに白地部分は補充されて，代理行為の際に相手方に呈示される。それに関し，次のようなケースで109条の適用が問題となりうる。たとえば，AがC銀行から自己所有不動産に抵当権を設定して金銭を借り入れる事務をBに委任し，土地の権利証（または，登記識別情報）など必要書類とともに白紙委任状を交付したところ，Bは白地部分に委任の趣旨と異なる内容を記載した上，Aを代理してC銀行とではなく町の金融業者であるEにこれを呈示しEとの間で金銭の借入をし当該不動産に抵当権を設定した場合（被交付者濫用），代理権授与の趣旨が「C銀行または適当な金融機関から」というのでない限り，予定された相手方C銀行以外の者であるEとの間での代理行為は無権代理といわざるを得ない。しかし，Aによる相手方欄白地の委任状のBへの交付，BからEへの委任状の呈示が，Eに対する関係ではAからBへの代理権授与の表示があったと評価することができ，本条の表見代理が問題となるというべきであろう（なお，上の例で，Bが本来の相手方とされたC銀行との間で代理行為をし，それが授与された代理権の範囲外の行為（たとえば，当該不動産を譲渡担保に供した）であったとしたら，次の110条の問題となる）。

(b)　転得者濫用型　　ついで，上の例で，これらの書類と白紙委任状とを交付されたBが，それらをさらにFに転交付し，そのFがこれを第三者Gに呈示しAの代理人としてGとの間で契約を締結したという場合はどうか（転得者濫用）。AがBまたはBの選任するそれ以外の者に代理権を付与するとの趣旨で白地にしているならFはもちろん正規の代理人となるが，そうではなく，転交付を受けたFが勝手に代理人欄白地のままあるいはFの名前を書き込みAの代理人として代理行為をした場合には無権代理となる。しかしながら，AのBに対する白紙委任状の交付（Fへの転交付を経て），FによるGに対する委任状の呈示でもって，Aが第三者Gに対しFに代理権を与えた旨を表示したものと評価することができるかが問題となる。

図8　白紙委任状の濫用

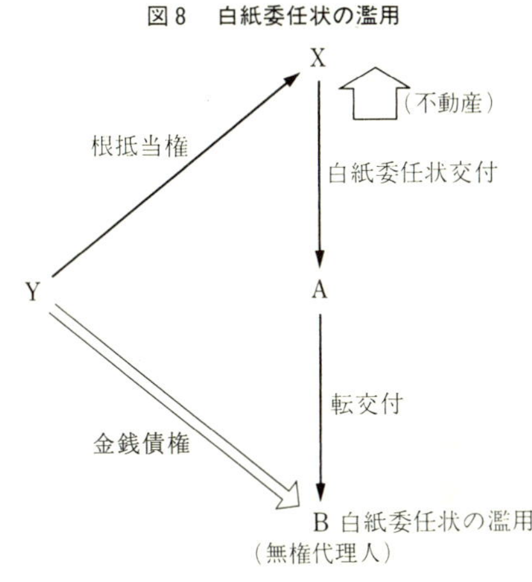

判例は，本人が白紙委任状を何人（なんぴと）において行使しても差し支えないとの趣旨で交付したのでない場合には代理権を授与した旨の表示とは認めない（最判昭39・5・23民集18巻4号621頁。なお，最判昭42・11・10民集21巻9号2417頁，最判昭45・7・28民集24巻7号1203頁は転得者の濫用につき代理権授与の表示を認めているが，事案の実質は転得者濫用型にはあたらず，判例変更もなされていない）。XがAから12万円の融資を受けるにあたって，その担保としてX所有の不動産に「抵当権」を設定することを約し，Aにその登記手続を委嘱して，権利証，印鑑証明書，および白紙委任状（受任者，相手方白地）を交付したところ，Aはこれら書類をさらにBに交付し，Bは自分自身のYからの債務の担保のためにこれら書類を濫用しXの代理人Bと偽ってYとの間でX所有の不動産に根抵当権を設定したという（委任事項欄の濫用でありその程度のひどい）事案である（図8参照）。判旨は，代理権を授与した旨の表示を認めず，次のように述べる。不動産登記のためのこれらの書類はこれを交付された者よりさらに第三者に交付され転々流通することを常態とするものではない

から，これらの書類を直接交付を受けた者において濫用した場合や，特にこれらの書類（白紙委任状を含む）が何人において行使されても差し支えないという趣旨で交付されたなら格別，そうでないならば，委任状の受任者名義が白地であるからといって当然に，転交付者の濫用についてまで，本人に責任を負わせることはできない，と。

この問題につき，学説の多くは，転々される可能性ある白紙委任状を交付した以上，本人にある意味での責任があり，このような場合はすべて代理権授与の表示を承認した上で，あとは第三の要件である相手方の善意・無過失（109条1項但書）の判断に委ねるべきだとする。その上で，相手方の過失の有無については，委任事項の濫用の程度がひどい場合には自ずから過失ありと判断されることになるだろう，と指摘する。

しかし，善意・無過失の判断に先立つのは，やはり，代理権授与の表示の有無であり，それは，本人が第三者に対してある者に代理権を与えた旨を意識的に表示したか，あるいはその表示につき認識しかつ認容しているといえるかどうかである。本人は白紙委任状が転交付された事実を知らないわけであるから，転交付を受けた人物を知らず，したがって，その者に代理権を授与した旨の表示を意識的にしたと解することはできないであろう。

(ウ)　本人の名義の使用許諾　　109条は，他人Bに自己の名義Aの使用を許諾し，その他人BがA名義で取引した場合において，相手方Cに名義者A本人と取引したものと誤信させたAの責任についても適用がある。たとえば，判例として，A会社がBに対しA会社S支店名義で営業することを許諾したり（大判昭4・5・3民集8巻447頁），下請人Bの工事現場が「A組作業場」との看板を掲げる等により請負会社Aの直営のような外観を呈していたことを知悉していながらAが差止めなどの措置をしないまま放置し，逆に，工事注文者に対し下請人Bを元請A会社の現場代人として届け出るなどの行為があった場合（大判昭16・12・6判決全集9輯13号3頁）に，代理権授与の表示が認められている。また，東京地方裁判所が，内部の「厚生部」なる組織（裁判所の一部局ではなく職員のための物資購入の活動をする別組織）が裁判所庁舎の一室を利用し，「東京地方裁判所厚生部」という名称を使用し，その名称で他と取引すること，また，その事務の処理を職員がなすことを認めていた場合にも代理権授与の表示が認められている（最判昭35・10・21民集14巻12号2661頁は民法109条と併せて商法上の名板貸の法理を挙げる）。以上の事例は代理権授与の表示があるというよりは，名義許諾により，直接，名義を許諾した者自身がした取引の一部とみられるがゆえに，責任の追及が許されるというものである。

なお，商法では，自己の氏，氏名，商号を使用して営業することを他人に許諾した場合は，特別の名板貸責任を負うこととされている（商14条，会社9条）。

㈤　地位・肩書の表示の許諾　　何らの代理権を与えてはいないのに，代理権があると推測させる地位・肩書を名乗ることを認めた，あるいは黙認した場合，代理権授与の表示にあたるとされることがある。裁判例では，管理部長である者に対して「専務」の名称を名乗ることを黙認した事例，連絡事務所長が事務所入口に「A株式会社○○県開発センター」と表示し自分に「同開発センター所長」の肩書を付していたことを認容していた事例，などで代理権授与の表示を認めたものがある。なお，商法24条および会社法13条の表見支配人，および会社法354条の表見代表取締役に該当する場合にはそれらの規定により責任を負うことになる。

(3)　授与表示されたその代理権の範囲内の行為であること

その範囲については，第三者に対してなされた代理権授与の表示（観念の通知）の解釈によって定まる。なお，この代理権の範囲外の代理行為である場合については，109条2項に規定された要件の下で表見代理の成立が認められている。

(4)　109条1項但書　　代理行為をした者が代理権を与えられていないことを相手方が知っていたとき，または過失によって知らなかったときは，代理権授与表示をした者は，責任を負わない。表見代理の趣旨からして相手方の善意・無過失が必要とされるのは当然である。本項但書は，その証明責任について，本人が相手方の悪意・有過失を証明することで表見代理の成立を免れうるとしている（最判昭41・4・22民集20巻4号752頁）。

(5)　授与表示されたその代理権の範囲外の代理行為である場合

この場合については，109条1項の適用がない。しかし，同条2項は，かりに当該代理行為が授与表示されたその代理権の範囲内であったならば同条1項の責任が成立する場合には，以下の要件，すなわち，「第三者がその行為についてその他人の代理権があると信ずべき正当な理由があるときに限り」，代理権授与表示をした者はその行為についての責任を負うと規定する。要するに，授与表示されたその代理権の範囲外の行為であっても，109条と110条とをあわせて適用して，いずれの要件も満たされる場合，すなわち，代理権授与の表示があること（109条），代理権があると信ずべき正当な理由が認められること（110条）でもって表見代理を認めるのである。判例にも同趣旨のものがある（最判昭45・7・28民集24巻7号1203頁。代理権を授与した旨の表示はその解釈からして「山林売渡の代理権」であったが，実際になされた代理行為は「山林の交換契約」であった事案である)。

3　権限外の代理行為の表見代理（110条）

⑴　はじめに　　たとえば，Aが自己所有の土地を担保にC銀行から融資を受けるにつきBに代理権を与え，代理行為をするに必要な土地の権利証（または，登記識別情報），実印，委任状を預けたところ，BはAを代理してその土地の所有権を他へ譲渡してしまった，あるいはB自身の債務の担保としてAを代理してその土地に抵当権を設定してしまったなどのように，与えられた代理権の権限外の代理行為を代理人がしたときは無権代理であり，その効果は本来本人に帰属しない。しかし，110条は，このような場合であっても，相手方Cにおいて代理人Bにその権限があると信ずべき正当の理由があるときは，本人Aはその責任を負担するという。同条適用の要件として重要なものは，基本代理権および正当理由であるが，以下では，それらについての解釈とその他の問題点とを説明する。

⑵　権限外の行為をしたこと　　㋐　**基本代理権**　　条文では，★★
単に「権限外」とされているのではなく，「代理人がその権限外の行為をした場合」とされているので，代理人が何らかの代理権（基本代理権と呼ばれる）を有していること（そしてその代理権限外の行為をしたこと）が本条適用の要件となる（109条の場面と異なり，実際に代理権を授与していることに注意)。全くの無権限者が代理人と称して代理行為をした場合にまで本人にその行為の責任を負担させることは，本人の帰責性の観点から適当でないゆえ，このような要件が課せられたものといえよう。また，この代理権は本来の意味におけるそれ，すなわち私法上の法律行為をなすについての代理権をいうものと伝統的に理解されてきた。

(イ)　基本代理権存否の判断　　判例は，この私法上の法律行為をなすについての代理権であることという立場に基本的には忠実であるが（後述，判例①②③），代理権の存否の判断において緩やかであることもある（判例④）。

Aを本人とする（無権）代理行為について基本代理権といえるためには，付与された代理権が直接Aを代理する権限である必要がある。会社Fのため専務取締役Yの職務を処理する代理権を付与されていた会社の経理担当者（Fの代理人）が，Y個人を代理してYを会社債務についての連帯保証人とした場合（Yの代理人）にはそもそもYについて基本代理権が認められないとする（判例①：最判昭34・7・24民集13巻8号1176頁）。

次に，単なる事実行為をすることについての委託があったにすぎないとみられる場合には法律行為をする代理権は付与されていないので基本代理権は否定される。たとえば，D会社が一般人から金銭の借入をするにつきその勧誘をさせていた勧誘外交員であるYが，その勧誘行為につき一切を長男であるAに任せたところ（勧誘という事実行為の委託にすぎない），D会社のCからの借入債務についてAがYを代理してCとの間でYをその連帯保証人とする契約を締結した事案で，基本代理権の存在を否定した（判例②：最判昭35・2・19民集14巻2号250頁）。

また，基本代理権は私法上の行為についての代理権であることが必要で，単なる公法上の行為についての代理権の付与（たとえば市役所において印鑑証明書の下付を申請する手続の委託）はこれにあたらない（判例③：最判昭39・4・2民集18巻4号497頁。Aから印鑑証明書の下付申請についての委託を受けた者Bが，BがCに対して負う債務について勝手に委託者A所有の不動産に根抵当権を設定した行為につき表見代理の成立を否定した）。もっとも，不動産をAに贈与した者Yがその義務の履行のため贈与を受けた者Aに実印・権利証等を交付してYからAへの所有権移転登記申請行為（＝公法上の行為）の委託をなしたところ，Aが上の実印等を勝手に使用してYに無断でYをAのCに対する債務の連帯保証人とする契約を締結した場合のように，当該公法上の行為（ここでは登記申請行為）が特定の私法上の取引行為の一環（不動産の贈与による義務の履行）としてなされるものである場合には，公法上の行為の委託もここでいう基本代理権の付与にあたるとしている（最判昭46・6・3民集25巻4号455頁）。

以上の基本は維持しつつ，代理権の存在についての認定は比較的緩やかになされることもある。たとえば，Y大学の出版局総務課長を名乗って紙販売業者Xと売買契約を締結したAが，じつは総務課長心得にすぎず，職制のたてまえ上は何ら代理権を有する者ではなかったが，事業の実際の運営状況の実態（Aには書籍買入れの権限があった，また，総務課と同じ部屋で執務している「業務課」との事務分担が画然とは分離されていない状態であったなど）に即して判断すべきだとして，基本代理権を承認している（判例④：最判昭35・6・9民集14巻7号1304頁）。

以上の判例の基本的態度に対して，今日の学説の有力な傾向は，この基本代理権の存否といういわば入口の要件については緩やかに解すべきだとする。すなわち，本人が対外的な関係を予定しつつ「ある行為」をなすことを委託したという事実があれば，それが厳格な意味での（私法上の法律行為についての）代理権の付与でなくても，本条の基本「権限」としての要件は満たされると考えるべきであり，表見代理成否の判断は次の「正当理由」の存否に移行させるべきであるという。私法上の行為の代理権であれ，事実行為をするについての権限であれ，本人が対外的に責任を負担すべき事態の発生にかかわった点では特に差異がないし，問題となる本人の保護は次の正当理由の判断に際しても考慮することができるからというのである。

(ウ)　110条との重畳適用　　109条2項と112条2項の認める表見代理においては，110条の要件である基本代理権の面からみると，厳密には代理権はなく，代理権の外観が存在するにすぎない場合である。それにもかかわらず，表見代理の成立を承認しており，その意味では，これらの条項の表見代理は110条を適用するのみでは認められない（109条または112条のみを適用することでも認められない，しかし，これらをあわせて適用することによって認められる。**2**(5)および**4**(5)を参照）例外的存在であるといえる。

(エ)　権限外の代理行為の内容　　110条の表見代理成立の要件として，与えられていた代理権限の内容と現実になされた代理行為とが内容的に同種のものであること，つまり単に量的な越権にすぎない関係になくてはならないこと，という制約はないと解される。ただし，両者の関係の遠さは，次に検討する正当理由の判断に際し，それを否定する方向に働くことはありうる。

★★★ (3)　**権限があると信ずべき正当な理由**　　(ア)　序説　　相手方が，当該代理行為について代理人に代理権限があると信じ，かつそう信ずるにつき「正当な理由」を有していたことが必要である。これは，相手方の善意・無過失を意味すると解されており，代理人が与えられた権限外の代理行為をなしていることについて，相手方が，それを知りまたは取引上通常の注意を払えば知りえた場合には，保護されない。正当理由存否の判断は，問題とされている権限外の代理行為の際に存在した諸般の事情を客観的に観察して個別的になされる。たとえば，代理人が当該代理取引に必要な諸種の資料（委任状，実印，印鑑証明書，不動産の権利証（または，登記識別情報）など）を所持していたかどうか，代理人が一定の代理権を有する職制にあるか，取引の種類は何か（不動産の売買，担保の設定など），代理人と本人との関係（夫婦，親子）などの事情が，なされた代理行為に即して総合的に考慮されるのである。

もっとも，純粋に本人側の内部にとどまり外部からはわからない事情（たとえば，ある種の代理権を与えられた者が本人から実印を窃取し，それにより印鑑証明書の交付を受け，権限外の代理行為をなした場合の実印窃取という事実）は，このような正当理由の判断構造からすると，考慮することが難しい。また，判例によると，法定代理に対して110条の適用を認める立場から（後述(4)），代理権ありと信ずべき正当な理由の存在につき，本人の関与（作為・不作為）あるいは本人の過失が必要であるとはされていない（最判昭28・12・3民集7巻12号1311頁，最判昭34・2・5民集13巻1号67頁）。つまり，上記の代理人の実印所持につき，本人による交付などの関与は必要ではないことになる。しかし，判例を具体的に分析してみると，任意代理の場合には，本人側の関与のあり方（実印を交付したのか窃取されたのか）が正当理由の判断の一要素として考慮されており，妥当な方向であると考える（窃取されたのであれば，正当理由を否定する要素として働くことになる）。

正当理由の証明責任は相手方にあるが，相手方は正当理由を根拠づける客観的事実（実印の交付など）を挙げ，他方，本人の側は相手方が代理権の存在に疑問を感ずべき特別の事情の存在を挙げて相手方の悪意・有過失を争うことになり，厳密な意味での証明責任の所在は断定しがたい。

(イ)　正当理由存否の具体的判断　　正当理由存否の判定につき，判例では以下のような一定の傾向がみられる。

(a)　原則　　まず，代理権の存在を推定させる事実が存在すれば正当理由が認定されやすいといえるが，とりわけ，実印の交付ないし印鑑証明書が存在する場合は，「特別の事情」がない限り，原則として正当理由があるとされる（最判昭35・10・18民集14巻12号2764頁（本人が実印を交付し保証契約締結の代理権を与えたところ，代理人が本人の承諾した額を超える債務の保証をした事例で正当理由を承認））。肯定する理由として，わが国における取引においては昔から実印が重視され，深く信頼した者以外にはこれを交付しないことが通常であるからとされる。

(b)　特別の事情　　しかし，具体的にみると，むしろ「特別の事情」が認定される例がはるかに多いといえる。特別の事情とは，当該代理行為において，相手方が代理権の存在に疑問を感ずべき客観的事情をいう。そのような事情があれば，相手方は，代理権につき調査をすべきであって，それをしないまま取引をしたのであれば，代理権があると信じたことに過失があるとされるのである。判例上，このような事情がしばしば認定される類型として，(i)本人・代理人間に夫婦の関係がある場合，(ii)代理人自身の債務につき本人（保証人ないし物上保証人）を代理して，保証の契約ないし抵当権を設定する場合などを挙げることができる。

(i)　本人と代理人との間に夫婦の関係がある場合　　この場合，単に実印の所持のみでは正当理由を認めるに足りないとされることが多い。とりわけ，不動産などの重要な財産の処分についての代理行為がなされる場合はそうである（最判昭27・1・29民集6巻1号49頁，最判昭28・12・28民集7巻13号1683頁）。なぜなら，夫婦の間では，そのような代理行為をするために必要である他方配偶者の実印や，権利証（または，登記識別情報）を比較的容易にもち出すことができ冒用される危険が高いので（上の諸事案では現に冒用されている），取引の相手方は本人と代理人との間が夫婦の関係にある場合には相応の注意をしなくてはならないからである。

(ii)　代理人自身の債務の保証等についての代理行為　C（金融機関等）に対する代理人B自身の債務につき，Aが保証人（または物上保証人）となることを承諾したとして，BがAの実印やこれに加えて権利証（または，登記識別情報）等を用いてAを代理してCとの間で保証契約を締結（またはAの土地に抵当権を設定）したが，じつはAには保証等の意思はなかったという事案であるが（図9参照），その多くで，正当理由が否定されている。判例にでてきた事案をみると，①BがAの他の事務を処理した際に預かったAの実印，権利証を冒用して，BのCに対する借入金債務の担保としてA所有不動産に根抵当権を設定した事例（最判昭42・11・30民集21巻9号2497頁），②Bが，Bの他の債務の保証のためAから交付を受けた実印を冒用して，Bの金融機関Cに対する債務につき，Aを代理して保証極度額，保証期間の定めのない連帯根保証契約を締結した事例（最判昭45・12・15民集24巻13号2081頁），③他の目的で貸与・交付を受けていたAの実印，印鑑証明書を冒用して，BがAを代理して，B′会社（Bが代表取締役）のC会社に対する商取引上の一切の債務について，Aが連帯して支払う旨の根保証契約を勝手に締結した事例（最判昭51・6・25民集30巻6号665頁）などがあり，いずれの事案においても正当理由が否定されている。

図9　保証契約等の代理と民法110条

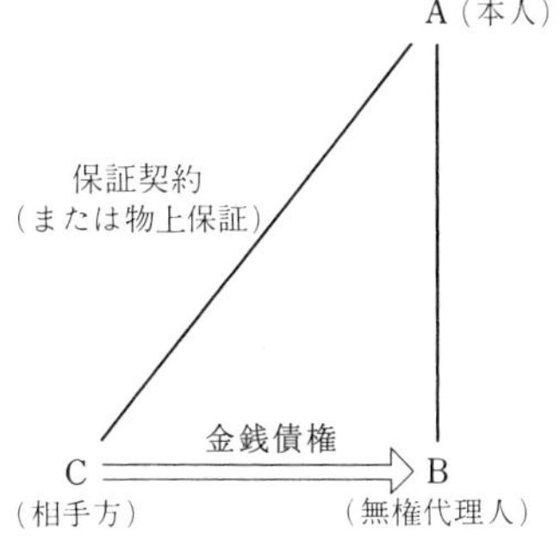

これら(ii)の諸ケースで正当理由を否定する特別の事情は次のよ

うに整理することができよう。すなわち，①これらの保証ないし物上保証は，実質的にみると代理人には利益であるが本人にとっては何ら利益ではない，いわば利益相反的性格のものであるという事情，②保証限度額や期間の定めのない根保証においては，保証人の責任の額が意外の巨額になるおそれがあるという事情，③貸主が金融業者である場合には，代理人との間で保証契約を結ぶにあたって本人に真に保証人となる意思があるかどうかを確認すべき専門家として相応の注意が要求されるという事情，④その他，最後の事例において指摘できるような当該契約締結に際して存在する特別な事情（もともとC会社はB′会社の資力につき不安を抱いていたこと，およびC会社が求めていたBの実父ではなく，Bの妻の伯父Aが保証人となったことなど），などである。なお，判例の判断構造としては，これらの事情が存在する場合に直ちに正当理由を否定するのではなく，その場合には本人に照会するなど可能な手段で代理権限ないし保証意思を確認すべきで，その義務を尽くさない以上過失があるとするものが多い。

なお，保証契約の代理の事例については，保証契約のあり方が民法の改正により今日大きく変化しているので，上記のようなかたちでの無権代理行為を行う余地は狭まっているといえよう。すなわち，保証契約は，書面によって締結する必要があり（446条），また，②に関係するが，保証人が個人である根保証契約については，極度額の定めがないものを無効とし（465条の2），また，個人貸金等根保証契約では，保証期間に一定の限定を付す規定が置かれている（465条の3以下）。さらに，③に関係するが，事業にかかる貸金等債務についての個人保証契約では465条の6以下で保証債務の履行意思を表示する公正証書の作成が求められる等の厳しい規律が置かれている。

⑷　法定代理への適用可能性について　　以上，任意代理の場合を念頭に説明してきたが，法定代理についても表見代理の規定が適用されうるのであろうか。109条については性質上適用は考えられないが，110条，112条については法定代理についても適用される，というのが判例（大連判昭17・5・20民集21巻571頁）であり，従来の多数説である。しかし，たとえば110条の適用は，後見人，親権者の場合権限に制約がないので，具体的には，後見監督人がいる後見人の場合であって後見監督人の同意を必要とする行為において，それを得ないで後見人が代理行為をしたという事例（864条・865条参照）で問題となるが，適用を認めることで表見的事情にかかわりをもちえない制限行為能力者本人に責任を帰せしめる結果となる（取消権による保護を与えない）ことについては疑問がある。また，保佐人，補助人については，特定の法律行為について審判により代理権（法定代理権）を付与することが可能である。その関係で，保佐人，補助人の代理行為につき，110条適用（付与された代理権限外の行為）および112条適用（審判による一部または全部の代理権の取消しの場合）の可能性がある（代理権の存否・範囲は成年後見登記の登記事項証明書で確認できるが，預金取引など日常的なものについては消滅後（審判による取消後）の取引は避けられない）。この代理権付与については，被保佐人，被補助人の「請求」または「同意」が代理権付与の要件となっている（876条の4第1項2項・876条の9第1項2項）ので本人の関与が指摘でき，表見代理の適用について任意代理と同じ規律に服すべきであるとの考えも述べられている。しかし，取引の安全もさることながら，本人の同意等を求めたのは自己決定権を尊重する理念からであり，その一事のみをもって，判断能力が（著しく）不十分である者に表見代理の責任を負わせる根拠となしうるわけではないというべきではな

いか。

なお，夫婦の間では日常家事行為につき連帯責任を負うが(761条)，その範囲で法定の代理権としてのいわゆる日常家事代理権が認められるとされる。夫婦の一方が他方を代理して法定の日常家事代理権の範囲を超えて第三者と法律行為をした場合，この法定代理権を基礎にひろく一般的に110条所定の表見代理の成立を肯定することができるかが同様に問題となる。判例は，夫婦の財産的独立を損なうおそれがあって相当ではないとしてこれを否定しつつ，ただ，相手方が当該行為につきこれをその夫婦の日常家事に関する法律行為の範囲内に属すると信じた場合には，110条を類推適用して第三者の保護を図るべきであるという（最判昭44・12・18民集23巻12号2476頁）。

4　代理権消滅後の表見代理（112条）

(1)　意義　112条1項は，他人に代理権を与えた者は，その代理人が代理権の消滅後に，その代理権の範囲内において第三者との間でなした代理行為についても（範囲外の行為の場合については，同条2項参照），第三者が代理権の消滅の事実につき善意・無過失であれば，その責任を負担することを規定する。代理権の消滅後の代理行為であるので無権代理であるが，善意・無過失の第三者保護の趣旨で本人に責任を負わせる表見代理の一場合である。本人への帰責の根拠は，自らが与えた代理権を消滅させたにもかかわらず代理権の外観（残像）をそのままにして，事後の無権代理行為を惹起したことにみることになる。本条項が適用される典型例としては，たとえば，それまでA商店の使用人として商品の販売等につき代理権を有していたBが，A商店を解雇されその代理権も消滅したにもかかわらず，その後にA商店を（無権で）

代理して第三者（たとえば，従前の取引先）Cとの間で，以前に与えられていた代理権の範囲内の代理行為をなしたというような事例である。この場合，AがCに対して，Bを解雇した旨の通知をしていないなどの事情で，Cが「代理権の消滅の事実」につき善意・無過失であれば，表見代理が成立し，代理権を与えていたAは契約の効果を引き受けるかたちでその責任を負わなくてはならない。成立要件について具体的に述べると，以下のとおりである（⑵〜⑷）。

⑵　代理権を有していたがそれが消滅していること　　代理行為をした者には過去において正規に代理権が付与されており，しかし，その代理権は問題の代理行為時には消滅していたという場合である。①与えられていた代理権が包括的なものであるか，②ある地位に伴うものであるか，③単発的取引についてのものであるかは問わない。本条の問題は①②において生じやすいといえよう。判例では，さらに無権代理行為の追認がなされたことをもって，この要件が満たされたとしたものがある（最判昭45・12・24民集24巻13号2230頁。ただし，代理権の範囲外の行為であったので110条をあわせて類推適用した）。

なお，代理権の消滅が登記事項であり，その登記をすることにより消滅を第三者に対抗することができる場合（会社の代表取締役，あるいは社会福祉法人などの公益法人の理事の退任），その登記がなされた後に退任者による代表行為がなされたときにも，112条の表見代理規定が適用され善意・無過失の相手方が保護されるかという問題がある。判例は，登記の対抗力を定めた各規定の適用を優先させ，代表取締役の場合にはもっぱら商法9条1項の問題であり，「正当な事由」がない限り善意の第三者に対抗でき（同条1項後段），「別に民法112条を適用ないし類推適用する余地はない」とした

（最判昭49・3・22民集28巻2号368頁）。また，理事の場合については，社会福祉法29条等に基づき登記をしたときは，退任すなわち代表権の喪失を第三者に対抗することができ，「交通・通信の途絶，登記簿の滅失など登記簿の閲覧につき客観的な障害があり，第三者が登記簿を閲覧することが不可能ないし著しく困難であるような特段の事情があった場合を除いて」，112条の規定を適用ないし類推適用する余地はない，とした（最判平6・4・19民集48巻3号922頁）。後者は例外的場合については112条適用による相手方保護を認める点で前者と異なるが，例外的場合として挙げる「交通・通信の途絶……」は商法9条1項後段の「正当な事由」の解釈（通説）と内容的に同じであり，二つの判断は実質的に同じであるといってよい。

⑶　代理権消滅後の代理行為が元の代理権の範囲内であること　　代理権の範囲外である場合には，112条2項の規定による表見代理が認められることがある。

⑷　代理権の消滅の事実について善意・無過失であること　　代理権消滅後の代理行為の相手方が保護されるには，「代理権の消滅の事実を知らなかった」ことが必要であり，また，但書の規定により，「過失によってその〔代理権の消滅の〕事実を知らなかったとき」は表見代理の成立が否定される。

条文では，「代理権の消滅の事実」についての相手方の善意・無過失が要件とされているので，以前行為者に代理権があった事実を知っており，しかしその代理権の消滅は知らず，かつその点に過失がないことが求められる。客観的な事情から行為者に現在代理権があるとの信頼はあるが，過去にその者に代理権があった事実を知らなければ，本条適用の要件は満たされないことになる。

なお，成立要件として，契約を締結した相手方Cが，以前に代理権を有していたBと取引をしたとの経験は必要ではなく，そのような事情は代理権消滅の事実についての善意・無過失の判定に際し考慮される一要素である，とされる（最判昭44・7・25判時574号26頁）。

代理権消滅の事実についての相手方の善意・無過失の証明責任は，条文からは，善意は表見代理の成立を主張する相手方が，過失（112条1項但書）については，本人側において相手方に過失がある旨の主張立証をして免責を図ることになる。しかし，保護を主張する側が自らの善意を証明することは困難であり，また，代理権の外観が残っている以上，相手方は代理権消滅の事実を知らないことは当然であるから，判例・学説は，本人側に相手方の悪意・有過失についての証明責任があるとしている。

(5)　消滅した代理権の範囲外の代理行為である場合　この場合については，112条1項の適用はない。しかし，同条2項は，かりに当該代理行為が消滅した代理権の範囲内であったならば同条1項の規定により責任が成立する場合には，以下の要件，すなわち，「第三者がその行為についてその他人の代理権があると信ずべき正当な理由があるときに限り」，他人に代理権を与えた者は，その行為についての責任を負うと規定する。要するに，消滅した代理権の範囲外の行為であっても，112条と110条とをあわせて適用して，いずれの要件もすべて満たされる場合，すなわち，代理権消滅後の代理行為であること（112条），代理権があると信ずべき正当な理由が認められること（110条）でもって表見代理を認めるのである。

5　表見代理の効果

(1)　**表見代理と無権代理の関係**　表見代理も無権代理として　★

の性質を失うものではないから，実体法上表見代理が成立しうる場合であっても無権代理に関する一般規定（113条〜117条）が原則として適用されうる。それゆえ，本人は追認をすることができ，また，相手方は取消権を有する。ただし，本人の追認拒絶権は否定される。

また，表見代理成立の要件が存在する場合において無権代理人の責任（117条）を選択して追及することができるか（なお，Ⅳ3 (3)(イ)(b)参照）については，肯定されなくてはならない。判例は，無権代理人の責任をもって表見代理の成立しない場合における補充的な責任，すなわち表見代理によっては保護を受けることのできない相手方を救済するための制度であると解すべき根拠はなく，両者は互いに独立した制度であり，相手方は，表見代理の主張をしないで，直ちに無権代理人に対し117条の責任を追及することができ，無権代理人は表見代理の成立要件を主張立証して自己の責任を免れることはできない，という（最判昭62・7・7民集41巻5号1133頁)。もっとも，相手方が無権代理人の責任追及と本人に対する表見代理の主張を併行して進め，本人に対する表見代理の成立が裁判所で別個に確定された場合には，無権代理人に対する責任はもはや追及することができないと解すべきは当然である。

(2)　本人に対する効果帰属など　　表見代理が成立すると本人は有効な代理権があった場合と同様，代理人のなした行為の効果を引き受けなくてはならない。この表見代理の成立を主張しうるのは制度の趣旨からして相手方のみであると解される。本人が表見代理の責任を相手方に対して負担した場合，本人は無権代理人に対しては，たとえば権限外の行為の場合では内部的な委任契約上の義務違反を追及しうるなど，その契約上ないし不法行為上の責任を追及することができる。

第6章　期　　間

1　期間の意義

期間とは，ある時点から他の時点までの時間的長さをいう。期間は，法律行為（たとえば，家を2年間借りるとか借金を10日以内に返すとの約定）や法令（たとえば，失踪期間（30条），時効期間（162条・166条））によって定められることが多いが，裁判上の命令（民訴95条・96条参照）によって定められることもある。その際，期間の計算方法も定められているときはそれによるが，その定めがない場合には民法の規定（139条〜143条）による（138条）。民法の規定は，私法関係だけでなく，広く公法関係にも補充的に適用されると解されている。

2　期間の計算方法

期間の計算方法には二通りある。一つは，瞬間から瞬間までを（したがって，秒を最小の単位として）計算する方法である。人為的に加減しないので，これを自然的計算方法という。もう一つは，日を最小の単位として暦に従って計算する暦法的計算方法である。前者は正確であるが長期間の計算方法としては不便である。そこで，民法は，前者を「時」以下の短い期間に用いている。

(1)　時・分・秒を単位とする場合　　民法は時を単位とする場合は（分・秒を単位とする場合も同様と解される），「即時」より起算すると定め（139条），自然的計算方法を用いている（表3の例①参照）。

(2)　日・週・月・年を単位とする場合　　民法は初日不算入を

表3　期間の計算方法

単　　位	例	起　算　点	満　了　点	
時・分・秒	①午前7時5分3秒 から8時間	午前7時5分3秒 (139条)	午後3時5分3秒	
日・週・ 月・年	②今日(5月1日) から5日	5月2日 (140条本文)	5月6日	午後12時 (141条)
	③明日(5月2日) から5日	5月2日 (140条但書)	5月6日	同上
	④今日(木曜日) から1週間	翌日の金曜日 (140条本文)	次の週の木曜日 (143条2項本文)	同上
	⑤今日(5月1日) から3か月	5月2日(同上)	8月1日(同上)	同上
	⑥今日(5月1日) から1年	5月2日(同上)	翌年5月1日(同上)	同上
	⑦今日(5月30日) から1か月	5月31日(同上)	6月30日 (143条2項但書)	同上
	⑧今日(5月30日) から9か月	5月31日(同上)	翌年2月末日(同上)	同上

原則とし(140条本文)，末日の終了を満了点としている(141条)。つまり，起算点から満了点までの間に当該期間がまるまる含まれる計算方法をとっている。

(ア)　起算点(起算日)　　原則として初日を算入せず，翌日から起算する(140条本文)。ただし，初日が午前零時から始まるときは初日が起算日となる(同条但書)。したがって，たとえば，昼ごろに今日から5日と定めるのも，明日から5日と定めるのも両者の満了点は同じである(表3の例②③参照)。

もっとも，法令により初日が算入される場合はかなり多い。たとえば，年齢の計算(年齢計算ニ関スル法律1項――出生の「日ヨリ之ヲ起算ス」)，戸籍の届出期間(戸43条1項――届出事件発生の「日からこれを起算する」)，クーリング・オフ期間(特定商取引9条1項――5条の書面を受領した「日から起算して」8日を経過したとき)がそうである。

(イ) 満了点　期間の末日の終了（午後12時）を期間の満了とする（141条）。末日は次のようにして算出する。

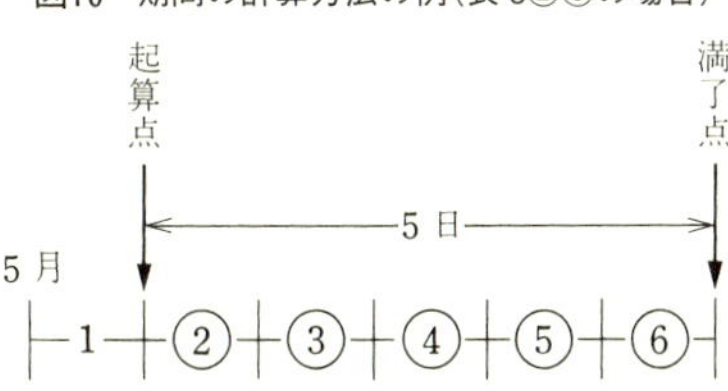

図10　期間の計算方法の例（表3②③の場合）

(a) 日を単位とする期間については，起算日から1，2，3と日数をかぞえて，その最後の日が末日となる（表3の例②③参照）。

(b) 週・月・年を単位とする期間については，「暦に従って」計算する（143条1項）。月・年の場合に「暦に従う」とは，たとえば，1か月を30日，1年を365日というように日に換算することをしないで，31日間ある月も28日間のみの月も同じく1か月，平年も閏年も同じく1年と計算するということである。しかし，週の場合は，常に1週間を7日に換算して計算してよい。したがって，143条1項が週を加えた実益は，たとえば，「今週の火曜日から2週間」とか，「来週のはじめから3週間」と定めた場合に，起算日が暦によって特定される点に求められよう。

週・月・年のはじめから計算するときは，当然，最後の週・月・年の末日が期間の末日となるが，そうでないときは，最後の週・月・年においてその起算日（週の場合は起算した曜日）に応当する日の前日が期間の末日となる（143条2項本文。表3の例④⑤⑥参照）。ただし，月・年を単位とする場合に，最後の月に応当日がないときは，その月の末日が期間の末日となる（143条2項但書。表3の例⑦⑧参照。例⑧では，応当日も，その前日にあたる日も，2月にはない）。

(c) (a)(b)を通じて，末日が日曜日・国民の祝日に関する法律の定める休日・その他の休日にあたり，かつ，その日に取引を

図11　総会開催日と通知の関係

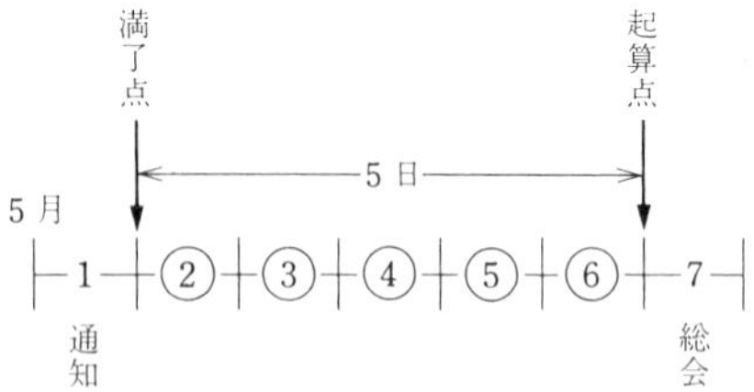

しない慣習があるときは，期間はその翌日に満了する（142条）。

(3)　遡って計算する場合　　この場合も民法の規定を類推適用すべきであると解されている。たとえば，5月7日開催の総会のために，少なくともその5日前に招集の通知をしなければならないとする（自治260条の15（認可地縁団体の総会の招集）参照）。そうすると，起算日は5月6日で（140条本文），その日から遡って5日を数えた末日である5月2日の午前零時（141条の逆），すなわち5月1日の午後12時に期間は満了するから，5月1日中に通知を発する（発信主義の場合。到達主義なら5月1日中に到達する）ことが必要となる。やはり，この場合も，起算点から満了点までの間に，まるまる5日が含まれるのである。

第7章　時　　効

I　序　説

1　時効の意義と時効制度の構造

(1)　時効とは　　AがB所有の土地を，使用できる権利（権原）がないのに長いあいだ所有者のように占有（たとえば，耕作するとか家を建てて住むなど）していたところ，BがAに対してその土地の明渡しを求める訴えを提起したとしよう。この場合に，Aが取得時効が完成していると主張すると（これを時効の援用という），裁判所は，Aは取得時効により所有権を取得したとしてBを敗訴させる。あるいは，Cに金銭を貸しているDが，長期間経過後にはじめて支払を求めて訴えを提起したとしよう。この場合に，Cが消滅時効が完成していると主張すると，裁判所は，Dの債権は消滅時効により消滅したとしてDを敗訴させる。このように，時効とは，所有権や債権など一定の財産権について，権原なく他人の物を占有する者（無権原占有者）や債務を履行していない者（未弁済者）に対する権利不行使という事実状態が一定期間継続した場合に，この事実状態に即して所有権の取得や債権の消滅という新たな権利関係を形成する制度である。このうち，事実上権利者（たとえば，所有者）であるような状態（物を現実に支配する占有，権利を現実に支配する準占有）を継続する者に権利（所有権やその他の財産権）を取得させるのを取得時効，権利不行使の状態を継続す

図12　取得時効と消滅時効

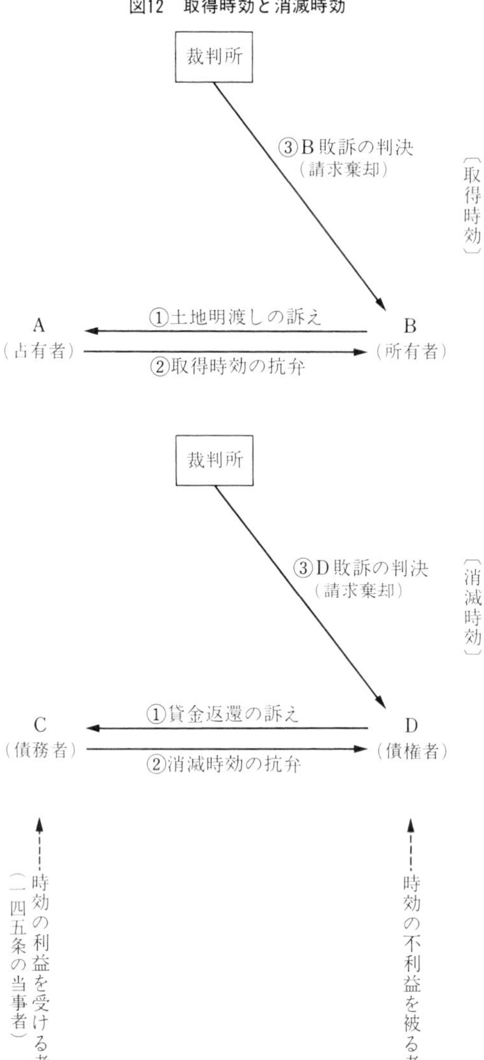

る者の権利（債権など）を消滅させるのを消滅時効という。

いずれも，時効により権利者は権利を失うが，取得時効では占有者が権利（所有権の取得時効では所有権）を取得することの反射として，権利者の権利が消滅する。なお，ＢやＤが真に所有権者や債権者であっても，時効により権利を失うので，実際の裁判では，ＡやＣが時効を援用すると，ＢやＤが真に所有権者や債権者であるかを問題とせずに，ＢやＤを敗訴させることができる。

取得時効が援用される類型としては，① ＡがＢ所有の隣地の一部にはみだして占有している場合（境界紛争型），②所有者からの第一譲受人Ａが占有している土地の登記が第二譲受人Ｂに移転している場合（二重譲渡型），③ Ａが非所有者からの譲受人や無権代理人と売買契約をしたために所有権を取得できなかった場合（瑕疵取引型），④ ＡはＢから譲り受けたと主張するが立証できなかった場合（取得原因不存在ないし不明型），などがある（いずれもＡが援用する）。また，消滅時効の援用は，裁判の場では，弁済による債務消滅など，債務不存在の主張とともになされることが少なくない。

なお，時効制度は所有権や債権のような財産権に関するものであり，身分（夫婦・親子）関係には適用されない。身分関係は，一定の事実状態（たとえば，夫婦同様の内縁関係や実親子と同様の生活，あるいは夫婦の別居という状態）が一定期間継続することを要件として発生させたり消滅させたりする（つまり，法的にも夫婦や親子になるとしたり，夫婦ではなくなるとする）のに，適しないからである。

(2) 時効制度の法的構造　当事者（上のＡやＣ）が時効の利益を受けるためには，時効が完成し（一定の事実状態が一定期間継続すること），かつ，当事者が時効を援用することが必要である。一定期間（時効期間）内に時効の完成を妨げる障害事由，すなわち，

表4　時効制度の法的構造

<table>
<tr><th rowspan="3">種類</th><th rowspan="3">対象となる権利</th><th colspan="4">要　　件</th><th rowspan="3">効　果</th></tr>
<tr><th colspan="3">時効の完成</th><td rowspan="6">援用
（145条）</td></tr>
<tr><th>一定の事実状態</th><th>一定期間</th><td rowspan="5">継続（障害事由（完成猶予・更新，自然中断）のないこと）</td></tr>
<tr><td rowspan="2">取得時効</td><td>所有権（162条）</td><td>占　有</td><td rowspan="2">10年または20年</td><td rowspan="2">権利の取得</td></tr>
<tr><td>所有権以外の財産権（163条）</td><td>占有または準占有</td></tr>
<tr><td rowspan="2">消滅時効</td><td>債権
（166条1項・167条〜169条・724条・724条の2）</td><td rowspan="2">権利不行使</td><td>Ⅳ2表13参照</td><td rowspan="2">権利の消滅</td></tr>
<tr><td>債権または所有権以外の財産権
（166条2項）</td><td>20年</td></tr>
</table>

後述（Ⅳ）の完成猶予や更新があると，完成猶予事由の終了または消滅の時から一定期間（完成猶予事由により6か月と3か月がある）が，または更新の時からあらためて時効期間が経過する必要がある。時効制度は，民法改正法（平成29年法44号）による改正後民法（以下，改正民法という）において，大きな改正のあったところであるが，その構造をまとめると，だいたい表4のようになる。

詳しくは，時効制度の存在理由にふれたのち（Ⅱ），以下の順序で述べることにする。まず，取得時効と消滅時効に共通する規定や問題を扱い（Ⅲ・Ⅳ），ついで，取得時効と消滅時効のそれぞれに固有の要件などを説明する（Ⅴ・Ⅵ）。

2　消滅時効類似の制度

消滅時効と，制度の目的および効果において共通する一面をもつが，要件や効果などにおいて異なるものとして次のものがある。

⑴　除斥期間　　㋐　消滅時効との違い　　除斥期間とは，起

草者によると，権利がとくに速やかに行使されることを目的として，権利行使に期間の制限を加えたものである。ここから，近時の学説は，消滅時効との主な違いとして，①更新のないこと，②援用を要しないこと，の二つをあげている。完成猶予については，除斥期間であってもこれを認めないと権利行使が極めて困難なうちに権利を消滅させることになるので，完成猶予の規定だけは類推適用すべきであるとの説が有力である。

(イ) 消滅時効か除斥期間か　民法が権利行使に期間の制限を課している場合には，それを消滅時効と除斥期間のいずれに解すべきかが問題となる。かつての通説は，区別の基準を，「時効によって消滅する」とか，それに続いて「同様とする」というように（126条参照），条文上，時効であることが明示されているか否かに求めていた。しかし，近時は，このような条文の文言にとらわれずに，権利の性質や規定の趣旨に照らして実質的に判断すべきであるとの考え方が有力となっている。具体的には，①取消権や解除権のような形成権（権利者の意思表示のみで権利内容の実現ができるので更新はありえないため），②請求権のうち，民法が比較的短期の期間制限を定め，かつ，「時効によって」の文言がない場合（193条・195条・600条1項（622条が準用）など。権利の速やかな行使が要請されるので），③一つの権利について長期と短期の期間制限が定められている場合（126条・426条・884条など）の長期の期間（更新の繰り返しによりさらに長期になるのを避けるため），を除斥期間と解するものが多い。しかし，①において更新がないのは，形成権という権利の性質からくるものであり，権利のとくに速やかな行使という目的からあえて更新を認めないのとは異なる。したがって，形成権には更新がありえないということから，直ちにその期間制限が除斥期間であるということにはならないとか，承認（152条）

による更新は考えられるので更新がありえないというわけではないとの指摘もある。また，②③については，更新を全く認めないのは妥当でないとの考え方も有力である。

判例は，改正前民法724条後段の20年の期間は除斥期間であり，裁判所は当事者の援用がなくても除斥期間が経過していれば請求権は消滅したものと判断すべきであるから，当事者が20年経過により請求権が消滅したと主張してもそれが信義則違反または権利の濫用になることはないとしていた（最判平元・12・21民集43巻12号2209頁）。しかし，この判例に対しては学説の批判が強く，改正民法は，消滅時効であることを明文化した（724条柱書参照）。

このように，除斥期間は，従来その存在が当然のこととされていたとはいえ，わが国の民法上の具体的な存在および内容については学説の一致をみておらず，なお今後の検討を要する問題である。

⑵　権利失効の原則　　ドイツの学説・判例により形成された法理に，権利失効の原則（Verwirkung）がある。これは，権利の不行使が永く続いた後に突然行使することが信義に反すると認められる場合には，権利の行使を許さないとするものである。失効の原則の主たる実益は，消滅時効の対象とならない権利（たとえば，ドイツ民法では形成権）にも適用でき，また，消滅時効の完成前に権利の行使を阻止できるところにある。しかし，ドイツの消滅時効が，その対象を請求権に限り（ドイツ民法旧194条（現194条も同じ）），期間も30年と長かった（ドイツ民法旧195条（現195条は通常の消滅時効期間を3年とする））のに比べると，わが国の民法の消滅時効は，その対象を財産権一般にひろげ，期間も債権の場合には5年または10年，債権または所有権以外の財産権の場合には

20年と短い（166条1項2項）。また，消滅時効制度が定められているということは，権利者は，消滅時効にかかるまで権利はなお存続するとの期待をもっているということをも意味する。このような理由から，わが国の民法のもとでもこの原則を認めるべきかについては，慎重な立場をとる学説が多い。最高裁の判例には，一般論としてこの原則を認めたように思われるものがある（最判昭30・11・22民集9巻12号1781頁（土地賃借権の無断譲渡から7年半後に，賃貸人が612条に基づいて賃貸借契約を解除したのに対し，賃借人がドイツにおける権利失効の原則により解除権は失効したとして解除の効力を争った事案））が，それは，権利失効の原則ということばを用いておらず，また，実際にこの原則を適用して権利を失効させたものでもない。

(3) 権利保存期間（失権期間）　買主や注文者は，種類・品質が契約内容に適合していない目的物が引き渡された場合において，その不適合を知った時から1年以内にその旨を売主や請負人に通知しないと，履行の追完の請求権，代金や報酬の減額請求権，損害賠償請求権，解除権を失う（566条本文・637条1項）。これらの権利は，原則的な消滅時効期間（166条1項）に服するが，この通知を怠ると消滅時効にかかる前にこれらの権利を失うことになる。かつて，判例は，売買の目的物に隠れた瑕疵があるときの損害賠償請求権の1年の期間制限（改正前570条・566条3項）を除斥期間であるとしつつ，その期間内に売主に責任を問う意思を裁判外で明確に告げるとこの損害賠償請求権が保存されるとしていた（最判平4・10・20民集46巻7号1129頁）が，改正民法により，権利保存期間と損害賠償請求権等の権利の期間制限との関係も整理された。権利保存期間は権利が消滅時効にかかる前に失権する点では権利失効の原則と似ているが，期間が法定されている点で異なる。

また，権利保存期間自体は権利行使等により延長（後述Ⅳの「更新」）されることはないという点では除斥期間と似ているが，別途，権利が消滅時効に服する点で異なる。

Ⅱ　時効制度の存在理由——時効観の対立

常識的に考えると，他人の物はその所有者に，借金は貸主に返還すべきであり，それが法の原則でもあるはずである。しかし，時効制度があるために，一定の期間が経過すると，他人の物や借金を返さなくてもよい，少なくとも法的には返還を強制されない，ということになる。そうすると，時効は不道徳を法が認めることになり不合理な制度ではないかとの疑問が出てくる。そこで，時効はいったい何のためにあるのか，すなわち，**時効制度の存在理由は何か**が第一に検討されるべき問題とされてきた。★

1　三つの存在理由

時効制度の存在理由としては，一般に，次の三つがあげられてきた。すなわち，①社会の法律関係の安定のため，②権利の上に眠る者は保護に値しない，③証明の困難を救済する必要，である。

①は，主として第三者，たとえば所有権なしに土地を占有している者を所有者と信じてその土地を買ったり賃借権の設定を受けた者，あるいは被担保債権が消滅したものと信じて抵当不動産を買った者の保護が時効の目的であるとし，それを正当化する根拠として述べられるものである。しかし，これに対しては，時効に第三者保護の機能があるとしても，まず当事者（所有者と占有者，債権者と債務者）間の問題として時効の存在理由を考えるべきであるとの指摘がなされている。

②は，時効により所有者や債権者などの権利者が権利を失う点に着目し，これを根拠づけようとするものである。そのため，これに対しては，権利を行使するかどうかは本来権利者の自由であるはずであるとの疑問が呈されることもあった。したがって，権利者が権利を失うことを正当化するには，時効の主眼は権利の不行使をとがめるよりもむしろ権利を行使される相手方である義務者（取得時効における非権利者たる占有者（占有物の返還義務を負う），消滅時効における債務者）の保護（義務からの解放）にあり，権利者が権利を失うのは義務の消滅の反射的結果であるというべきであろう。これは，時効は，義務者といえども権利者の不意の権利行使により現状（事実上権利者であるような状態，事実上義務の履行を免れている状態）を否定されるという不安定な状態にいつまでも置いておくべきではないとの価値判断に基づき，権利の永続性を否定して現状維持の計算可能性を与える制度である（つまり，どれだけの期間が経過すれば占有物の返還や債務の支払を法的に強制されることはないかを計算できるようにする）と考えるものである。すなわち，時効は，義務からの解放について計算可能性を与える必要性に基づき，現状の維持を法的に正当化するために新たな権利関係を形成する制度であるということになる。

③は，②が時効の利益を受けるのは非権利者・未弁済者であると考えるのとは逆に，時効の目的は，時の経過により所有権の取得や弁済の事実を証明することが困難となり，権利を失いあるいは二重弁済を強いられるおそれのある真の権利者・弁済者の保護にあると考えるものである。

このように，存在理由について考え方が異なるのは，時効に対する見方，つまり時効観の違いからきている。

2　二つの時効観

時効観は次の二つに分かれる。すなわち，時効はその基礎となる事実状態（占有，債権などの権利の不行使）と真の権利関係の不一致（占有者は所有者ではなく，債権などの権利は消滅していない）を前提とする制度であるとみる立場と，一致する（占有者は所有者であり，債権などの権利は消滅している）蓋然性が高いことを前提とする制度であるとみる立場である。一般に，前者は時効を権利得喪の効果が生ずる実体法上の制度と解することになるとして実体法説と呼ばれ，後者は時効を所有者や弁済者であることの証拠に関する訴訟法上の制度と解することになるとして訴訟法説と呼ばれている。したがって，先にあげた存在理由の①②は実体法説からの，③は訴訟法説からのものということになる。もっとも，実体法説においても，権利者・弁済者であることを証明できない者が，自分の権利を守り，二重弁済の危険を避けるために時効を援用することは差し支えないわけである。というよりもむしろ，時効制度は非権利者の権利取得（取得時効の場合）・権利者の権利消滅（消滅時効の場合）という一元的構成のなかで，権利者であることを証明できない占有者や弁済等による債務消滅を証明できない者の保護をも目的としている（時効制度の裏面の目的ないし機能）と考えるのが実体法説であるというべきであろう。従来，実体法説が，時効の存在理由の一つとして③もあげているのはその現れといえよう。

ところで，旧民法（ボアソナードが起草し1890（明23）年に公布されたが施行されずに終わった民法）の時効の効果は，権利の取得・免責の「法律上ノ推定」（証拠編89条本文）であったが，（旧民法に対するところの）現行民法では権利の取得・消滅（162条・166条1項柱書（改正前167条）参照）に改められた。すなわち，法的構成の上からは，明らかに，旧民法の時効が訴訟法説をとったのに対し，現行

表5　二つの時効観

時効観	存在理由	
	目的(時効の利益を受けるのは誰か)	根　拠
実体法説	第三者	社会の法律関係の安定のため
	非権利者(取得時効)，未弁済者(消滅時効)	権利の上に眠る者は保護に値しない(義務からの解放の必要性)
訴訟法説	真の権利者(取得時効)，弁済者(消滅時効)	証明の困難を救済する必要性

民法の時効は実体法説に基づく制度へ一変した。しかし，他人の物を無権原で占有する者は所有者に返還し，借金を返済していない者は返済すべきが原則であるから，現行民法制定後も訴訟法説は有力に主張され続けてきた。これに対しては，実体法説から，訴訟法説は民法の文理に反するということのほかに，権利行使に時間的制約がなくてもよいのか，仮に信義則や失効の原則によって個別的に権利の行使を阻止すればよいというのであれば，権利が不安定なものとなる不都合が生ずるのではないか，との反論も出されている。

学説の現状は，いずれかの時効観に立って時効を統一的に理解しようとするものから，たとえば，短期取得時効は売主が非所有者だと知らずに買い受けた者などを保護する不動産取引の安全のための制度であり，長期取得時効は所有権取得の立証困難を救済する制度であるというように，個々の時効制度ごとに時効観・存在理由を考えるものまで多岐にわたっている。

この問題をどう考えるかは，時効制度により非権利者が権利を取得し未弁済者の債務が消滅することを時効本来の効果として認めるかどうかが出発点である。実際に裁判上あるいは裁判外で時効が援用される事案では，権利者・弁済者であることの立証ができないために時効制度により保護されている者もいると思われる。しかし，非権利者・未弁済者であることが明らかな事案において権利取得・権利消滅が認められていることも事実である。また，権利を有していても永く放置していると裁判をしても勝てないということは多くの人々に意識されているように思われる。実体法説に立ちつつ，時効の不利益を被る権利者の保護とのバランスを意識して，起算点に関する規定（166条1項2項・724条）など時効の個々の規定を具体的な事案に適用していくべきであろう。

3　時効の機能

時効制度は，実体法説に立つと，前述（2参照）したように，権利の取得・消滅という一元的構成のもとで，非権利者たる占有者・未弁済者の保護と，権利者・弁済者であることを立証できない権利者・弁済者の保護という二面の機能ないし目的を有していることになる。これを別な角度からみると，時効制度には，一般に，証拠保存解放機能（取得時効にあっては取引の安全），義務解放機能，権利行使促進機能，裁判所の負担軽減機能（提訴抑止機能（時効完成後は敗訴となることを考えて提訴しにくくなるので）），判決迅速化機能（時効が援用されると権利の有無の判断に立ち入ることなく判決をすることができるので）があるといえよう。

Ⅲ　時効の援用

1　援用の意義

援用とは，たとえば，裁判上，被告である債務者が，「消滅時効が完成しているので原告（債権者）の請求棄却の判決を求める」といったり，その旨の内容証明郵便を相手方に送ったりするなど，時効の利益を受けうる者が，実際に時効の利益を受けようとする行為である。

2　援用規定（145条）の存在理由（制度趣旨）

時効の利益を受けるために，**なぜ援用が必要とされるのか**。主な学説は次の二つである。★

⑴　弁論主義の現れ　　一つは，145条は，判決の基礎をなす事実の確定に必要な資料の提出を当事者の権能および責任とする民事訴訟法上の弁論主義（その反対概念が職権探知主義（人訴20条）である）からの当然の帰結を示したものにすぎないとする説である。これによると，援用は裁判上なされるものということになる（後述3⑴の確定効果説の考え方である）。しかし，145条は，時効の利益を受けるか否かを当事者の判断に委ねた規定であると考えるのが素直である。そうすると，確定効果説を正当化することは難しく，したがって，145条の存在理由を確定効果説と結びつけて考えるのも妥当ではないといえよう。

⑵　良心規定　　いま一つは，145条は時効の利益を受けるか否かを当事者の良心に委ねたものであるとする考え方（通説）である。

これは訴訟法説になじむ考え方である。なぜなら，訴訟法説からすると，非権利者・未弁済者が時効を援用するのは良心に反すべき行為であり，したがって，時効の利益を受けるか否かを当事者の良心に委ねることは，非権利者・未弁済者が時効により権利を取得し，債務を免れるという望ましくない事態の発生の予防に役立つからである。あるいは，良心に基づく当事者の援用がある場合には，時効が完成しただけの段階よりも一層真の権利者・弁済者であることの蓋然性が高まるからである。しかし，この考え方は実体法説にはなじみにくい。なぜなら，義務者といえども義務を免れる（そのために権利の得喪が生ずる）場合のあることをひとたび法が認めた以上，その利益の主張を良心に反すべき行為であると評価することはできないのではないかと思われるからある。

(3)　利益の押しつけはしない　　そこで，実体法説（とくに後述3(2)の要件説）の立場からは，次のように考えられる。すなわち，本来，他人の物は他人に返し，債務は履行すべきが法の原則であるから，その例外を認める時効の利益を自分が受けることは，他方で，権利が消滅するという不利益を権利者に被らせることになる。したがって，援用規定の存在理由は，時効の利益を受けることは他人（権利者）に不利益をもたらすものであるから，時効の利益は押しつけるべきものではなく，時効の利益を受けるかどうかを当事者に委ねる（時効の利益はその利益を受けたい者にだけ与える）ことにあると考えるのが妥当である。そうすると，時効の効果は時効を援用した時点で生じると解すべきことになり，時効完成後・援用前の給付も有効なものとなる（つまり，時効の完成を知らないで占有物を所有者に返還し，あるいは債務を弁済した場合，その後に時効を援用して給付した物や金銭を取り戻すことは認められない）。なお，会計法31条1項は，国のまたは国に対する金銭債権の消滅時効につき，画一的に処理するため，別段の規定がないときは，援用を不要とし，時効利益の放棄もできないとしている。したがって，たとえば，消滅時効完成後に国に対して弁済した場合は国の不当利得となり，当該債務者に返還請求権が生ずることとなる。以上に述べてきたことをもとに，援用に関する考え方をまとめると，およそ表6のようになる。

表6　援用に関する学説の考え方

<table>
<tr><th>時効観</th><th>時効の効果</th><th colspan="2">時効の完成だけで時効の効果が発生するか</th><th>援用の法的性質</th><th>援用規定(145条)の存在理由</th></tr>
<tr><td rowspan="3">実体法説</td><td rowspan="3">権利の取得・消滅</td><td colspan="2">発生する</td><td>攻撃防御方法</td><td>弁論主義</td></tr>
<tr><td rowspan="2">発生しない</td><td>停止条件説</td><td>停止条件的なもの</td><td>良心規定</td></tr>
<tr><td>要件説</td><td>要件</td><td>利益の押しつけはしない</td></tr>
<tr><td rowspan="2">訴訟法説</td><td>権利の取得・消滅に関する法定証拠の成立</td><td colspan="2">発生する</td><td>法定証拠の提出</td><td>弁論主義</td></tr>
<tr><td>権利の取得・消滅に関する法律上の推定</td><td colspan="2">発生しない</td><td>要件</td><td>良心規定</td></tr>
</table>

3　時効の完成・援用と時効の効果発生との関係

民法は一方で，時効の完成によって権利が取得され，消滅すると定めている（162条・166条など）が，他方で，当事者が時効を援用しないと時効によって裁判をすることができないと定めている（145条)。そこで，時効の効果はいつ発生するかにつき，学説は，次の二つに分かれている。一つは，162条等を重視し，時効の完成だけで時効の効果は確定的に発生するとの説（確定効果説，完成時説）であり，もう一つは，145条を重視して，時効が援用されるまでは時効の効果は確定的には発生しないとする説（不確定効果説，援用時説）である（表6参照)。

(1)　確定効果説（完成時説）　　これには，援用は訴訟上の攻撃防御方法にすぎないとする攻撃防御方法説（大判大8・7・4民録25輯1215頁は，これを理由に援用の撤回を認める）と，法定証拠の提出であるとする法定証拠提出説とがある。前者は実体法説からの，後者は訴訟法説（法定証拠説）からのものである。

⑵ 不確定効果説（援用時説） これには，援用を時効の効果発生のための停止条件的なものとする停止条件説（かつては，援用のないことを解除条件的なものと考える解除条件説もあった）と，停止条件説の趣旨をより端的に説き，援用は時効の効果が発生するための要件であるとする要件説がある。

この問題は，145条の存在理由（制度趣旨）をどう解するかにかかっている。先に述べたように，145条が当事者の援用がなければ時効によって裁判をすることができないとしているのは，時効の利益の押しつけはしないというところにあると解するときは，援用は時効の効果発生の要件であり，援用時に時効の効果が発生すると解することになろう。

最高裁も，「145条及び146条は，時効による権利消滅の効果は当事者の意思をも顧慮して生じさせることとしていることが明らかであるから，時効による債権消滅の効果は，時効期間の経過とともに確定的に生ずるものではなく，時効が援用されたときにはじめて確定的に生ずるものと解するのが相当」であるとして，不確定効果説をとることを明らかにしている（最判昭61・3・17民集40巻2号420頁）。事案は，農地法3条の許可を要する売買において，許可申請協力請求権の消滅時効援用前に非農地化した場合には許可不要となり買主に所有権が移転するかが争われ，これを肯定したものである（許可申請協力請求権の存続中は売買契約の効力も存続し，その間に非農地化した場合には許可なく所有権は移転するとの考え方を前提としているのであろう）。判旨は，事案に即して，許可申請協力請求権の消滅時効について不確定効果説をとるものであるが，その根拠を時効一般の通則である民法145条・146条に求めているところからすると，本判決の射程は取得時効をも含む時効一般に及ぶものといえよう。

4　援用権者

(1)　問題の所在　　145条は，援用権者を「当事者」としている。そして，消滅時効における「当事者」の具体例として，保証人，物上保証人（他人に対する債権を担保するために自分の財産に担保権を設定した者），第三取得者（担保権の設定された財産を譲り受けた者）をあげている。また，抽象的な基準として「消滅時効にあっては，……権利の消滅について正当な利益を有する者」と定めているが，「正当な利益を有する者」というのは取得時効の援用権者についてもあてはまるものである。

これらの具体例と抽象的な基準は，改正民法で新たに規定されたものであり，具体例は，次に述べるように，従来の判例が消滅時効の援用権者と認めたものである。援用権者の範囲については，援用することに法律上の利益のある者であれば誰でも援用できるとの考え方（無制限説）と一定の範囲に限定されるとの考え方（制限説）があるが，この「正当な利益を有する者」という抽象的基準は，従来の判例と同じく，制限説をとることを明らかにしたものである。しかし，何をもって「正当な利益を有する者」とそうでない者を区別すべきかは解釈に委ねられているため，これをどう考えるかが問題となる。

(2)　判例　　判例は，当初，この「当事者」は時効によって「直接ニ利益ヲ受クヘキ者」であるから，間接に利益を受けるにすぎない抵当不動産の第三取得者や物上保証人は被担保債権の消滅時効を援用できないとした（大判明43・1・25民録16輯22頁）。理由は，これらの者の援用が認められるならば，債権者は主たる債権を有しながら従たる抵当権を失うという不都合を生じるからであるという。後に判例を変更し，これらの者も援用できるとしたが，援用権者は直接利益を受ける者に限られるとの一般的基準は堅持されてきた。そのため，判例理論はわかりにくいものとなっている。以下に，取得時効と消滅時効のそれぞれにつき，主な事案ごとに判例（一部，下級裁判所の裁判例を含む）の結論を示す。

(ア)　取得時効　　(a)　建物の賃借人　　Xの甲土地上に乙建物を所有するAから乙建物を賃借しているYは，Aの甲土地に対する所有権の取得時効を援用できない（最判昭44・7・15民集23巻8号1520頁）。

(b)　土地の賃借人　　土地の賃借人が賃貸人のその土地に対する所有権の取得時効を援用できるかについては下級裁判所の判決があるが，否定するもの（東京高判昭47・2・28判時662号47頁）と肯定するもの（東京地判平元・6・30判時1343号49頁）に分かれている。

(イ)　消滅時効　　(a)　保証人・連帯保証人　　保証人は，主たる債務の消滅時効を援用できる（大判大4・7・13民録21輯1387頁）。連帯保証人も，自己の債務については債務の承認をしたと認定された事案において，自己の債務について消滅時効が更新されもしくは時効の利益を放棄した場合でも，主たる債務の消滅時効を援用できるとされた（大判昭7・6・21民集11巻1186頁）。

(b)　物上保証人　　物上保証人は被担保債権の消滅時効を援用できる（最判昭42・10・27民集21巻8号2110頁（前掲大判明43・1・25を変更））。

(c)　担保不動産の第三取得者　　抵当権が設定されその登記のある不動産を譲り受けた者（最判昭48・12・14民集27巻11号1586頁（前掲大判明43・1・25を変更）），仮登記担保権の設定された不動産を譲り受けた者（最判昭60・11・26民集39巻7号1701頁）は，被担保債権の消滅時効を援用できる。

(d)　売買予約の仮登記のされた不動産の抵当権者・第三取得

者　　売買予約に基づく所有権移転請求権保全の仮登記の経由された不動産につき抵当権の設定を受けその登記を経由した者は，予約完結権の消滅時効を援用できる（最判平2・6・5民集44巻4号599頁（取得目的の売買予約の事案のようである））。同様に，所有権移転登記を経由した第三取得者も援用できる（最判平4・3・19民集46巻3号222頁（担保目的の売買予約の事案））。

(e)　譲渡担保権者から目的不動産を譲り受けた第三者　　譲渡担保権者から被担保債権の弁済期後に譲渡担保権の目的物を譲り受けた第三者は，譲渡担保権設定者が譲渡担保権者に対して有する清算金支払請求権の消滅時効を援用できる（最判平11・2・26判時1671号67頁）。

(f)　一般債権者　　債権者は，債務者が他の債権者に対して負っている債務の消滅時効を援用することはできない（大決昭12・6・30民集16巻1037頁）。ただし，債務者が無資力の場合には，債権者代位権（423条）に基づいて債務者の援用権を代位行使できる（最判昭43・9・26民集22巻9号2002頁）。

(g)　後順位抵当権者　　後順位抵当権者は，先順位抵当権の被担保債権の消滅時効を援用できない（最判平11・10・21民集53巻7号1190頁）。

(h)　詐害行為の受益者　　詐害行為の受益者は，詐害行為取消権（424条）を行使する債権者の債権の消滅時効を援用できる（最判平10・6・22民集52巻4号1195頁）。

(3)　学説　　学説は，時効の効果は時効の完成により確定的に発生する（確定効果説）との考え方から無制限説をとるものもあった。しかし，不確定効果説とともに，制限説が通説となった。もっとも，制限の基準ははっきりせず，援用権者の範囲自体は広く認めるものが多い。たとえば，時効によって直接権利を取得しまたは義務を免れる者のほか，この権利または義務に基づいて権利を取得しまたは義務を免れる者は援用できるとの有力説があるが，この基準によると援用が認められない者の具体例はあげにくく実質は次に述べる無制限説に近いものである。

(4)　時効の目的・援用制度と整合的な基準の探求　　所有権の取得時効完成の要件を満たした占有者や，消滅時効が完成した債権の債務者など，時効にかかる権利関係の当事者（「直接の当事者」）は，いわば本来的な援用権者である。問題は，「直接の当事者」ではないが，時効の援用が認められれば法律上の利益を受ける者（「第三者」）すべてに援用を認めてよいか（無制限説），すべてには認められないとすると（制限説），どのような理由でどのような者が援用権者になるかである。これは，時効制度の目的や援用制度（145条）の存在理由ないし制度趣旨と密接にかかわるものであるから，それらと整合的な基準でなければならない。そのような視点からは，次のような考え方もありえよう。

第一に，時効の目的は義務からの解放である（そのために権利を消滅させる（実体法説））と考えるなら，援用権者は時効の援用により義務を免れる者でなければならない。したがって，たとえば，消滅時効にかかった債権の債務者に対する他の債権者は，その消滅時効を援用できない。また，後順位抵当権者は，先順位抵当権の被担保債権の消滅時効を援用して自分の抵当権の順位を上昇させることもできないということになる。

第二に，145条は「当事者」に時効の利益を押しつけないという規定であると考えるなら，「直接の当事者」には援用するかしないか（時効の利益を受けるか否か）の自由がある。そうすると，「直接の当事者」が「第三者」のために援用すべき関係にあるときでも，「直接の当事者」に援用を強制することは時効の利益の押しつけとなるのでできない。他方で，「第三者」には「直接の当事者」が援用したのと同様の利益が与えられるべきである。ここに，「第三者」に援用を認める主要な根拠があり，また，「第三者」が援用した場合の効果はあくまで「第三者」との関係でのみ認められ「直接の当事者」には帰属しないことになる（これを，援用の相対効という。具体的には**5**参照）。

第三に，「直接の当事者」が「第三者」のために援用すべき関係にあるとは評価できないときであっても，「第三者」に援用を認めることを正当化できる他の理由を見出せるならば，援用を認めて差し支えないといえよう。

5　援用の効果の及ぶ人的範囲

たとえば，AがBに対して金銭債権をもっており，Cが物上保証人であるとき，この債権の消滅時効が完成すると，債務者のBだけでなく，物上保証人Cも時効を援用できる（145条が具体例としてあげるところである）。しかし，時効の利益は，それを受けたい者にだけ与えればよい。したがって，Cが被担保債権の消滅時効を援用しても，AとCとの関係でだけ債権は時効消滅したものと扱われる。つまり，AはCとの関係では被担保債権の消滅に伴い抵当権も失うが，Bが援用しなければ，AはBとの関係では債権を失わず，Bに対してはなお債務の履行を請求することができる。このことを指して，援用の効果は相対的であるといわれることがある。なお，Bが先に援用した場合にはAのBに対する債権は消滅するので，もはやCの援用は問題とならない（裏返していうと，C（一般的にいうと「第三者」）が援用権者であるかどうかが問題となるのは，B（一般的にいうと「直接の当事者」）が援用しない場合である）。

6　援用権の放棄・喪失

(1)　**援用権の放棄**　146条は,「時効の利益は，あらかじめ放棄することができない」としている。この反対解釈として，時効完成後の放棄は認められている。

時効完成前の放棄が無効とされたのは，もしこれを有効と認めると，たとえば，金を貸す際に,「この債務については時効の利益を放棄します」という特約がなされるなど，債権者は常にこれを要求し債務者は軽率にも承諾してしまうおそれがあるからである。したがって，たとえば時効期間を延長する特約など，時効の完成を困難にする特約は無効であるが，時効期間を短縮するなど，時効の完成を容易にする特約は有効と解されている。この趣旨からは，たとえば保険会社が保険金支払請求権の時効期間（保険95条1項参照）を延長する約款を用いるなど，時効期間を伸長する特約が債権者の有利な立場を利用して結ばれたものではない場合にはそのような特約でも有効とされ，逆に，時効期間を短縮する特約であっても債務者の有利な立場を利用して結ばれた場合には無効とされることがあろう。

★★　(2)　**援用権の喪失とは何か**　(ア)　消滅時効完成後の自認行為（債務の承認）　援用権（時効利益）を放棄するには放棄の意思が必要であるとすると，消滅時効の完成を知らないで債務の存在を前提とする行為（自認行為）をした場合（たとえば，支払の延期を求めるとか債務を一部弁済するなど），すなわち，いわゆる消滅時効完成後の債務の承認がなされた場合にどう扱うかが問題となる。時効の完成を知らなければ，放棄の意思もないのがふつうだからである。

かつての判例は，時効利益の放棄とは完成した時効の効力を消滅させる意思表示であるから，放棄は時効の完成を知ってしなければならないという前提をとっていた。そこで，債務者が消滅時効完成後に債務の承認等をした場合には，時効の援用を封ずるために，時効の完成を知ってしたものと推定し，この推定に対する反証を容易に認めないという方法をとっていた。これに対し，学説は，援用を認めないのは妥当としつつも，知っていたという推定は経験則に反し不当であるとし，また，推定が破られ，時効の援用が認められる余地も残る，として判例の立場を批判した。

そこで，最高裁（最大判昭41・4・20民集20巻4号702頁）は，債務者Xが時効の完成を知らずに，分割払いにし利息を免除してくれるなら支払うとの手紙を債権者Yに出していたが，公正証書に基づくYの強制執行に対して請求異議の訴え（民執35条参照）を提起し，時効を援用した事案において，従来の不自然な判例理論を改め，次のように述べた。すなわち，「時効の完成後，債務者が債務の承認をすることは，時効による債務消滅の主張と相容れない行為であり，相手方においても債務者はもはや時効の援用をしない趣旨であると考えるであろうから，その後においては債務者に時効の援用を認めないものと解するのが，信義則に照らし，相当である」とし，このように解しても，「永続した社会秩序の維持を目的とする時効制度の存在理由に反するものでもない」とした。

これは，放棄の意思（したがって，時効の完成を知っていること）を要する援用権の放棄そのものとは異なり，学説にいう放棄の意思を問題としない援用権の喪失を認めたものと解されている。

学説は一般に，自認行為により，債権者が弁済に対する正当な期待をもち（実体法説から），あるいは債務の存在が明らかとなる（訴訟法説から）ことを理由に，この判例を支持している。

この判例の考え方によっても，たとえば，債務者が債務の存在は認めるが消滅時効を援用するといった場合には，債権者は，「債務者はもはや時効の援用をしない趣旨である」と考えることはないはずであるから，債務の存在が明らかになったからといって，それだけで債務者が援用権を失うことはないといえよう。また，援用権を留保しつつ支払の猶予や債務の減額を申し出ることもありうる。したがって，債権者の弁済に対する期待（債務者の時効不援用の期待）を広く正当なものとして認め信義則を理由に援用権の喪失を認めることは，かえって時効の目的に反することにもなりかねない。債務者が時効完成後に一部弁済をするのは，通常は時効の完成を知らないからであるとすると，通常は，一部弁済を受けた債権者も「債務者はもはや時効の援用をしない趣旨であろう」と考えることはないはずであるから，債務者は残債権についての援用権を失わないとの解釈もありうるように思われる。

(イ)　主債務の消滅時効完成後の保証人の一部弁済　　主債務の消滅時効完成後に保証人が一部弁済した場合について，最高裁は，「主債務が時効により消滅するか否かにかかわりなく保証債務を履行するという趣旨に出たものであるときは格別，そうでなければ，保証人は，主債務の時効を援用する権利を失わない」として残債務の時効援用が信義則により妨げられることもないとした原審判決を正当であるとしている（最判平7・9・8金法1441号29頁（主債務の消滅時効完成の前後にわたり連帯保証人が一部弁済を続けた事案））。なお，物上保証人が被担保債権の消滅時効完成前に当該物上保証と被担保債権の存在を承認した場合について，物上保証人は債務者ではないので被担保債権の消滅時効は更新されず，また，物上保証人との関係においても更新される余地はないので，物上保証人は被担保債権の時効を援用できるとする判例がある（最判昭62・9・3判時1316号91頁）。

⑶　効果　　㋐　再度の進行　　援用権の放棄（喪失の場合も同じ）があると，時効の援用はできなくなる。しかし，放棄の時点から再び時効は進行する（最判昭45・5・21民集24巻5号393頁（喪失の事案））。

㋑　相対効　　放棄の効果は，「直接の当事者」による放棄であれ「第三者」による放棄であれ，相対的なものである。理由は，援用の場合と同じく，時効の利益を受けるか否かは，本来，各当事者の意思にまかされるべきものだからである（もっとも，援用については，その効果が相対的であるのは「第三者」が援用した場合であり，「直接の当事者」が援用した場合は絶対的である）。したがって，たとえば，債務者が援用権を放棄しても，物上保証人（最判昭42・10・27民集21巻8号2110頁）や抵当不動産の第三取得者（大判大13・12・25民集3巻576頁）はなお援用権を有する。

7　援用権の濫用

時効の援用に対しても，一般条項（1条）による制約はあり，信義則違反ないし権利の濫用とされることも少なくない。前述（6⑵㋐）したように，援用権の喪失を認めた判例は信義則を理由とするものであった。ほかにも，たとえば，長男Ｙから農地を贈与された母Ｘが，二十数年後Ｙに農地法3条に基づく所有権移転許可申請への協力を求めた事案において，最高裁（最判昭51・5・25民集30巻4号554頁）は，ＹがＸの許可申請協力請求権につき消滅時効を援用することは「信義則に反し，権利の濫用として許されない」とした原審の判断を是認した。本判決のあとにも，権利の濫用を理由にして時効の援用を否定した下級裁判所の判決はかなり出されている。

Ⅳ　時効の完成の障害――時効の完成猶予と更新

1　時効の完成猶予と更新の意義

(1)　意義　　本来の時効完成時に，そのまま完成させるのは妥当でない一定の事由があると，完成が猶予される。これを時効の完成猶予という。さらに，そのうちの一定の完成猶予事由については，それが終了した時に，あるいは権利の承認があったときには，その時から，それまで経過した期間は時効の完成にとって全く無意味なものとなり，新たに時効が進行を開始する。これを時効の更新という。時効の完成猶予と更新は，それぞれ2017（平29）年改正前の時効の停止と中断という用語を改めたものである（したがって，以下では，判例が「中断」すると述べているところは適宜「完成猶予・更新」される，あるいは「更新」されると言い換えることにする）。この時効の完成猶予と更新は時効の完成の障害といわれる。

(2)　根拠　　完成猶予事由には，権利行使されたために完成が猶予されるものと（権利行使型），権利行使が困難なために完成が猶予されるもの（権利行使困難型）がある。前者には，完成猶予事由の終了が更新事由になっているものと（更新事由一体型），そうでないもの（更新事由非一体型）がある。また，更新事由には，権利行使によるものと（権利行使型（一定の完成猶予事由の終了）），権利を承認したことによるもの（権利承認型）がある。

実体法説では，時効は，一方で占有や未弁済の状態が継続し，他方，それにもかかわらず権利者が権利を行使しない場合に認められるものである。したがって，①権利行使型の完成猶予事由が生じた場合は権利行使がなされているので，②権利行使困難型の完成猶予事由が生じた場合は，その間は，権利行使がなされない

図 13　完成猶予と更新の関係

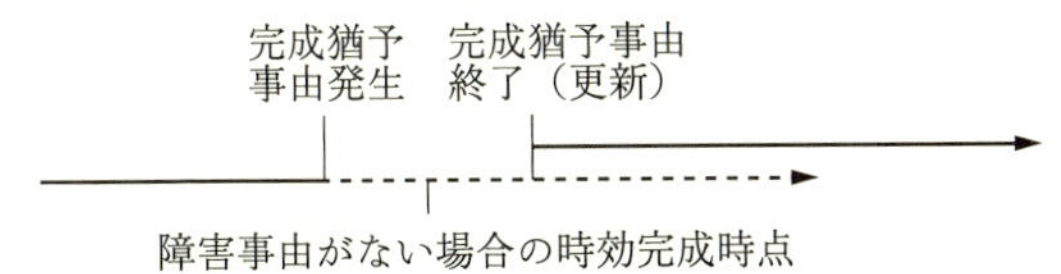

のもやむをえないので，時効の完成が猶予されることになる。また，③権利承認型の更新事由が生じた場合は，権利行使がなされないのもやむをえないので，時効は更新されることになる。換言すれば，①～③を通じて，もはや権利の上に眠る者とはいえない（完成猶予では義務からの解放という要請が停止し，更新では義務からの解放の要請は振出しに戻る）ということが根拠となる。これに対し，訴訟法説では，これらの事由により，権利の存在または不存在についての蓋然性がなくなることが根拠となる。

2　時効の完成猶予事由

⑴　権利行使による完成猶予　　㋐　更新事由一体型　　(a)　裁判上の請求等（147 条）　　(i)　裁判上の請求（1 項 1 号）　　訴えの提起がこれにあたる（民訴 133 条 1 項・147 条）。ふつうは給付の訴えであるが，確認の訴えでもよい（大判昭 5・6・27 民集 9 巻 619 頁（基本的法律関係（保険金受取人の地位）確認の訴えによって保険金請求権の消滅時効は完成猶予・更新されるとした））。また，反訴でもよく，判決確定後の再訴でもよい。問題となるのは，応訴または一部請求の訴えの場合に，裁判上の請求ないしそれに準ずるとして完成猶予・更新の効力を認めてよいかである。

まず，被告が原告の請求棄却の判決を求めて応訴することは，反訴と異なり，訴えの提起そのものではない。しかし，判例はこれに完成猶予および更新の効力を認めていた。たとえば，①債務

表7　完成猶予事由

<table>
<tr><td rowspan="15">完成猶予事由</td><td rowspan="11">権利行使型</td><td rowspan="8">更新事由一体型</td><td rowspan="4">確定判決等権利確定時更新型(147条)</td><td>裁判上の請求(1項1号)</td></tr>
<tr><td>支払督促(1項2号)</td></tr>
<tr><td>和解または調停(1項3号)</td></tr>
<tr><td>破産手続参加・再生手続参加・更生手続参加(1項4号)</td></tr>
<tr><td rowspan="4">強制執行等終了時更新型(148条)</td><td>強制執行(1項1号)</td></tr>
<tr><td>担保権の実行(1項2号)</td></tr>
<tr><td>民執195条の競売(1項3号)</td></tr>
<tr><td>財産開示手続(1項4号)</td></tr>
<tr><td rowspan="3">更新事由非一体型</td><td>裁判所申立て型</td><td>仮差押え・仮処分(149条1号2号)</td></tr>
<tr><td rowspan="2">裁判外権利行使型</td><td>催告(150条)</td></tr>
<tr><td>協議を行う旨の書面による合意(151条)</td></tr>
<tr><td colspan="2" rowspan="4">権利行使困難型</td><td colspan="2">未成年者または成年被後見人(158条)</td></tr>
<tr><td colspan="2">夫婦間(159条)</td></tr>
<tr><td colspan="2">相続財産(160条)</td></tr>
<tr><td colspan="2">天災等(161条)</td></tr>
</table>

者から提起された債務不存在確認訴訟の被告として債権者が債権の存在を主張し，原告の請求棄却の判決を求めた場合（大連判昭14・3・22民集18巻238頁），②抵当権者が債務者でもある抵当権設定者からの債務不存在を理由とする抵当権設定登記抹消登記手続請求訴訟の被告として被担保債権の存在を主張し，原告の請求棄却の判決を求めた場合（最判昭44・11・27民集23巻11号2251頁），③占有者から提起された移転登記手続請求訴訟の被告として所有者が自己に所有権のあることを主張し，原告の請求棄却の判決を求めた場合（最大判昭43・11・13民集22巻12号2510頁）には，裁判

上の請求に準じて時効の完成猶予・更新が認められるとした。

次に，いわゆる一部請求の訴えは，訴状に貼る印紙代や敗訴した場合の訴訟費用の負担のおそれなどを考慮して，勝訴の見込みがあるかどうか裁判所の様子をうかがうためになされること（試験訴訟）が多い。そこで，たとえば，不法行為（709条）により1000万円の損害を被ったAが，損害賠償請求権の消滅時効完成前に加害者Bに対して300万円の支払を求めて訴えを提起したとする。この訴訟の係属中に1000万円の損害の立証に自信をもったAが，当初の時効期間満了後に請求額を1000万円に拡張した場合に，一部（300万円）請求の訴えの時点で残債権（700万円）の時効もその完成が猶予されていなければ，被告に消滅時効を援用されると，拡張部分について，Aは敗訴することになる。同じことは，前訴（一部請求の訴え）で勝訴したので，当初の時効期間満了後に後訴で残債権を請求するという場合にもあてはまる（判例は，一部請求であることを明示した場合は残部の再訴（後訴）を許すが（最判昭37・8・10民集16巻8号1720頁），明示されていない場合は許さない（最判昭32・6・7民集11巻6号948頁）。また，一部請求で敗訴した原告の再訴は，特段の事情のない限り，信義則に反して許されないとする（最判平10・6・12民集52巻4号1147頁））。

判例は，訴訟係属中に請求が拡張された事案において，④一部請求であることが明示されているときには残債権の時効は更新しない（最判昭34・2・20民集13巻2号209頁（裁判上の請求があったというためには権利が訴訟物となったことを要するとの理由による））が，⑤明示されていないときには，かえって，債権全部につき完成猶予・更新の効力が生ずるとした（最判昭45・7・24民集24巻7号1177頁）。

以上の問題をどう考えるかは，裁判上の請求による完成猶予・更新の根拠をどう考えるかにかかってくる。学説は，裁判上の請求といえるためには，一定の形式（裁判上で権利の主張がなされること）を備えた権利行使であればよいとする説（権利行使説）と，よりせまく，当該権利が訴訟物となり既判力により確定されることを要するとする説（訴訟物説）に分かれる（前者は権利行使そのものに完成猶予・更新の根拠を求める実体法説と，後者は権利の存在が公に確定されるところに完成猶予・更新の根拠を求める訴訟法説と結びつきやすい）。判例は，すでにみたように，裁判上の請求を緩やかに解する傾向にあり，したがって権利行使説のほうが判例の立場をよりよく正当化しうると思われる。学説も一般に判例を支持してきた（ただし，上に挙げた判例③には反対するものが多い）。

しかし，上記判例①②④⑤の場合には，完成猶予の効果だけを与えれば足りるのではないかと考える。①②の場合は被告として勝訴しても（④⑤の一部請求の場合は，原告として勝訴しても残債権につき）債務名義（強制執行により実現されるべき給付請求権の存在と範囲を明らかにし，執行機関に執行権限を与える文書のこと（民執22条参照））を取得するわけではなく，したがって，直ちに強制執行することもできず，債権を満足させる権利行使としては実効性に乏しいので，訴えの提起と同じに扱うのは妥当でないと思われるからである。判例も，近時，後訴で残部を請求した事案で，明示的一部請求の訴えの提起は，特段の事情のない限り，残部について裁判上の催告（これは裁判で権利主張がなされている間および判決確定から6か月は完成が猶予されるとするものである。後述(イ)(b)参照）としての効力を有するとした（最判平25・6・6民集67巻5号1208頁）。したがって，改正民法のもとにおいても，同様に解すべきであると考える。

(ii)　支払督促（1項2号）　　債権者の申立てによって，裁判所書記官が金銭その他の代替物または有価証券の支払を督促するものである（民訴382条以下参照）。その手続全体を督促手続という。

(iii)　和解または調停（1項3号）　完成猶予事由となる和解とは，民事訴訟法275条1項による訴え提起前の和解である。また，完成猶予事由となる調停には，民事調停法による調停（民調2条参照）と，家事事件手続法による調停（家事244条参照）がある。

(iv)　破産手続参加・再生手続参加・更生手続参加（1項4号）　破産手続参加とは，債務者に対する破産手続の進行中に，債権者が配当に加入するために破産債権の届出をすることである（破111条参照）。再生手続参加とは，再生手続に参加しようとする債権者が再生債権を届け出ることであり（民再94条参照），更生手続参加とは更生手続に参加しようとする債権者が更生債権を届け出ることである（会更138条参照）。なお，債権者のする破産の申立て（現行の破産法18条1項では「破産手続開始の申立て」）は，裁判上の請求（147条1項1号）として時効完成猶予・更新の効力を生ずるというのが判例である（最判昭35・12・27民集14巻14号3253頁）。

(b)　強制執行等（148条）　(i)　強制執行（1項1号）　強制執行とは私法上の請求権を強制的に実現するための手続である（民執22条以下）。強制執行には債務名義が必要である（民執22条）。勝訴判決確定後に進行している時効（147条2項）などは，この強制執行により再度時効の完成が猶予され更新することができる。不動産競売手続において執行力のある債務名義の正本を有する債権者がする配当要求は，強制執行に準ずるものとして完成猶予・更新の効力が認められている（最判平11・4・27民集53巻4号840頁）。

(ii)　担保権の実行（1項2号）　担保権を実行して被担保債権の弁済にあてる手続である。これには，不動産については，競売による不動産担保権の実行による方法（担保不動産競売）と，担保不動産から生ずる収益を被担保債権の弁済にあてる方法（担保不動産収益執行）がある（民執180条）。

(iii)　民執195条の競売（1項3号）　　留置権による競売および民法，商法その他の法律の規定による換価のための競売である（民執195条）。形式的競売といわれる。

(iv)　財産開示手続（1項4号）　　一定の要件を備えた金銭債権者の申立てにより，債務者を裁判所に呼び出してその財産を開示させる手続である（民執196条以下）。民事執行の実効性を確保するための制度である。

(イ)　更新事由非一体型（完成猶予の効果だけが認められるもの）

(a)　仮差押え・仮処分（149条）　　仮差押え・仮処分は，民事訴訟の本案の権利（仮差押えの場合は金銭債権）の実現が不能ないし困難となることを防止するために財産を現状のまま凍結すること（仮差押え（民保20条1項），係争物に関する仮処分（民保23条1項）），または本案の権利関係につき争いがあることから権利者に生ずる危険や不安を除去するために暫定的な法律関係を形成すること（仮の地位を定める仮処分（民保23条2項））を目的とする制度である。判例は，仮差押えによる時効の完成猶予の効力は仮差押えの執行保全の効力が存続する間は継続し，本案の勝訴判決が確定しても仮差押えによる時効の完成猶予の効力は継続するとして，不動産仮差押登記（民保47条1項参照）がある間の時効の完成猶予を認めた（最判平10・11・24民集52巻8号1737頁）。しかし，判例の考え方は，債務者は事情変更による仮差押命令の取消しを求めることができるとするものの，この場合に限り永続的な時効の完成猶予を認めることにもなりかねず，仮差押えだけを特別に強力な完成猶予事由とするものであって，妥当でないと思われる。

(b)　催告（150条）　　催告とは，たとえば所有者が占有者に対して土地の返還を請求するとか，債権者が債務者に弁済を請求するというように，義務の履行を請求することであり，裁判外の請求ともいわれる。催告が完成猶予事由とされたのは，時効の完成猶予だけを目的として突然訴えが提起される場合の応訴の負担という弊害を避けるためであるといわれている。

催告は何らの形式も必要としない最も簡易な完成猶予方法であるため，時効の完成が猶予されている間に再度の催告がされても，再度完成猶予の効力が生ずることはない（150条2項）。したがって，催告により完成が猶予されている間に債務者が債権者の権利を承認すれば時効は更新されるが（152条），そうでない限り，他の一定の手続に基づく完成猶予・更新事由（147条以下）による補強がなされないと，時効が完成してしまうことになる。

なお，2017（平29）年改正前において，「裁判上の催告」という考え方が学説により主張され，判例も同様の考え方を認めるにいたった。たとえば，判例は，裁判上で目的物の返還を求められた債権者（被告）が留置権を主張した場合には，被担保債権についての権利主張も継続してなされているものといえるので，留置権を主張した時からではなく，訴訟終結から6か月は時効の完成は猶予されるとした（最大判昭38・10・30民集17巻9号1252頁）。改正民法のもとにおいても同様に解されよう。なお，「裁判上」の催告よりも広く，「継続的」催告という考え方が認められるならば，たとえば，催告を受けた者が債務調査の猶予を願い出た場合には，回答があるまで（大判昭3・6・28民集7巻519頁，最判昭43・2・9民集22巻2号122頁参照），あるいは，回答がないときは相当期間，催告が継続していたと扱うことができよう。

(c)　協議を行う旨の書面による合意（151条）　　権利についての協議を行う旨の合意が書面でされたときは，①その合意があった時から1年を経過した時（151条1項1号），②その合意において当事者が協議を行う期間（1年に満たないものに限る）を定めたと

表8　協議による時効の完成猶予（151条1項柱書の内容）

協議の合意	期間の定めがない場合	期間の定めがある場合	
		1年以上の期間の定めがある場合	1年未満の期間の定めがある場合
時効完成はいつまで猶予されるか	①と③のいずれか早い時まで	①と③のいずれか早い時まで	②と③のいずれか早い時まで

きは，その期間を経過した時（同項2号），③当事者の一方から相手方に対して協議の続行を拒絶する旨の通知が書面でされたときは，その通知の時から6か月を経過した時（同項3号），のいずれか早い時までの間は，時効は完成しない（同項柱書)。これについては，表8参照。

催告（150条）と異なり，協議を行う旨の書面による合意で時効の完成が猶予されている間にされた再度の151条1項の合意にも，時効の完成猶予の効力が認められる。ただし，その効力は，時効の完成が猶予されなかったとすれば時効が完成すべき時から通じて5年を超えることができない（151条2項)。

催告によって時効の完成が猶予されている間にされた151条1項の合意，および，同条1項の規定により時効の完成が猶予されている間にされた催告には，時効の完成猶予の効力は認められない（同条3項)。

なお1項の合意および1項3号の通知は，電磁的記録によるものでもよい（151条4項5項)。

⑵　権利行使困難による完成猶予　　権利行使が困難であるため，時効の完成が猶予される事由は，表9のとおりである。

⑶　完成猶予の期間　　㈠　裁判上の請求等・強制執行等

裁判上の請求や強制執行など，手続上権利行使が継続し時間的な幅のある完成猶予事由については，完成猶予事由が「終了するま

表9　権利行使困難型の時効完成猶予事由

条　文	完成猶予事由	完成猶予期間	対象となる時効
158条1項	時効期間満了前6か月以内の間に未成年者または成年被後見人に法定代理人がないとき	これらの者が能力者となった時，または法定代理人のついた時から6か月	これらの者の権利の消滅時効 これらの者の財産権に対する取得時効
158条2項	未成年者または成年被後見人がその財産を管理する父，母または後見人に対して権利を有するとき	これらの者が能力者となった時，または後任の法定代理人のついた時から6か月	これらの者の権利の消滅時効 これらの者の財産権に対する父，母または後見人の取得時効(類推適用)
159条	夫婦の一方が他の一方に対して権利を有するとき	婚姻解消の時から6か月	一方の他方に対する権利の消滅時効 一方の他方に対する権利の取得時効(類推適用)
160条	相続財産に関する権利	相続人が確定した時，管理人が選任された時，または相続財産について破産手続開始の決定があった時から6か月	相続財産に不利益となる時効(相続財産に属する権利の消滅時効，相続財産に対する取得時効) 相続財産に利益となる時効(相続財産に対する権利の消滅時効，相続財産のために進行している取得時効)
161条	時効期間の「満了の時に当たり」，天災その他避けることのできない事変のため，147条1項各号または148条1項各号による完成猶予・更新の手続を行うことができないとき	その「障害が消滅した時」から3か月	取得時効 消滅時効

での間」は完成が猶予される（147条1項柱書・148条1項柱書）。さらに，「終了した時」に更新されるが（147条2項・148条2項），完成猶予事由が訴えの取下げなどにより権利が確定することなく終了した場合や申立ての取下げなどにより終了した場合は，その「終了の時から6箇月を経過するまでの間」は完成が猶予される（147条1項柱書括弧書・148条1項柱書括弧書）。

(イ)　仮差押え・仮処分　　仮差押え・仮処分は，「終了した時から6箇月を経過するまでの間」は完成が猶予されるが（149条柱書），前述したように（(1)(イ)(a)），仮差押えについてはこの「終了した時」をめぐって判例と学説に対立がある。

(ウ)　催告　　催告は，「催告があった……時から6箇月を経過するまでの間」は完成が猶予される（150条1項）。したがって，本来の時効完成の6か月以上前になされた催告は，何ら，完成猶予の効力を有しない。これに対して，本来の時効完成前の6か月内に何度も催告がなされたときは，催告は本来の時効完成を最長で6か月猶予するのであるから，最後の催告の時から6か月を経過するまでの間は完成が猶予される。

(エ)　協議を行う旨の合意　　これについては，前述（(1)(イ)(c)）の説明および表8参照。

(オ)　権利行使困難による完成猶予　　これについては，表9参照。

3　時効の更新事由

(1)　権利の行使　　更新事由には，権利行使によるもの（147条2項・148条2項）と，権利を承認したことによるもの（152条）がある。権利行使による更新は，更新事由一体型の権利行使による時効の完成猶予事由のうち，裁判上の請求など（147条1項各号），

表10 更新事由

更新事由		更新の時点
権利行使型	確定判決または確定判決と同一の効力を有するものによる権利の確定	裁判上の請求等の終了した時（147条2項）
	強制執行，担保権の実行等の終了	強制執行等の終了した時（148条2項）
権利承認型	承認	権利を承認した時（152条1項）

確定判決または確定判決と同一の効力を有するものによって権利が確定するものについては（表7参照），確定判決または確定判決と同一の効力を有するものによって権利が確定した時，つまり，その「事由が終了した時」に更新の効力が生じ，新たに時効の進行を始める（147条2項）。たとえば，裁判上の請求により時効が更新されるのは，裁判上の請求が「終了した時」であり，これは判決が確定した時である（民訴116条参照）。支払督促，民事訴訟法275条1項の和解，民事調停法または家事事件手続法による調停（以上は147条1項2号3号），破産手続参加，再生手続参加，更生手続参加（以上は同項4号）も，権利関係が調書に記載されるなどして確定すると，確定判決と同一の効力を有し（民訴396条・267条，民調16条・18条5項，家事268条1項・287条，破124条3項・221条1項，民再104条3項・180条2項・185条，会更150条3項・206条2項・235条1項），時効は更新される。

これに対し強制執行等の場合（148条1項各号）は，未回収の債権が残る限り，毎回の強制執行等の「事由が終了した時」に時効は更新される（同条2項）。

(2) 権利の承認　権利の承認による更新の効力は，権利を承認した時に生じる（152条1項）。これらの更新事由と更新の効力が生じる時点をまとめると，表10のとおりである。

権利の承認とは，たとえば，占有権原のない占有者が所有者に対して所有権を認めたり，債務者が債権者に対して債権の存在を認めるというように，義務者（時効が完成すると時効の利益を受けることができる者）が権利者（時効が完成し援用されると不利益を被る者）に対し，その権利を認めることである。義務者の代理人（法定代理人・任意代理人）も，承認をすることができる。

承認はすでに得た権利を放棄したり相手方が有していない権利を認めて義務を負担するものではなく，ただ相手方の権利を事実のままに認めるにすぎないので，承認をするには，「相手方の権利についての処分につき行為能力の制限を受けていないこと又は権限があることを要しない」とされている（152条2項）。これは，時効の利益を受ける当事者が時効にかかる権利をもつと仮定して，承認する者はその権利を処分する行為能力または代理権限を有していなくてもよいという意味である。したがって，たとえば，被保佐人は「処分につき行為能力の制限」を受けているが，保佐人の同意を得ずにしたその承認によっても時効は更新される。また，不在者の財産管理人（28条）や権限の定めのない代理人（103条），後見監督人の同意を得ていない後見人（864条）は，「処分につき権限」はないが，これらの者の承認によっても時効は更新される。

しかし，相手方の権利を承認するということは，自己の財産の保存（相手方の所有権を承認して速やかに占有物を返還し，その後も占有し続けることによる損害賠償債務等の拡大を回避することは自己の財産の保存である）ないし利用（相手方の金銭債権を承認して弁済することは自己の金銭の利用である）という管理行為に属することであるから，少なくとも管理の能力または権限は必要であると解されている。したがって，未成年者が法定代理人の同意を得ないでなした承認や

表 11　「承認」できる者

<table>
<tr><td>法定代理人の同意を得ていない未成年者</td><td rowspan="4">「処分につき行為能力の制限」あり</td><td rowspan="2">管理の能力なし</td><td rowspan="2">「承認」できない</td></tr>
<tr><td>成年被後見人</td></tr>
<tr><td>被保佐人</td><td rowspan="2">管理の能力あり</td><td rowspan="5">「承認」できる</td></tr>
<tr><td>被補助人</td></tr>
<tr><td>後見監督人の同意を得ていない後見人</td><td rowspan="3">「処分につき権限」なし</td><td rowspan="3">管理の権限あり</td></tr>
<tr><td>不在者の財産管理人</td></tr>
<tr><td>権限の定めのない代理人</td></tr>
</table>

成年被後見人のした承認は，管理能力のない者による承認なので，有効な承認とはならないと解されている。以上をまとめると，表11のようになる。

4　時効の完成猶予・更新の効力が及ぶ者の範囲

(1)　人的範囲（完成猶予・更新の効力を主張できる者の範囲）か物的範囲（完成猶予・更新の効力が生ずる権利の範囲）か　153条は，①裁判上の請求等（147条）または強制執行等（148条）による時効の完成猶予または更新，②仮差押え・仮処分（149条），催告（150条），協議を行う旨の書面による合意（151条）による時効の完成猶予，③承認による時効の更新（152条）について，その「事由が生じた当事者及びその承継人の間においてのみ，その効力を有する」とする（153条1項～3項）。

本条を文理に素直に解釈すると，当事者（たとえば，債権者Aと債務者B）の間で生じた時効の完成猶予・更新の効力は，当事者（AとB）とその承継人（たとえば，Aから債権を譲り受けた者，Bから債務を引き受けた者）の間でだけ主張できるということになりそうである（人的範囲説）。しかし，そうだとすると，たとえば，CのDに対する債権を担保するため自己の不動産に抵当権を設定した物上保証人Eは，被担保債務者のDの承認により被担保債権の時効が更新されても（152条1項），自分との関係では時効は更新されていないとして，被担保債権の消滅時効を援用してCの抵当権の実行を阻止できることになる。学説には，そのように解するものもあった。

しかし，人的範囲説が妥当する具体例を見出すことはできない。判例も，先の例で物上保証人による被担保債権の消滅時効の援用を認めない（最判平7・3・10判時1525号59頁）。その理由として，これを認めると担保権の付従性に抵触し，民法396条の趣旨にも反するという。もっとも，この判例の理由づけは当該事案限りのものであるから他の事案への応用はきかない。したがって，これらの規定（153条1項〜3項）は時効の完成が猶予されたり更新されたりする権利の範囲（物的範囲）についての原則と，時効の完成が猶予されたあるいは時効が更新された権利が承継された場合について規定したものであると解すべきである（物的範囲説）。

すなわち，この規定は二つの場面を規定していることになる。第一は，時効が進行している権利関係の当事者が複数の場合，時効の完成猶予・更新事由が生じた当事者間で進行していた時効だけが時効の完成猶予・更新となるということである（時効の完成猶予・更新の物的範囲）。第二は，当事者間の権利に生じた時効の完成猶予・更新の効力は承継人に承継される（承継が生じても時効の完成猶予・更新の効力が失われることはない）という，いわば当然のことである（時効の完成猶予・更新の効力の承継）。前者の例としては，①AとBが共有する土地をCが占有しているときに，AだけがCに土地明渡しの訴えを提起すると，取得時効更新の効力はA

の持分についてだけ生ずること（大判大8・5・31民録25輯946頁），②債権者が（連帯）保証人を訴えて（連帯）保証債務の消滅時効の完成が猶予され・更新されても主たる債務の消滅時効の完成は猶予されず・更新されないこと，などがあげられる。ただし，この原則にも，時効の完成猶予・更新の効力を生ずるための要件が加重されたり（284条2項参照），時効の完成猶予・更新の範囲が拡張される（292条・457条1項参照）などの例外がある。

物的範囲説では，当事者間で生じた時効の完成猶予・更新の効力は誰との関係でもそのように扱われることになる（言い換えると，誰も当事者間で生じた時効の完成猶予・更新の効力を自分との関係では時効の完成猶予・更新はないとして否定することはできない）。したがって，たとえば，物上保証人が被担保債権の時効の完成猶予・更新を自己との関係で否定して消滅時効を援用することはできず（前述の判例（最判平7・3・10）と結論は同じであるが，判例のような理由づけは不要となる），詐害行為の受益者が債権者の債務者に対する債権（被保全債権）の時効の完成猶予・更新を自己との関係で否定して消滅時効を援用することも認められない（最判平10・6・22民集52巻4号1195頁はこれを前提として原審に差し戻している）ということになる。

(2)　時効の利益を受ける者への通知が必要とされる場合　　強制執行等（148条1項各号）または仮差押え・仮処分（149条）は，時効の利益を受ける者に対してしないときは，その者に通知をした後でなければ，完成猶予・更新（強制執行等の場合），完成猶予（仮差押え・仮処分の場合）の効力を生じない（154条）。これらの手続が，第三者（時効の利益を受ける者以外の者），たとえば債務者の所有物を占有する第三者に対してなされた場合に，時効の利益を受ける者の知らないうちに完成猶予や更新の効力を認めるのは酷であるという理由による。判例は，物上保証人に対する抵当権の実行を申し立てたときは，競売開始決定の正本が債務者に送達された時にこの通知があったものとし（最判昭50・11・21民集29巻10号1537頁），その時点で時効の完成猶予の効力が生じるとする（最判平8・7・12民集50巻7号1901頁。債務者の所在が不明であるため競売開始決定の債務者への送達が公示送達によりされた場合については，最決平14・10・25民集56巻8号1942頁参照）。

V　取得時効

1　所有権の取得時効

所有権の取得時効の要件は，他人の物に対する平穏・公然の自主占有を，20年間（162条1項）または10年間（「占有の開始の時」に善意・無過失の場合（162条2項））継続することである。以下，具体的に述べよう。

⑴　占有の態様　　占有については，多くは物権法の規定により定まる。したがって，詳しくは物権法に譲り，ここでは要点を述べるにとどめたい。

㋐　自主占有　　「所有の意思をもって」（162条参照）する占有を自主占有といい，所有の意思のない占有を他主占有という。ここで「所有の意思」とは，所有者がなしうると同様の排他的支配を事実上行おうとする意思のことであり，自分を所有者と信ずること（善意）ではないので注意を要する。

自主占有か否かは，占有者の内心の意思を知ることは難しいので，①占有するにいたった原因（これを権原という），または，②占有に関する事情により外形的客観的に定まると解されている（①は，185条が間接的に示している）。たとえば，権原の客観的性質により，買主の占有は自主占有であるが，賃借人や受寄者の占有は他主占有とされる。ただし，一定の場合に，他主占有は自主占有に変わる（185条）。

なお，自主占有であることは推定される（186条1項）ので，他主占有であると主張する側に，それを証明する責任がある。したがって，①占有者がその性質上所有の意思のないものとされる権原に基づいて占有を取得した事実，または，②占有者が占有中，真の所有者であれば通常はとらない態度を示すなど，外形的客観的にみて占有者が他人の所有権を排斥して占有する意思を有していなかったものと解される事情（他主占有事情）が証明されると，他主占有と認定され，時効による所有権取得は否定される（最判昭58・3・24民集37巻2号131頁）。判例には，土地占有者が登記簿上の所有名義人に対して所有権移転登記手続を求めず固定資産税の負担も申し出ないことは，占有者と名義人との間の人的関係等によっては他主占有事情とならないとして，他主占有と認定した原審判決を破棄し差し戻したものがある（最判平7・12・15民集49巻10号3088頁（兄名義の土地の上に弟が家を建てて居住し，それぞれの相続人間で争いとなった事案））。

(イ)　平穏・公然の占有　　平穏とは暴力によらないこと（強暴の反対）をいい，公然とはひそかに隠したりしないこと（隠秘の反対）をいう。したがって，たとえば強盗による占有は平穏な占有ではなく，拾った物を隠している場合は公然の占有ではない。不動産については，公然でない占有は実際上存在することが困難であり，占有の公然性が問題となるのは主に動産についてである。

(ウ)　善意・無過失の占有　　善意とは，ふつうは「知らないこと」であるが，ここでは，単に他人の所有物であることを知らないということにとどまらず，自分に所有権があると信ずることと解されている。善意・無過失と認定される例としては，たとえば，Ａに所有権がないことを知らないで，登記簿上の名義人がＡとなっている不動産をＡから買った場合がある。

(2)　占有の客体　　(ア)「他人」の物　　実体法説では，非所有者が所有権を時効取得するのであるから，所有の客体が「他人」の物であることは当然である。これに対し，訴訟法説では「他人」の物である必要はなく，むしろ理論的には「自己」の物（ただし，それを立証できない）ということになろう。いずれにしても，裁判においては，わざわざ「他人」の物であることを立証する必要はない。実体法説においても，自己の物であることを立証できない者が取得時効で保護されることは認められるからである（時効の一元的構成と機能の二面性として先に述べたところである（Ⅱ３参照））。

判例には，不動産の二重譲渡の事案で，前主Ａから有効な契約により不動産の所有権を取得した第一譲受人Ｂが登記を経由した第二譲受人Ｃに対して取得時効を主張する場合に，Ｂの占有開始時を取得時効の起算点とすることの理由として，所有権に基づいて占有する者であっても時効取得できることをいうものがある（最判昭42・7・21民集21巻6号1643頁）。これは，いわゆる「取得時効と登記」の問題であり，議論のあるところである（物権法に譲る）。

(イ)　他人の「物」　　(a)　動産も10年で時効取得できる　　162条２項は占有の客体を「物」としているので，不動産だけでなく動産にも適用される（2004（平16）年の改正で，「不動産」から「物」に改められた）。動産の場合には192条（即時取得）が適用されるので，通常は動産の短期取得時効を認める実益はない。しかし，たとえば，境界線を間違えて他人の山林を自己の山林と誤信して木を伐採するなど，取引行為によらないで動産の占有を開始した場合には192条の適用はないので（192条は「取引行為によって」占有が開始したことを要件とする），その場合には162条2項を適用する実益がある。

(b)　公物　　国有道路などの公物については，判例は，かつて，公物のままでは取得時効の対象とならず，公用廃止処分のない限り時効取得できないとしていた（大判大10・2・1民録27輯160頁，大判昭4・12・11民集8巻914頁など）。しかし，近時，判例を変更し，水路が水田などの一部となり「公共用財産としての形態，機能を全く喪失」した場合につき，「黙示的に公用が廃止された」として時効取得を肯定するにいたった（最判昭51・12・24民集30巻11号1104頁）。学説も公物の時効取得を肯定するものが有力である。

(3)　占有の継続　　(ア)　期間　　平穏・公然の自主占有が，10年間または20年間継続しなければならない。

10年の短期取得時効は，主に無権利者からの譲受人を保護しており，動産に関する即時取得（192条）に対応するところの，不動産取引の安全を保護するための制度であるといわれている。20年の長期取得時効の機能として判例に現れたところでは，売主や被相続人である前主が無権利者であった場合に，善意・無過失の立証に失敗し有過失と認定された譲受人を保護する機能，あるいは，古くから占有が継続しているために権利の来歴が明らかでない場合に権利関係を認定する機能，などが重要なものといえる。

(イ)　起算点　　占有の開始時が起算点となる（140条により初日は算入されない）。判例（最判昭35・7・27民集14巻10号1871頁）は，いわゆる取得時効と登記の問題との関連で，時効援用者において起算点を選択し，時効の完成時を早めたり遅らせたりすることはできないという。もっとも，短期取得時効の場合は「占有の開始の時」における善意・無過失を判断するためにも占有の開始時を確定する必要があるが，長期取得時効を援用する際，この開始時が明らかでない場合は，この原則にこだわる必要はない。判例も，占有を認定しうる時点を遡れるだけ遡った時点を起算点としているようである。

(ウ)　占有の承継　　占有は目的物の売買（特定承継）や相続（包括承継）などによって承継される。そして，たとえば，土地がAからBへ譲渡された場合には，Bは自己の占有だけを主張してもよいし，Aの占有をあわせて主張してもよいとされている（187条1項）。ただし，Aの占有を併合して主張する場合は，Aの占有の瑕疵（悪意または有過失）も承継する（187条2項）。したがって，Bが時効の利益を受けるためには，たとえば，悪意（または有過失。以下同じ）のAが3年占有し，善意（かつ無過失。以下同じ）のBが15年占有している場合はBの占有だけを主張したほうがよく，悪意のAが15年占有し，善意のBが8年占有している場合はAの占有と併合主張したほうがよいということになる。

問題は，善意のAからB，そしてCへと占有が承継され，BまたはCが悪意の場合に，CがA・B・Cの占有を併合主張するときの併合された占有は善意占有か悪意占有かということである。判例（最判昭53・3・6民集32巻2号135頁）は，162条2項が占有の開始時に善意・無過失であればよいというのは，占有主体に変更がない場合だけでなく，占有主体に変更があって2個以上の占有が併合主張された場合も変わりはないとして，善意占有になるという。しかし，学説には反対するものも少なくない。

(エ)　自然中断　　占有者が，①「任意にその占有を中止し」，

表 12　取得時効の要件(占有の態様と継続)と立証責任

要件	推定の有無	占有者が立証すべきこと	相手方が立証すべきこと
自主占有	あり（186 条 1 項）		他主占有権原または他主占有事情
平穏・公然			強暴または隠秘
善意			悪意
無過失	なし	無過失	
占有の継続	あり（186 条 2 項）	前後の両時点における占有の事実	完成猶予または更新，自然中断（164 条）

または，②「他人によってその占有を奪われ」た場合には，取得時効は中断する（164 条)。これを自然中断という。取得時効の要件である占有がなくなるのであるから当然である。もっとも，②の場合は，占有回収の訴え（200 条）を提起して勝訴すれば占有は継続していたものとされる（203 条但書)。

(4)　推定規定　　占有の態様のうち，自主占有（所有の意思)，善意，平穏・公然は推定される（186 条 1 項)。したがって，短期取得時効を援用する者は，無過失を立証するだけでよい。

占有の継続についても，前後の両時点で占有していた証拠があれば，占有はその間継続していたものと推定される（186 条 2 項)。これをまとめると，表 12 のようになる。

(5)　効果　　(ア)　所有権の取得である（162 条)。ただし，すでに述べたように，訴訟法説では，占有者が所有権者であることについての強力な証拠力が生ずると解することになる。

時効による所有権の取得は，他人の所有権に基づかないで取得する原始取得である（これに対して，他人の所有権に基づいて売買や相続によって取得することを承継取得という)。したがって，前主のもとであった所有権の負担（たとえば，用益物権や担保物権など）は消滅する。

(イ)　遡及効　「時効の効力は，その起算日にさかのぼる」(144条)。したがって，たとえば，①時効期間中の果実は，元物の時効取得者に帰属し，②時効取得者が時効期間中になした目的物の法律上の処分（賃借権の設定など）は有効なものとなり，③時効取得された所有権を時効期間中に侵害した者は，時効取得者に対して不法行為責任（709条）を負う。

2　所有権以外の財産権の取得時効

(1)　要件　「所有権以外の財産権」を，「自己のためにする意思をもって，平穏に，かつ，公然と行使する」ことを要する(163条)。すなわち，平穏・公然の占有（地上権や質権のように占有を伴う権利の場合）または準占有（205条参照）の継続を要するが，所有権の取得時効ではないので，「所有の意思」ではなく，「自己のためにする意思」が要件とされている。

時効期間の区別は162条と同様であり（163条），自然中断の規定も準用される（165条・164条)。

なお，時効の効果についても，所有権の場合と同様のことがいえる。

(2)　対象となる財産権　(ア)　所有権以外の財産権で取得時効の対象となる主要なものは，用益物権（地上権・永小作権・地役権）である。ただし，地役権については，「継続的に行使され，かつ，外形上認識することができるもの」に限られている（283条)。

(イ)　直接法律の規定によって成立する権利（留置権・先取特権など)，継続的な準占有になじまない権利（一回の行使によって消滅する取消権・解除権などの形成権）などは取得時効の対象とならない。

(ウ)　債権については争いがあるが，不動産賃借権の時効取得は，判例（最判昭43・10・8民集22巻10号2145頁など）・通説の認めるところである。

Ⅵ　消滅時効

1　起 算 点

⑴　主観的起算点と客観的起算点　　消滅時効の起算点には，（債権者が）「権利を行使することができることを知った時」（166条1項1号）とか（被害者またはその法定代理人が）「損害及び加害者を知った時」（724条1号）という主観的な起算点と，「権利を行使することができる時」（166条1項2号）とか「不法行為の時」（724条2号）という客観的起算点がある。主観的な起算点は債権者が権利を行使できることを知らないといつまでも消滅時効は進行を開始せず，相手方が不安定な立場におかれるので，主観的起算点を設けるときは，主観的起算点からの短期の消滅時効期間と客観的起算点からの長期の消滅時効期間の二重期間構成がとられる（166条1項参照）。

なお，140条により初日は算入されない（最判昭57・10・19民集36巻10号2163頁（改正前724条の3年の起算点が争われた事案））。

⑵　客観的起算点　　(ア)　法律上の障害がないこと　　客観的起算点である「権利を行使することができる時」（166条1項2号）とは，権利行使について法律上の障害（その典型例は，履行期の未到来）がなくなった時のことであると解されている。したがって，たとえば，権利者が権利の存在あるいは権利を行使しうること（履行期が到来していること，など）を知らなくても，それは事実上の障害にすぎないので，客観的起算点からの消滅時効は進行する（大判昭12・9・17民集16巻1435頁。後述⑶参照）。

なお，法律上の障害であっても，権利者が除去できるものである場合には時効の進行は妨げられない。たとえば，債権に同時履行の抗弁権（533条）が付着している場合や，債権者が先履行義務を負っている場合にも，時効は進行する。

(イ)　権利の性質上，その権利行使が現実に期待できること　XとAの間に土地賃借権の存否について争いが生じたので，Xは賃借料を供託（494条）していたが，AのXに対する土地明渡しを求める裁判において和解が成立したのでY（供託官）に供託金の取戻し（496条1項）を請求したところ，Yは，この請求権は供託の時から時効が進行しすでに完成しているとしてこの請求を却下したという事案がある。しかし，賃貸借関係の存否について争いが続いている間に供託物払渡請求権の行使をXに期待するのは無理なことである。そこで，最高裁（最大判昭45・7・15民集24巻7号771頁）は，「弁済供託における供託物の払渡請求……について『権利ヲ行使スルコトヲ得ル』とは」との限定つきではあるが，「単にその権利の行使につき法律上の障害がないというだけではなく，さらに権利の性質上，その権利行使が現実に期待のできるものであることをも必要と解する」として，供託者が免責の効果を受ける必要が消滅した時（裁判上の和解成立の時）を起算点とした。その後，最高裁（最判平8・3・5民集50巻3号383頁）は，ひき逃げ事故の被害者が被疑者に対する損害賠償請求訴訟で敗訴したのち政府に対して保障請求（自賠72条1項・75条）した事案において，上の限定をはずすにいたった。

(3)　各種の債権における客観的起算点　　(ア)　期限付または停止条件付の債権　　期限付または停止条件付の債権については，期限到来または条件成就の時から進行する。これらの権利は，期限未到来または条件未成就の間は行使することができないが，権利の目的物を占有する者のための取得時効は進行する（166条3項本文）。そこで，たとえば，停止条件付売買における買主は，目的物を現に占有する第三者がいる場合には，取得時効を更新するために，いつでもその占有者に対して自己の権利の承認を求めることができるものとされている（同項但書）。

なお，期限が不確定期限であっても，起算点はその期限到来の時であり，債務者が履行の請求を受けた時や債務者が期限の到来を知った時（すなわち，債務者が履行遅滞に陥る時期（412条2項））ではないので注意を要する。

(イ)　期限の定めのない債権　　期限の定めのない債権については，いつでも請求することができるので，債権成立の時である（債務者が履行遅滞に陥るのは412条3項により履行の請求を受けた時であることに注意を要する）。このことは，不当利得返還請求権（703条・704条）のように，法の規定に基づいて発生し，かつ発生と同時に請求することができる債権についてもあてはまる。ただし，不法行為による損害賠償請求権については特別に「不法行為の時」とする規定がある（724条2号。なお，不法行為による損害賠償債務は，損害の発生と同時に履行遅滞となる（最判昭37・9・4民集16巻9号1834頁））。もっとも，債務不履行による損害賠償請求権（415条）については，損害賠償債務は本来の債務が姿を変えたにとどまり，債務の同一性に変わりはないから，本来の債務の履行を請求しうる時が起算点になると解されている（最判昭35・11・1民集14巻13号2781頁（契約解除に基づく原状回復義務の履行不能による損害賠償請求権の消滅時効は，契約解除の時から進行を開始し，履行不能の時からではないとした））。

(ウ)　割賦払債務　　割賦払債務において，一回でも弁済を怠ると債権者は直ちに残り全額の弁済を請求できるという特約（期限の利益喪失特約）がある場合に，一回分の支払を怠ると，残り全額についていつから時効が進行するかが問題となる。

判例は，特約の趣旨が，①不履行（一回の不払）があると当然に期限の利益がなくなるというもの（当然喪失特約）である場合には，その不履行の時から，②不履行があると債権者が期限の利益を失わせることができるというもの（請求時喪失特約）である場合には，現に債権者が期限の利益を失わせる旨の意思表示をした時から，時効が進行するとしている（大連判昭15・3・13民集19巻544頁，最判昭42・6・23民集21巻6号1492頁）。学説は，判例を支持するものと，②の場合も期限の定めのない債権と同じに扱うべきであり不履行時を起算点とすべきであるとするものに分かれている。判例の考え方によるときは，いつまでも時効が進行しないこともありうるので，期限の定めのない債権と同じに扱うべきであろう（請求時喪失特約は，債務者は請求時までは履行遅滞の責任を負わないことを定めたものと解することになる）。

㈓　普通預金債権・当座預金債権・定期預金債権・自動継続定期預金債権　　普通預金債権は，一般に，期限の定めのない債権にあたり，債権発生時，つまり預入れ時が起算点になると解されている。これに対し，当座預金の場合は，小切手や手形の支払にあてられ，契約が終了するまで現金による払戻しが認められないので，契約終了時が起算点になると解されている（大判昭10・2・19民集14巻137頁）。

定期預金債権は，期限の定めのある債権であり，満期日までは払戻しを請求できないので，満期日が起算点になる。自動継続定期預金債権の場合は，初回満期日までに継続停止の申出をすれば初回の満期日に払戻しを請求することができるので，初回の満期日が起算点になるとの考え方もありうる。しかし，それでは，継続停止の申出がなければ自動継続となるとしながら，預金者が初回満期日までに払戻しを請求しない場合には，時効との関係で不利に扱われることになる。そこで，判例は，自動継続定期預金の預金者が解約の申入れをするなどして，それ以降自動継続の取扱いがされることのなくなった満期日が到来した時が起算点になるとしている（最判平19・4・24民集61巻3号1073頁）。

2　消滅時効期間

消滅時効期間は，表13のとおりである。従来の職業別の短期消滅時効は，合理的な説明がつきにくく，また，時効期間を複雑でわかりにくくしていることから，2017（平29）年の民法改正で廃止され，消滅時効期間は大幅に単純化された。

(1)　債権　　一般の債権（166条1項），不法行為による損害賠償請求権（724条），人の生命または身体の侵害による損害賠償請求権（167条・724条の2），および定期金債権の消滅時効期間は，主観的起算点からの短期と客観的起算点からの長期の二重期間構成になっている。これらの期間のうちいずれかが満了すると，消滅時効の援用が可能となる。

債務不履行による損害賠償請求権は一般債権に含まれる。人の生命または身体の侵害による損害賠償請求権は，債務不履行による場合は，客観的起算点からの長期の消滅時効期間が一般債権の10年から20年に延長されている（167条）。不法行為による場合は，主観的起算点からの短期の消滅時効期間が3年から5年に延長されている（724条の2）。

定期金債権とは，年金債権や定期的扶助料債権のように，一定または不定の期間にわたって，金銭その他の物を定期的に給付させることを目的とする債権である（このような権利を基本権という）。

表 13　消滅時効期間

<table>
<tr><th></th><th>権利の種類</th><th colspan="2">消滅時効期間</th></tr>
<tr><td rowspan="6">債権</td><td>一般の債権（166条1項）</td><td>①債権者が権利を行使することができることを知った時から5年（1号）
②権利を行使することができる時から10年（2号）</td><td rowspan="5">主観的起算点からの短期と客観的起算点からの長期の二重期間</td></tr>
<tr><td>人の生命または身体の侵害による損害賠償請求権（167条）</td><td>①債権者が権利を行使することができることを知った時から5年
②権利を行使することができる時から20年</td></tr>
<tr><td>不法行為による損害賠償請求権（724条）</td><td>①被害者またはその法定代理人が損害および加害者を知った時から3年
②不法行為の時から20年</td></tr>
<tr><td>人の生命または身体を害する不法行為による損害賠償請求権（724条の2）</td><td>①被害者またはその法定代理人が損害および加害者を知った時から5年
②不法行為の時から20年</td></tr>
<tr><td>定期金債権（168条1項）</td><td>①債権者が定期金の債権から生ずる金銭その他の物の給付を目的とする各債権を行使することができることを知った時から10年（1号）
②1号に規定する各債権を行使することができる時から20年（2号）</td></tr>
<tr><td>確定判決または確定判決と同一の効力を有するものによって確定した権利（169条1項）</td><td>裁判上の請求等が終了した時から10年（147条2項）</td><td rowspan="2">客観的起算点からの単一期間</td></tr>
<tr><td colspan="2">債権または所有権以外の財産権（166条2項）</td><td>権利を行使することができる時から20年</td></tr>
</table>

この定期金債権に基づいて各期（たとえば，毎月の末日）に発生する一定額の支払を請求する債権（このような権利を支分権という）を定期給付債権という。基本権である定期金債権の消滅時効期間は，「各債権」を行使することができることを知った時から10年，または，各債権を行使することができる時から20年である（168条1項）。この「各債権」とは，各期に発生した定期給付債権のいずれかを意味する。したがって，たとえば，第3回以降の定期給付債権が未払いである場合に，第3回の定期給付債権を行使することができることを知った時（通常は，第3回の弁済期がこれにあたる）から10年，仮にその弁済期の到来を知らなかったとしても第3回の弁済期から20年で定期金債権の消滅時効は完成する。他方で，定期金債権から発生する毎期の定期給付債権については，債権の消滅時効における原則的な規律（時効期間と起算点）に服する（166条1項）。

各期の弁済（時効の更新事由である債務の承認（152条）にあたる）の証拠は，通常は領収書として債務者のもとにあっても，債権者のもとにはない。したがって，たとえば，債務者が各期に弁済をしながらも，これ以上の支払は免れようと，第1回の弁済期から10年経過後に突如として定期金債権の消滅時効を援用することがないよう，債権者は，いつでも，承認書の交付を求めることができる（168条2項）。

なお，定期給付債権には，たとえば毎月発生する賃料債権や支分権たる利息債権なども含まれる。したがって，賃料債権や支分権たる利息債権を発生させる基本権（賃貸人の地位に伴う本来的権利，基本権たる利息債権）も観念することができる（そうすると，利息債権のように，賃料債権についても，支分権たる賃料債権（定期的に発生する賃料債権），基本権たる賃料債権（定期的に賃料債権を発生させる賃貸人の地位に伴う本来的権利）と言うことが考えられるが，そのような呼称は用いられていない）。しかし，これらの基本権の消滅時効は，定期給付債権を行使することを知った時，もしくは行使することができる時から何年経過したら完成するとすべきものではない。賃貸人の地位に伴う本来的権利はそれ自体としては消滅時効にかからないと解すべきであり，基本権たる利息債権は元本債権に付従するので元本債権の消滅時効に服するべきだからである。したがって，これらの基本権は，168条が言うところの定期金債権にはあたらない。

(2)　債権・所有権以外の財産権　　(ア)　用益物権　　債権以外の財産権も客観的起算点から20年の消滅時効にかかる（166条2項）。その代表例は，他人の土地を一定の目的のために使用する用益物権（地上権・永小作権・地役権）である。

(イ)　形成権　　形成権とは権利者の一方的な意思表示（つまり，単独行為）で法律関係の変動を生じさせる権利である。形成権で期間の定めのないものについては，債権に準じて扱われる（大判大10・3・5民録27輯493頁（再売買の予約完結権について），最判昭62・10・8民集41巻7号1445頁（無断転貸を理由とする解除権（612条2項）について）など）。取消権は126条により，追認することができる時から5年，取り消すことができる行為（95条・96条参照）の時から20年である。

形成権行使の結果として生ずる請求権の消滅時効は，形成権行使の時から進行するというのが判例である（たとえば，大判大7・4・13民録24輯669頁（履行遅滞のため売買契約を解除し，代金の返還を請求した事案））。すなわち，形成権とその行使の結果生ずる請求権とは，それぞれ別個の期間制限に服するというものである。学説は，たとえば，取消しに基づく不当利得返還請求権のように，形成権が請求権を行使するための単なる論理的前提にすぎない場合には，形成権の期間制限（たとえば，126条）は，形成権行使の結果生ずる請求権についての期間制限でもあると解するものが有力である。

(3)　消滅時効にかからない権利　　所有権は消滅時効にかからないので（166条2項），所有権に基づく権利である物権的請求権・共有物分割請求権（256条）・相隣権（209条以下）も消滅時効にかからない。また，事実状態に随伴する占有権（180条）も消滅時効にかからない。さらに，所有権以外の物権に基づく物権的請求権や，被担保債権に従たる権利である担保物権（ただし，396条参照）は，その物権や被担保債権から独立して消滅時効にかかることはないと解されている。ただし，担保物権の一つである抵当権は，債務者でも抵当権設定者でもない者（抵当不動産の第三取得者や後順位抵当権者）に対する関係では，抵当権それ自体の不行使により消滅時効にかかる（396条。大判昭15・11・26民集19巻2100頁）。また，債務者または抵当権設定者でない者が抵当不動産の所有権を時効取得すると，抵当権は消滅する（397条）。

(4)　抗弁権　　たとえば，買主の目的物引渡請求に対して売主が詐欺（96条1項）を理由に取り消すときのように，ある人の請求に対して現状を維持するために受動的な形で実体法上の権利を行使する場合には，期間の制限（上記の取消権については126条）に服さないという原則を抗弁権の永久性という。この考え方は，権利が抗弁的（受動的）に主張される場合には，権利者に積極的な権利の行使を期待することは無理であるという理由による。学説は，実体法上の権利一般につきこれを肯定する積極論と，個々の抗弁として主張される権利の性質と期間制限の設けられた趣旨を考慮して，個別的に抗弁的な権利行使の当否を検討すべきであるとする慎重論との間に対立がある。

(5)　判決などによって確定した権利　　確定判決または確定判決と同一の効力を有するものによって確定した権利は，10年より短い時効期間の定めがあるものであっても，消滅時効期間は10年となる（169条1項）。理由としては，権利の存在についての確証が生じたことや，時効を更新するために訴訟を短期間に繰り返すことの煩わしさがあげられている。なお，確定の時に弁済期の到来していない債権（期限付債権について期限到来前に確認判決を得た場合など）については，時効期間は延長されない（同条2項）。

判例は，主たる債務の消滅時効期間が10年に延長されたときは（主たる債務の消滅時効が更新されると，保証債務の消滅時効も更新される（457条1項）），（連帯）保証債務の消滅時効期間も10年に延長されるとする（最判昭43・10・17判時540号34頁，最判昭46・7・23判時641号62頁）。

3　効　果

消滅時効の効果は，権利の消滅である（166条）。訴訟法説では，すでに述べたように，権利の消滅（ふつうは弁済による消滅）についての強力な証拠力が生ずると解することになる。

時効の効果には遡及効がある（144条）ので，たとえば，消滅時効により債務を免れた者は，起算日以後の利息を支払う債務も免れることになる（大判大9・5・25民録26輯759頁）。

■参考文献――より進んだ研究を志す人のために

体系書

幾代　通　民法総則〔第2版〕（1984年，青林書院新社）

星野英一　民法概論Ⅰ序論・総則〔改訂版〕（1993年，良書普及会）

四宮和夫＝能見善久　民法総則〔第9版〕（2018年，弘文堂）

近江幸治　民法講義Ⅰ民法総則〔第7版〕（2018年，成文堂）

内田　貴　民法Ⅰ総則・物権総論〔第4版〕（2008年，東京大学大学出版会）

山本敬三　民法講義Ⅰ総則〔第3版〕（2011年，有斐閣）

加藤雅信　新民法大系Ⅰ民法総則〔第2版〕（2005年，有斐閣）

佐久間毅　民法の基礎1総則〔第5版〕（2020年，有斐閣）

河上正二　民法総則講義（2007年，日本評論社）

平野裕之　民法総則（2017年，日本評論社）

注釈書（コンメンタール）

山野目章夫編　新注釈民法(1) 総則(1) 通則・人・法人・物（2018年）

川島武宜＝平井宜雄編　新版注釈民法(3) 総則(3) 法律行為Ⅰ（2003年）

於保不二雄＝奥田昌道編　新版注釈民法(4) 総則(4) 法律行為Ⅱ（2015年）

川島武宜編　注釈民法(5) 総則(5) 期間・時効（1967年）　　（以上，有斐閣）

判例集

潮見佳男＝道垣内弘人編　民法判例百選Ⅰ総則・物権〔第8版〕（2018年，有斐閣）

内田貴ほか　民法判例集 総則・物権〔第2版〕（2014年，有斐閣）

原田昌和ほか　民法①総則 判例30！（2017年，有斐閣）

演 習 書

内田貴＝大村敦志編　民法の争点（2007年，有斐閣）

磯村保ほか　民法トライアル教室（1999年，有斐閣）

磯村　保　事例でおさえる民法 改正債権法（2021年，有斐閣）

池田真朗ほか　マルチラテラル民法（2002年，有斐閣）

鎌田薫ほか　民事法Ⅰ総則・物権〔第2版〕（2010年，日本評論社）

松久三四彦ほか　事例で学ぶ民法演習（2014年，成文堂）

潮見佳男ほか編著　Before/After 民法改正〔第2版〕（2021年，弘文堂）

千葉恵美子ほか編　Law Practice 民法Ⅰ総則・物権編〔第5版〕（2022年，商事法務）

そ の 他

星野英一編集代表　民法講座1民法総則（1984年，有斐閣）

広中俊雄＝星野英一編　民法典の百年Ⅱ個別的観察(1)（総則編・物権編）（1998年，有斐閣）

池田真朗編著　民法 Visual Materials〔第3版〕（2021年，有斐閣）

事項索引

あ 行

か 行

さ　行

た　行

な 行

は 行

ま　行

や 行

ら 行

わ 行

判例索引

〔大審院〕

〔最高裁判所〕

〔高等裁判所〕

〔地方裁判所〕

民法Ⅰ総　則〔第4版〕　　有斐閣Sシリーズ

1987年 4月30日　初　版第1刷発行
1995年 3月30日　第2版第1刷発行
2000年 3月30日　第2版補訂第1刷発行
2004年 3月30日　第2版補訂2版第1刷発行
2005年 4月25日　第3版第1刷発行
2007年10月10日　第3版補訂第1刷発行
2018年 1月25日　第4版第1刷発行
2018年10月30日　第4版第2刷発行（補訂）
2024年 1月20日　第4版第10刷発行

著　者　山田卓生　河内宏　安永正昭　松久三四彦

発行者　江草貞治

発行所　株式会社　有斐閣
郵便番号 101-0051
東京都千代田区神田神保町 2-17
http://www.yuhikaku.co.jp/

印刷・株式会社精興社／製本・牧製本印刷株式会社

ISBN 978-4-641-15949-5